피노키오의 철학

4

니체에게 묻고 싶은 것들

피노키오의 철학

4 니체에게 묻고 싶은 것들

양운덕 지음

Humanist

머리말

일찍이 칸트는 '철학'을 가르칠 수는 있지만 '철학함'을 가르칠 수는 없을 것이라고 충고했습니다. 그래서 많은 입문서들은 독자들에게 사고 과정보다는 완성된 철학을 정리하고 요약해서 전달합니다. "헤겔의 정신 변증법은……" "플라톤이 추구한 정의란……" "니체는 원한에 바탕을 둔 노예도덕을 비판하면서……" 하는 식으로 성대하게 차려진 '그들을 위한' 철학 잔치에 초대받은 독자들은 그리 흥겨워하지도, 배불리 먹지도 않습니다.

스스로 철학 잔치를 열면서 입맛에 맞는 음식들을 마련하고 정신의 양식을 함께 즐기는 길은 없을까요? 철학은 '사고의 천재'들의 전유물일까요? 평범한 철학 마을 주민들이 철학함의 주인공이 되는 길은 없을까요? '철학함'에 무슨 특별한 능력 같은 것이 필요할까요?

우리는 일상에서 흔히 볼 수 있는 문제들을 소재로 철학 무대를 꾸미고자 합니다. 이 무대는 개념과 사고의 도움으로 주인공들이 어지러운 현실을 해석하고 지혜의 빛을 모아서 난제들의 미로에서 빠져나오는 과정을 제시하고자 합니다.

한 주인공이 개념들로 뒤얽힌 매듭을 시원스레 풀어내고 환호하며 달려가는군요. "유레카(찾았다)!" 다른 친구는 지혜의 여신 소피아를 찾아 헤맵니다. 사랑에 빠졌나 봅니다. 과연 온갖 노력을 쏟고 수많은 고비를 넘어서 그녀의 사랑을 얻을 수 있을까요? 그렇게 많은 철학자들이 근엄하고 진지한 모습으로 하소연하고 인식의 보물단지를 바쳐도 모른 체하던 그녀를 말입니다. 그 친구가 눈을 뜨건 감건 그 모습을 생생하게 그릴 소피아는 어떤 자태일까요? 아름다움 자체를 구현한 자태? 날카로운 지성미를 지닌 모습? '어여쁘고 착하고 참한' 용모? 아니면 그저 그런 평범한 모습? 그보다도 이 친구는 어떻게 그토록 까다롭다는 그녀의 마음을 얻었을까요?

이 책은 새로운 지식을 더 많이 전달하려고 애쓰지 않습니다. 여러분이 소중하게 쌓아 둔 지식들을 돌아보면서 이미 알고 있는 것들을 다르게 생각하고 새로운 질문을 던지고자 합니다. 그래서 생각들의 길을 새로 만들고 그 길들이 어떻게 서로 통하는지, 지식들의 질서가 어떤 것을 밝히면서도 다른 것들을 숨기고 배제하는지, 철학적 사고가 삶에 도움이 되는지 아니면 도리어 해롭거나 위험한지를 다시 물어보고자 합니다.

진리에 목마른 이들은 철학에서 결정적이고 최종적인 답을 기대합니다. 그러면 인간과 세계를 완전하게 해명할 '현자의 돌' 앞에서 무릎 꿇고 경배하면서 지식의 연금술로 모든 것을 황금빛 찬란한 지식으로 바꿔 놓아야 할까요?

철학은 질문에서 시작합니다. 철학의 역사는 질문과 질문이 서로 다투거나 손을 잡는 질문들의 장입니다. 그래서 앞선 질문과 답에 대해서 다르게 질문하고 새롭게 묻습니다. 질문은 사고가 나아갈 방향을 지시하고, 사고할 만한 것을 찾고 일정한 사고의 범위를 윤곽 짓습니다. 좋거나 나쁜 답들은 질문이 구성하는 공간에 거주하는 주민들입니다. 그리고 독자가 질문에 답하는 자가 될지, 아니면 새로운 질문을 던지는 자가 될지는 스스로 결정해야 합니다.

철학이 질문과 함께 시작한다면 그 끝에는 무엇이 있을까요? 다른 모든 답을 물리칠 신성한 '하나의 답'이 있을까요? 그런 답이 새로운 질문들을 가로막는 철학적 전제군주가 되는 것은 아닐까요?

흔히 생각하는 것과 달리, 우리는 세계를 항상 일정한 관점에 따라서 해석합니다. 우리가 보는 눈, 보는 능력에 따라서 세계는 다양한 모습으로 나타납니다. 이렇게 해석한 세계는 우리가 생각하고 행동하는 바탕입니다.

우리에게 어떤 눈이 필요할까요? 이 책은 여러분이 사용할 수 있을 만한 몇 개의 '철학 안경'을 제시합니다. 안경에 따라서 세계는 다르게 보이고 다른 삶의 길이 열릴 겁니다. 어떤 안경이 여러분에게 알맞을까요? 어떤 안경이 더 객관적이고 보편적인 관점을 제공하고 어떤 안경이 구체적이고 흥미롭고 풍성한 관점을 선물할까요? (마음에 드는 게 없다면 새 안경을 만들어 보세요.)

좋은 안경을 골라서 '잘 먹고 잘 살기!' 그런데 기쁨과 능력을 주는 철학이 있는가 하면 슬픔과 무기력을 조장하는 철학도 있습니다. 삶을 긍정하는 것이 있는가 하면 삶을 견디기 어렵게 하는 철학도 있습니다. 값싼 희망과 행복으로 치장하거나 손쉬운 치유를 권하는 철학적 상술이 있는가 하면 고통과 허무를 감당하는 건강한 철학도 있습니다. 어떤 철학이 기쁨을 자아내고 삶의 고통을 껴안으면서 잘 사는 권리와 능력을 얻는 데 도움을 줄까요?

저는 피노키오가 '놀이에 전념하듯이' 《피노키오의 철학》이 철학적 사고와 개념 들을 자유롭게 활용하는 놀이판이 되고, 즐거운 철학 놀이를 위한 장난감이 되기를 바랍니다. 놀이하는 주인공은 놀면서 자못 진지하게 온 힘을 집중하고 일정한 규칙에 따르며 일상과 다른 세계를 창조합니다. 우리는 그저 쉽고 재미있다고 즐거워하지는 않습니다. 이런 철학 놀이가 새로운 사고와 관점을 낳고 새로운 질서를 마련했으면 합니다.

그리고 피노키오가 어엿한 인간으로 '성장하는' 것처럼 《피노키오의 철학》의 독자들도 자신과 세계를 사랑하며 지혜롭게 사는 능력을 키울 수 있기를 바랍니다. 우리가 먹기 위해서 사는 것도 아니고 살기 위해서 먹는 것도 아니라면, 먹거리 자체를 누리고 즐길 수 있을 겁니다. 성공하거나 유식해지기 위해서 철학공부를 하거나 철학적 진리를 위해서 삶을 희생하는 것이 아니라, 생각하고 논의하면서 즐거움을 만끽하고, 자기 힘으로 철학의 출발점을 새로 세우고, 스스로 사고의 수레를 이끌고, 삶과 고통을 힘차게 긍정하는 어린이처럼 철학의 바닷가 모래사장에서 영원히 놀 수 있는 존재가 되기를 바랍니다.

철학이 모든 문제의 답을 줄 수는 없겠지요. 시의적절한 연애 상담을 하거나 실연에 빠진 친구를 단번에 위로하지도, 주식시장의 흐름을 정확하게 예측하지도, 죽음을 마치 경험이라도 한 듯이 해명하지도, 모차르트의 곡처럼 놀랄 만큼 아름다운 피아노 소나타를 작곡하는 데 도움을 주지도, 병마에 시달리는 이의 육체적 고통을 조금이나마 덜어 주지도 못할 것입니다. 하지만 철학이 삶과 세계의 문제들 앞에서 불확실성과 모순, 역설과 우연 들을 마주해서 혼란스러운 현상들에 질서를 부여할 뿐만 아니라 그 질서의 부작용과 위험을 살피고 새로운 사고를 모색한다면 좋은 친구이자 스승, 나아가 연인이 될 수 있지 않을까요?

이 책에서 다루는 주제들을 소개하겠습니다. 전체가 네 권인데 각 주제들은 독립된 것이어서 특별한 순서가 없으므로 꼭 차례대로 읽지 않아도 됩니다.

1권에서는 먼저 《어린 왕자》의 모자 그림을 '어떻게 자기 나름대로 볼 수 있을까?'를 질문하죠. 이어서 이 시리즈를 대표하는 피노키오의 예를 통해서 피노키오가 사람인지를 질문합니다. 그리고 이 질문에 답하기 위해서 인간에 관한 다양한 논의를 검토합니다. 이어서 다양성을 포괄하는 '하나', 시간과 공간을 뛰어넘어서 변치 않는 '참된 것'을 찾기 위해서 플라톤의 아테네 학당을 찾아갑니다. 또한 현대 과학철학의 주제 가운데 하나인 귀납법을 정당화하는 문제를 살피면서 비판적 사고를 강조합니다.

2권에서는 수리한 희망호가 원래의 배와 같은지를 살피면서 변하는 세계에서 변하지 않는 동일성에 관해 질문합니다. 또한 시간이 흐르면서 일어나는 변화에서 동일성을 찾을 수 있는지도 살핍니다. 아울러 성장한 피노키오가 진리의 스승(데카르트)을 찾아가서 가장 확실한 진리를 찾는 방법을 배웁니다. 그리고 이런 근대 철학의 바탕을 발전시킨 칸트의 비판철학을 소개합니다. 칸트의 진리 재판정에서 인간이 무엇을, 어디까지 알 수 있는 권리가 있는지를 검토합니다. 이어서 참된 도덕의 원리를 세울 수 있는지도 살핍니다.

3권에서는 먼저 현대 철학의 주요한 주제인 언어의 문제를 다룹니다. 여기에서는 언어의 의미가 그것이 가리키는 대상에 있다는 관점을 부정하는 데에 초점을 맞추었습니다. 현대 구조주의 혁명을 일으킨 소쉬르가 '말 자치시'를 건설하려는 이론을 세운다고 보았고, 비트겐슈타인은 말놀이로 일상 언어를 새롭게 탐구하고 말에 대한 오해를 풀고자 합니다. 이어서 포스트모던의 문제의식을 소개하기 위해 미인대회를 구경하면서 아름다움의 척도로 모든 여성의 아름다움을 평가하는 경우에 어떤 무서운 일이 일어나는지를 봅니다. 보편적 진리의 위험성을 간접적으로 살피는 것이죠. 이어서 이성과 진리를 앞세우는 '모던'의 틀에 대해서 (리오타르가 대변하는) '포스트모던' 철학이 무엇을 다르게 생각하는지를 살핍니다.

4권에서는 먼저 니체의 글 한 편을 꼼꼼하게 같이 읽습니다. 서구 철학에 대한 강력한 비판자인 니체를 통해서 지금까지 공부한 진리 찾기가 어떤 전략에서 나온 것이며 어떤 점을 숨기고 있는지를 살핍니다. 그는 진리 없이 사고하는 새로운 가능성을 모색합니다. 현대 철학에 큰 영향을 미치고 있는 니체의 도발적인 논의는 포스트모던, 포스트구조주의의 논의와 관련해서도 중요하지만 무엇보다도 진리의 바닥에 숨겨진 허무주의를 어떻게 극복할 것인가 하는 절박한 질문을 던집니다.

이어서 서구 사고와 과학을 이끈 주요 원리인 결정론을 다루기 위해서 라플라스의 악마를 불러 옵니다. 결정론 패러다임을 대변하는 이 악마의 주장이 얼마나 다양한 영역을 주도하고 있고 어떻게 변형되는지를 살핍니다. 모든 것을 알 수 있다는 자만심에 빠진 예측의 대가인 악마가 놓친 점을 보기 위해서 카오스 이론, 복잡성 이론을 참조합니다. 나비의 날갯짓은 악마에게 위협적입니다.

이어서 결정론의 눈으로 인간 역사를 보는 악마를 따르는 역사법칙론을 보고 우연, 새로움이라는 난처한 문제도 살피면서 결정론 없이 사고할 가능성을 모색합니다. 과연 결정론이 주장하듯이 여러분이 《피노키오의 철학》을 읽도록 '하늘의 두루마리'에 미리 기록되어 있을까요?

이번에 새로 개정판을 내는 이유는 기존 내용을 수정하기 위한 것이라기보다는 독자들의 눈높이를 조금 올리기 위한 것입니다.

《피노키오의 철학》이 첫인사를 한 지 10년이나 지났습니다. 그동안 분에 넘치는 사랑을 받은 덕분에 장난꾸러기는 어엿한 청년으로 성장했습니다. 그런데 귀엽고 익숙한 이름 때문인지 중학생은 물론이고 초등학생들까지 이 책을 찾아서 예상치 않은 결과들이 생기기도 했습니다. 철학 영재들이 데카르트와 칸트, 심지어 소쉬르와 니체, 라플라스의 악마들과 한데 어울려 지혜를 겨루는 기이한 일들이 벌어지곤 했습니다.

《피노키오의 철학》은 철학과 처음 만나는 이들에게 철학마을을 대표하는 철학자들의 사고방식을 상큼하고 귀엽게, 하지만 너무 가볍지는 않게 소개하는 책입니다. 이 책은 모두를 위한 책이라기보다는 사고의 즐거운 놀이에 동참하려는 이들을 위한 책이었으면 합니다. 고등학생이 《순수이성 비판》이나 《정신 현상학》 《신학대전》을 읽지 못한다고 절망할 필요가 없는 것처럼, 《피노키오의 철학》에 때때로 등장하는 까다로운 주제나 논증 때문에 철학을 회피하거나 미워할 필요는 없을 겁니다.

마지막으로 이 책의 새로운 탄생을 도와주신 분들께 감사드립니다. 《피노키오의 철학》이 두 번째 세상 구경을 할 수 있도록 어려운 결정을 내린 휴머니스트 출판사와 개정판을 위해서 수고를 아끼지 않은 편집부의 노력이 없었더라면 이 책은 아직도 가능성의 세계를 벗어나지 못했을 것입니다.

'필로소피아'를 아끼고 보살피는 철학 지킴이들께도 아낌없는 감사를 바칩니다. 그리고 《피노키오의 철학》의 새로운 친구와 연인 들에게 다함이 없는 사랑을 전하고 싶습니다.

2013년 5월

서초동 연구실에서

양운덕

차례

아홉 번째 강의

진리 없이 사고할 수 있을까?

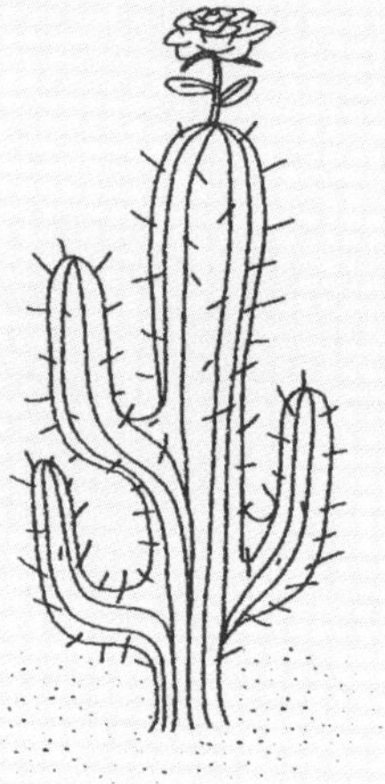

열 번째 강의

나비의 날갯짓이 결정론의 성을 허물다

아홉 번째 강의

진리 없이 사고할 수 있을까?

첫째 시간

철학 바깥에서 사고하기

철학은 진리를 찾습니다. 그런데 이런 진리 찾기를 거부하는 철학자 아닌 철학자가 있습니다. 바로 '망치를 든 철학자'로 불리는 니체입니다. 니체는 철학적 진리가 과연 우리의 삶을 긍정하고 풍성하게 하는지를 질문하죠. 그리고 진리가 보편성의 이름으로 어떤 힘-의지를 숨기고 있는지를 밝히려고 하죠. 니체의 주장은 기존의 진리에 대한 존경보다는 진리의 허구적 성격에 주목하고 예술적 태도로 진리에 접근하죠. 물론 니체의 근본 질문은 도덕, 가치에 관한 것입니다. 하지만 우리는 이 강의에서 니체가 진리를 어떻게 다르게 생각하는지를 먼저 살펴보고, 다른 도덕에 대한 비판을 보려고 합니다.

어느 철학자의 일기

어떤 사람의 일기장에 이런 구절이 있군요.

"진리는 없다. 진리는 거짓일 뿐이다. 또한 진리는 모든 것을 장악하려는 의지이고, 모든 사람을 그 앞에서 무릎 꿇게 하려는 의지다. 진리의 강력한 힘 앞에서 누가 감히 맞설 수 있을 것인가? 진리는 그 이름으로 모두를 지배하려는 힘-의지의 표현이다."

여러분은 이런 구절을 보고 뭐라고 하실 겁니까?

'별 웃기는 녀석을 다 보겠군. 꽤 오랫동안 진리를 찾아 헤매다가 못 찾았나 본데, 그렇다고 진리가 없다고 우기면 되나. 혹시 이 녀석이 진리를 그리워하다가 이제는 그것을 미워하기로 작정한 정신 나간 녀석이 아닐까?'

게다가 그 일기장의 다른 부분에는 이런 구절도 있습니다.

"신은 죽었다."

'점점 웃기는군. 신이 왜 죽어. 너나 죽어라. 신을 안 믿으면 그만이지, 네가 뭘 안다고 죽었니 살았니 하며 떠들어.'

제가 지금 소개한 미친(?) 글을 쓴 사람이 바로 '망치를 든 철학자'로 불리는 니체(F. Nietzsche)입니다. 아마 여러분이 니체의 글을 처음 보시면 어이가 없는 구절들이 많고, '아니 이런 사람이 무슨 철학자야?' 하면서 고개를 갸우뚱할지도 모릅니다.

이번 시간에는 철학자 아닌 철학자, 철학의 모든 보물을 모조리 땅바닥에 내팽개친 철학의 광인, 체계적인 글쓰기 대신에 짤막한 아포리즘과 시적 구절 들로 철학에 정면 도전한 니체의 짤막한 글 한 편을 같이 읽기로 할까요?

니체와 함께 이 밤을!

준영　아빠, 같이 이야기 좀 하고 싶은데 시간 있어요?

나　왜? 무슨 이야긴데? 미네르바의 올빼미가 날개를 펼칠 무렵에 무슨 이야깃거리가 있을까?

준영　며칠 전에 짧은 글을 하나 읽었는데, 그 글이 재미있기도 하고 이상한 점도 많아서 머리가 혼란스럽거든요. 그래서 철학박사님께 궁금한 것을 좀 여쭈어 보고 싶어서요.

나　녀석, 나라고 잘 아는 것은 아니지만 너보다는 조금 낫겠지. 그래 무슨 글을 봤다는 거냐?

준영　니체가 쓴 〈비도덕적 의미에서의 진리와 오류에 관해서〉라는 글이에요. 사실 니체의 책을 한두 권 봤는데 보통 철학책하고 많이 다른 것 같아요. 글을 쓰는 방식이 신선하고 멋있는 구절도 많은데, 이야기하는 내용이 너무 파격적이라서 따라가기가 어려워요. 그렇지만 다른 철학책처럼 점잔 빼는 것도 없고 이때까지의 철학에서 쉬쉬했던 것을 용감하게 드러내 놓고 생각하는 사람 같다는 느낌이 들었어요. 내가 제대로 이해했는지도 잘 모르겠고요.

나 아빠가 아는 어떤 철학교수는 니체의 책을 금서로 해야 한다는 농담을 하더구나.

준영 왜요?

나 진리를 믿고 착하게 사는 사람들이 니체의 강력한 논의에 노출되는 것은 위험한 면이 있거든. 내가 보기에 니체 철학은 고단위 면역주사 같은 거지. 약한 사람은 그 주사를 맞고 죽을 수도 있으니까. 진리에 주눅 들지 않거나 도덕을 객관적으로 볼 수 없는 사람들은 이 주사 한 방에 정신을 잃을지도 모르지. 아니면 니체의 격렬한 비판에 흥분하다가 무슨 일이 생길지도 모르고.

니체 스스로도 자기 책을 아무나 이해하리라고 믿지 않았지. 이것은 사람들을 무시하는 것이라기보다는 그들이 진리와 도덕의 세뇌를 오래 받았기 때문에 그럴 수밖에 없을 거라고 보았던 거지. 그래서 자신의 《차라투스트라는 이렇게 말했다》를 "모두를 위한 책이지만, 그 누구를 위한 책도 아니다"라고 했지. 자존심이 강한 사람을 자극할 만한 표현이지.

특히 종교를 믿는 사람들에게 이 책은 독약에 가깝지. 물론 니체가 기독교 자체를 싫어하는 것은 아니지만, 그런 사고방식, 삶의 양식, 가치관을 싫어하는 거지. 니체는 그런 것들이 노예적 태도에 지나지 않는다고 보니까. 그래서 니체의 책은 강한 자만 볼 수 있는 거야.

준영 아빠는 어떻게 생각하세요?

나 사실 같은 책도 누가 보는가에 따라서 그 효과가 다르지 않을까? 그래서 그런 효과를 무시하고 책 자체가 원래 어떤 의미를 가지고 있다고 볼 필요는 없지.

준영 읽는 사람에 따라 책의 의미가 달라진다는 이야기인가요?

나 니체 식으로 보면 그 자체로 좋은 책도, 나쁜 책도 없는 거지. 한 가지 덧붙일 것이 있어. 네가 니체를 공부한다고 해서 반드시 니체주의자가 되어야 하는 것은 아니지. 오히려 네 나름의 눈을 가질 필요가 있어. 자신의 눈을 갖기 위해서는 확고한 신념에 앞서 사려 깊은 고민을 해야 할 거고, 도움이 될 만한 다양한 관점 가운데서 자기 틀을 만드는 연습을 할 필요가 있지. 어차피 자기 눈으로 사는 거니까. 하지만 쉽지는 않을 거야. 네가 성장하는 과정에서 네 힘으로 독립하기 위해서 노력했듯이 자기 틀로 사고하는 독립된 사람이 되려는 노력이 중요하지. 그렇게 하지 못한다면 다른 사람이 시키는 대로 따라가야 하니까 말이야. 자, 사설이 너무 길었나?

질문

1. 동화책이나 성인용 도색잡지가 그 자체로 좋거나 나쁜 것이라고 할 수 있을까요?
2. 플라톤이나 칸트의 책이 그 내용의 중요성 때문에 무조건 좋은 책이라고 할 수 있을까요?
3. 우리는 보통 책을 읽고 내용을 제대로 이해하거나 이해하지 못했다고 생각하는데 과연 그런 구별이 의미가 있을까요?

도덕 바깥에서 본 진리란?

나 준영아, 이 글의 제목이 무슨 뜻이라고 생각하니?

준영 도덕 안에서 진리를 보지 않겠다는 것 아닌가요?

나 그렇지. 그런데 왜 진리를 '도덕 바깥에서(außer-moralisch)' 보자고 할까?

준영 그걸 저한테 물어보면 어떡해요?

나 그런가? 이때 '도덕 바깥'은 기존의 진리관이 항상 진리를 도덕적 관점에서 이해하고, 평가한 점을 문제 삼으려는 거지.

준영 그게 무슨 뜻인지 자세히 알고 싶은데요.

나 진리에 도덕적 가치 평가가 숨겨져 있다는 이야기야. 차례대로 이야기해 보자. 먼저 니체가 진리를 어떻게 보는지, 그 진리에 왜 도덕적 가치가 들어 있다고 하는지 살펴보자.

니체는 인간을 포함한 모든 유기체는 자신의 힘을 강화하려는 의지, 곧 '힘-의지(Wille zur Macht)'를 지니고 있다고 보거든. 그런데 인간은 이렇게 힘을 추구하는 방식의 하나로 진리를 추구하지. 그래서 '진리를 추구하는 의지(Wille zur Wahrheit)'를 갖지. 그러니까 인간은 다른 동물과 달리 (간접적인 방식으로) 진리를 만들고, 진리를 확보해서 힘을 강화할 수 있다고 보지. 이처럼 진리를 추구하는 태도는 일종의 힘을 추구하는 태도인 셈이지.

즉 인간은 그들의 삶을 확보하기 위해 인식, 진리를 만든다는 거야. 이들이 진리를 추구하는 것은 변화하는 세계에서 안정된 삶을 확보하려는 하나의 전략이지. 달리 말하면, 진리를 통해서 가장 안전하고 확실한 보험에 가입하려는 거지.

준영 그게 무슨 뜻이죠? 왜 진리가 확실한 삶을 보장한다는 거죠?

나 세계의 진리를 안다면 세계가 일정한 법칙과 질서에 따라서 움직이는 것을 알 수 있겠지. 그래서 우리는 변화무쌍하고 예측할 수 없는 세계가 아니라, 일정한 틀에 따라 움직이는 세계에서 그 운행을 예측할 수 있지. 그래야 세계를 우리의 필요에 의해서 이용하고 안전한 삶을 설계하고 삶의 곤란에 미리 대비할 수 있지 않겠니?

또한 진리는 보편타당하기 때문에, 우리가 진리라는 보물을 지닌다면 항상 어디에서나, 누구에게나 타당한 방식으로 사고하고 행위할 수 있지. 그래서 인간은 눈앞의 문제를 해결하기보다는 모든 문제를 해결할 보편적인 틀을 찾으려 하지.

준영 그렇군요. 그런데 진리와 도덕이 관계가 있다면서요.

나 이 문제는 여기에서 간단하게 이야기하기는 어려울 것 같구나. 먼저 니체가 도덕을 보는 관점을 살펴야 하기 때문이지.

한두 가지만 이야기하자. 진리-의지는 진리, 성실함 등을 거짓, 이기심, 욕구 등에 대해서 우월하다고 보지. 그래서 이런 진리 충동 밑에는 도덕적 의도가 깔려 있어. 전통 철학은 진리를 선(善)한 것으로 보고, 진리를 추구하는 자(철학자)는 선한 의지를 가지고 있다고 믿지.

도덕은 모든 것을 선악의 관점으로 평가하지. 니체가 보기에 도덕은 삶과 건강함을 악한 것으로 보고, 삶을 회피하는 무력하고 약한 것을 선한 것으로 본다는 거야.

선악의 관점에서 평가하는 예를 들어 보자. 양들을 잡아먹는 맹수가 있다고 하자. 맹수는 자신의 강한 힘으로 양을 잡아먹을 수 있어. 맹수는 강하고 양은 약하니까. 그런데 이때 먹히는 양들은 어떤 생각을 할까? 양은 이런 맹수에 현실적으로 맞설 수 없지. 그래서 맹수에 대해 도덕적으로 공격한다는 거야. 양은 맹수를 악하다고 평가하지. 이런 가치 평가는 약한 자의 복수라고 할 수 있을 거야. 그래서 양은 맹수가 악하니까 자기는 선하다고 생각하지. 이런 틀에서 강한 맹수와 약한 양의 관계가 악과 선으로 바뀌는 거지.

양은 조금 까다롭게 이런 논리를 사용하지. 양인 우리는 힘과 폭력을 싫어한다. 그래서 폭력을 쓰지 않는다. 이런 우리는 도덕적이고 선하다. 그런데 맹수는 힘과 폭력을 마구 쓴다. 그러니 맹수가 선하고 싶으면 자기 힘을 쓰지 않아야 한다. 선한 우리처럼 말이야. 이런 도덕적 관점에서 본다면, 맹수는 자기 힘을 사용해서 악하게 되든지, 힘을 쓰지 않고 선하게 되든지를 선택할 수 있지. 물론 맹수가 이런 도덕적 존재가 된다면 굶어 죽겠지만. 니체는 이러 점에서 도덕은 선악의 대립으로 현실적인 강함, 약함의 차이를 바꿔치기 한다는 거야. 이것은 양이 맹수에게 복수하는 논리지.

그래서 니체는 도덕과 무관한 세계를 도덕적으로 해석해서 선, 악의 대립으로 만드는 도덕이 어떤 필요에서 그렇게 하는지를 물어보지. '누가 선, 악을 이야기하는가?' '도덕적 가치는 어떤 가치가 있는가?' '도덕적 가치는 어떤 힘-의지를 숨기고 있는가?' 이야기가 좀 어려워진 것 같은데, 한마디로 도덕이 우리 삶을 긍정하는지, 건강한 삶을 가로막지는 않는지를 물어보는 거야. 도덕에서 내세우는 '양심의 가책'과 '금욕주의'가 삶을 약화시키지 않는지를 물어보는 거야.

준영　재미있는 생각이네요. 좀 위험스러워 보이기도 하고요. 아직은 잘 모르겠어요.

인식을 발명한 영리한 동물

나 　그래, 나중에 다시 한 번 이야기하도록 하자. 처음부터 너무 어려운 이야기를 한 것은 아닌지 모르겠다. 이제부터는 어려운 이야기가 별로 없을 거야. 그러면 글을 보면서 같이 이야기해 볼까? 글 한 편을 정확하게 읽는 것이 잘 모르면서 책 몇 권을 읽는 것보다는 낫지 않을까?

준영 　그래요. 그러면 이 글을 다 읽을 때까지 자지 말까요?

나 　니체와 함께 밤을 지새우자고! 짧은 글이라고 금방 읽을 수 있다고 생각하지 말고, 또 하룻밤에 니체를 독파하겠다고 생각하면 무리지.

준영 　처음에 간단한 우화가 하나 나와요. "수많은 태양계에서 쏟아부은 별들로 반짝거리는 우주의 외딴곳에 영리한 동물들이 인식이라는 것을 발명한 별이 하나 있었다. 그것은 세계사에서 가장 의기충천하고 또한 가장 기만적인 순간이었다. 그렇지만 그것도 한순간일 뿐이었다. 자연이 몇 번 숨 쉬고 난 뒤 그 별은 꺼져 갔고, 영리한 동물들도 죽을 수밖에 없었다." 여기에서 '별'은 바로 우리가 사는 지구고, '인식을 발명한 영리한 동물'은 인간을 말하는 거죠?

나 　그런 것 같은데.

준영 　그런데 니체는 인간이 인식을 '발명했다'라고 하네요.

나 　발견한 것이 아니라 발명했다고 하는 게 재미있지. 이 차이는 꽤 크단다. 우리는 금 광맥을 발명할 수는 없고 발견하지. 전화나 0이라는 수, 민주주의 같은 것은 발견하는 게 아니라 발명하지.

준영 　발명과 발견이 다른 것은 알겠는데, 그렇게 차이가 큰가요?

나 그럼. 발견(dis-cover)이란 우리 눈에 보이지 않게 가려져 있던 것의 덮개(cover)를 벗겨서(dis) 안에 숨겨진 것을 찾아내는 것이지. 그런데 니체는 인식을 '발명했다'라고 하잖아. 이것은 진리가 만들어지는 것이라고 보는 거지. 즉 진리가 인간의 필요에 의해 만들어졌다는 뜻에서 '발명'이라고 한 거 아닐까?

준영 인간이 진리를 창조하거나 고안한다면 경우에 따라서 다르게 창조할 수도 있을 거고, 필요하지 않다면 고안하지 않을 수도 있겠군요.

나 인간은 신기하게도 다른 동물들에게는 불가능한 일을 해냈지. 장하다. 인간아! 진리를 만들다니!

준영 인간이 진리를 창안했다면 인간은 진리 특허를 얻은 셈이군요.

나 그 특허를 누가 내주었을까? 신일까, 인간 자신일까?

인간의 과대망상

준영 그다음에는 노골적으로 비꼬네요. '이런 인식을 발명한 것이 인간의 세계사에서 가장 의기충천하고 동시에 가장 기만적인 순간'이라고 말이에요.

나 왜 '의기충천하다'는 거지?

준영 인간만이 그런 신기한 것을 만들 수 있다고 뻐기기 때문이죠.

나 인간이 제작하는 동물(homo faber)이라면 인간은 진리까지 제작하는 능력이 있나 보군. 하기야 진리는 아무나 만드는 게 아니지. 그런데 동시에 이것이 '기만적'이라고 하는 까닭은 뭘까?

준영 인간이 진리를 발명했다는 것은 원래 있지도 않은 진리를 인간이 만들어 냈다는 점을 지적하는 것 같은데요. 없는 진리를 만들어 낸 것이 기만적이라고 하는 거 아닐까요?

나 그럴 수도 있지. 니체는 이 글에서 진리와 관련된 '인간중심주의적' 태도를 문제 삼고 있는 것 같아. 이 부분도 인간이 인식을 통해 마련한 우월성이 실은 가련하고 무상하며 자의적이라는 점을 보여 주려는 거지.

준영 이 엄청난 발명을 한 인간의 삶을 순간이라고 하고, 자연이 몇 번 숨을 쉬자 그 별이 사라진다는 것도 그런 분위기군요. 그러니까 세계의 모든 것이 인간을 위해서 존재한다고 믿고 싶어 하는 점을 문제 삼는군요.

나 인간에게는 묘한 버릇이 있잖아? 이 세계의 중심에 인간이 있고, 인간만이 유일하게 바람직하고 가장 뛰어난 존재라고 착각하는 것 말이야. 아마 왕자병을 능가하는 황제병일걸. 이런 근거 없는, 아니 '너무나 인간적인' 믿음은 인간을 우주의 옥좌에 앉히려고 하지.

준영 니체가 인간의 기를 죽이려는 거로군요.

나 꼭 그런 것은 아니고 인간의 과대망상을 지적하려는 거지. 자기를 잘 알고 나서 기를 북돋아야겠지.

준영 '한순간'이란 말은 지구나 우주의 긴 시간에 비해 인간이 살았던 시간이 짧다는 걸 보여 주려는 거겠죠? 인간이 살아온 시간은 아득한 과거와 미래 사이에 있는 한순간에 지나지 않아요. 어떤 책에서 봤더니 지구의 역사를 일 년으로 보면, 인간이 지구에 나타난 때가 12월 31일 오후라고 하더군요. 그렇다면 인간은 하루살이도 아닌 셈이죠.

나 반나절 살이라고 할까?

준영 이것은 인간 이후를 생각해도 마찬가지군요. 어쨌든 지구는 사라질 수밖에 없고, 그 속에 사는 인간도 죽을 테니까요.

나 태양이 영원히 빛을 밝힐 수는 없지. 이 태양이 사그라질 때면 지구도 빛을 잃을 수밖에 없지. 니체는 사람들이 모두 죽으면 우주에 무슨 큰일이라도 날 것처럼 호들갑 떠는 것을 비웃지. 사실 이 넓은 우주에 티끌 하나가 사라지는 것에 지나지 않으니까. 마치 아무 일도 없던 것처럼. 어쨌든 인간이 만든 진리, 인간의 우월성, 인간중심주의란 '순간의 영광'에 지나지 않는 거지.

준영 가련한 자여, 그대 이름은 인간이로다! 그래서 니체는 인간의 지성은 인간이 살아 있을 때에만 작용한다고 한 거죠?

나 그렇지. 지성은 인간적일 뿐이라는 거지. 그리고 이런 지성의 소유자만이 세계가 인간을 중심으로 돌고 있다고 생각할 뿐이지.

준영 '인간적인'이란 말이 재미있네요. 니체의 《인간적인 너무나 인간적인》이란 책 제목도 이런 맥락인가요?

나 그렇지. 모든 것을 인간 중심으로 생각한다는 거지.

준영 하긴, 한 친구가 책 제목만 보고 이 책을 선물했다가 비인간적이라는 비난을 들은 적이 있다고 하더군요.

모기의 환상

준영 다음에 나오는 모기 이야기도 재미있던데요.

나 니체는 과대망상에 빠진 인간을 보여 주기 위해서 모기들과 대화하는 상황을 가정하지. 만약 말이 통한다면 모기 역시 그들 나름의 세계를 만들고, 모기가 세계의 중심에 있고, 그들의 틀로 세계의 모든 것을 판단할 거라는 얘기지.

준영 그러면 모기나 인간은 저마다 그들이 세계에서 가장 의미 있는 존재인 것처럼 화려한 착각을 한다는 거로군요. 한마디로 '꿈 깨라'라는 이야긴가요?

나 그런 셈이지. 그런데 엉뚱한 질문이긴 한데, 모기의 인식과 인간의 인식 가운데 어느 쪽이 참다운 것일까? 인간의 인식이 더 객관적일까?

준영 인간이나 모기나 착각한다는 점에서는 별 차이가 없겠죠.

나 그런데도 인간은 자신의 인식이야말로 세계 자체의 궁극적인 의미를 찾아내고, 그 의미를 바탕으로 자기 삶을 확실하게 할 수 있다고 믿지. 아니면 우리 인식이 뛰어나지 않더라도 이런 한계를 안다는 점에서 모기에 비해 주제 파악을 잘하는 점에 점수를 더 줄지도 모르지. 니체는 이런 인간을 '철학자'라고 부르는군. 어떻게 생각하시나, 어린 철학자께서는?

준영 꼬마 사상가라면 몰라도 사양하겠습니다.

나 그런데 모기 이야기는 간단하게 넘어갈 만한 것이 아닌 것 같아. 전에 칸트의 인식론을 공부할 때 이와 비슷한 문제에 부딪친 적이 있는데 기억하니?

준영 잘 이해하지는 못했지만 황소와 물고기가 나오는 장면이 있었죠.(《피노키오의 철학2》 참조) 바로 칠판을 앞에 두고 다양한 동물이 모여서 서로 옥신각신하는 장면 말이죠?

나 그때 어떤 해결책이 나왔지? 칸트가 모든 동물에게 두루 적용할 만한 기준을 제시했니?

준영 아니죠. 인간들끼리만 모여서 인간의 관점을 정당화하는 데 그친 것 같던데요.

나 그래, 칸트는 이 난해한 문제를 해결하기보다는 인간들이 어떻게 그것에 대처하는지 보여 주었을 뿐이지. 그러면 다시 용감하게 하나의 칠판을 두고 동물들이 저마다 다르게 보는 상황으로 돌아가 볼까?

이때 어떤 동물도 칠판 자체를 볼 수는 없고 다만 각자에게 나타나는 칠판, 즉 칠판의 현상을 볼 뿐이지. 그래서 칠판이 여러 개가 아니라 칠판을 보는 관점이 여럿인 거지.

준영 그런데 하나의 칠판을 서로 다르게 볼 때, 인간만 제대로 보고 다른 동물들은 엉터리로 본다고 하니까 이상한데요.

나 인간만이 세계를 완벽하게 본다고 가정하는 것은 오만한 거지. 문제는 '다양한 관점들 가운데 어느 것이 참이냐' 하는 것이지. 하지만 여럿 가운데서 어느 하나가 참인가를 따지려면 무엇보다도 그것들 모두에 '공통된 척도'가 필요하지 않을까?

준영 모두에게 공통된 척도가 있으면 좋을 것 같은데, 니체는 그런 것을 원치 않는 것 같더군요.

시각장애인들의 코끼리 만지기

나 우리가 잘 아는 비유로 이야기해 볼까? 시각장애인들이 코끼리를 만지는 유명한 비유 말이지. 이들은 하나의 코끼리를 만지고 저마다 다른 주장을 하잖아? 상아를 만진 사람, 긴 코를 만진 사람, 앞다리를 만진 사람, 등을 만진 사람, 꼬리를 만진 사람 등 모두 다른 주장을 하지.

준영 그렇죠. 부분밖에 보지 못했으면서도 마치 전체를 본 것처럼 주장하니 서로 다툴 수밖에요. 어차피 틀린 주장들인데도 말이죠. 저는 이 이야기를 부분에 얽매이지 않고 전체를 보아야 한다는 충고로 생각했어요. 나무만 보고 숲을 보지 못해서는 안 되니까요.

나 그런데 꼭 그런 것만도 아니야. 내가 이 이야기를 한 것은 그런 일반적인 해석보다는 이것을 우리의 문제 상황에 연결해 보려는 거지.

준영 동물들이 같은 칠판을 서로 다르게 보는 것처럼, 코끼리를 두고 서로 다르게 본다고 생각하시는 건가요?

나 그렇지. 그러니까 이들 각자가 부분적 관점에 얽매인 까닭에 전체의 모습을 제대로 보지 못한다고 비난하려면 어떤 자격이 필요할까?

준영 그들을 비난하려면 제대로 보는 눈 뜬 사람이 있어야 하죠. 그리고 그는 부분이 아닌 전체를 볼 수 있어야 하겠죠.

나 그래, 그런데 그런 사람은 어떤 능력을 갖고 있어야 할까? 아마 모든 부분적 관점을 뛰어넘는 관점, 관점들 모두를 종합하는 관점, '관점의 관점'을 지녔다고 해야겠지?

준영 그런 총체적 관점은 조각난 코끼리가 아니라 코끼리 자체를 볼 수 있겠군요. 그런데 과연 그런 '완전하고 총체적인' 관점이 가능할지 궁금한데요.

나 그렇지. 과연 우리가 코끼리의 경우뿐만 아니라 다른 것을 볼 때에도 그러한 최고의 관점으로 사물들을 완벽하게 보는 눈이 있다고 할 수 있을까?

준영 글쎄요…….

> 회화 양식에는 '원근법'이 있습니다. 원근법은 대상을 볼 때, 한 쪽 눈을 감고서 다른 쪽 눈은 고정시킨 채 소실점에서부터 대상을 일정한 비율에 따라 질서정연하게 배치하는 방식이죠. 3차원 공간에 있는 대상들을 캔버스의 2차원 평면에 재현해서 입체감을 만드는 방식이죠. 이 방식은 고정된 시점을 중심으로 삼아서 존재하는 대상 세계를 기하학적으로 정돈하려는 거죠. 그래서 보는 사람의 시선에 특권을 부여해서 질서 있게 정리합니다. 물론 실제로 대상들이 그렇게 보이지는 않습니다. (세잔의 그림은 원근법에 따르지 않고 대상을 표현한 뛰어난 예입니다.)

나　간단한 예로 여기 있는 책상을 보자. 책상은 보는 관점에 따라서 다르게 보이지. 만약 앞에서만 보도록 눈이 고정되어 있다면, 책상의 옆면과 뒷면은 볼 수 없을 거야. 앞에서 보는 관점과 뒤에서 보는 관점 하나하나가 바로 '퍼스펙티브(perspective)'이지. 책상 같은 육면체 하나를 볼 때도 퍼스펙티브가 여럿 필요하지. 일단 여섯 면에서 봐야 하지 않겠니? 그래서 각 관점에서 본 것들을 종합하고 구성한 뒤에야 비로소 책상을 알 수 있지.

준영　동양화에서는 하나의 관점이 아니라 여러 관점이 섞여 있는 것 같아요. 그래서 가까이 있는 산보다 멀리 있는 사람이 크게 보이기도 하고, 한 그림에 몇 가지 관점들이 공존하는 경우가 많아요.

모든 것을 보는 작가의 관점

나　이 이야기를 문학의 경우로 바꿔서 볼까?

준영　문학에서도 이런 경우가 있나요?

과연 특별한 위치에 있는 관점(눈)이 있고, 원근법처럼 하나의 고정된 눈이 지배하는 특권적인 관점이 있을까요? 달리 말하면 하나의 특권적인 관점으로 세계를 있는 그대로 볼 수 있을까요?

나 전지적(全知的) 관찰자 시점이라고 들어 봤니?

준영 저도 그 정도는 알죠. 작가가 모든 것을 보는 것처럼 쓰는 시점 말이죠. 그러니까 1인칭 관찰자 시점은 작중 화자가 보고 느낀 것만 이야기하지만, 전지적 시점은 작품에 누가 나오건 어떤 사건이 생기건 관찰자가 보지 못하는 것은 없는 거죠. 그러고 보니 앞에 나온 눈 뜬 사람이 이 경우고, 1인칭 시점은 코끼리를 만진 시각장애인과 비슷하군요.

나 제법인데, 하나를 이야기하면 둘을 아는구나. 그래, 네 말대로 전지적 시점은 어떤 관점의 제한도 없이 모든 것을 다 보고 있으니, 이 시점의 눈길을 벗어나는 것이라곤 없지.

가령, 사랑하는 두 사람이 사랑의 열정에 휩싸인 상태에서 사소한 오해를 하고 서로 크게 다투는 경우가 있겠지. "너, 다시 내 눈앞에 나타나지 마!" "너도 마찬가지야, 나한테 전화하면 재미없어. 전화번호 바꿀 테니까! 너는 이제 모르는 사람이다. 다시 만나도 아는 척하지 마."

준영 분위기가 이상한데요. 누가 먼저 미안하다고 할지 모르지만 금방 후회할 텐데…….

나 하여튼 그날 밤을 꼬박 새운 한 사람이 새벽이 밝기도 전에 밤새 써 놓은 편지를 그냥 서랍에 넣어 둔 채 여행을 떠났다고 해 볼까? 그런데 전지적 시점의 관찰자는 그의 편지를 몰래 읽을 수 있지. 또 오랜 후에 그 편지를 받은 상대방이 혼자 숨어서 가슴 조마조마해 하며 보는 그 순간에도 그 관찰자는 그 편지를 함께 보고 있겠지.

준영　그렇군요. 실제로는 가능하지 않죠. 작가처럼 신적인 존재여서 모든 사정을 훤히 꿰뚫어 보지 않는다면 말이죠.

나　이 시점은 꼭 필요한 순간에 필요한 것들을 만들어 내는 창조주의 재능을 지닌 것처럼 작용하지. 이 시점에 대해서 등장인물들은 아무것도 숨길 수 없을 거야.

준영　'나를 속이려면 차라리 신을 속여라!'라는 거군요.

나　그렇지. 인물들은 마치 작가에게 자기의 모든 것을 털어놓는 것처럼 모든 것이 명백하지. A가 혼자 산책하면서 가슴에 묻어 둔 생각, B가 바다를 바라보면서 이런저런 상념에 사로잡힌 채 두 눈에 담아 둔 풍경도 빠뜨리지 않지.

준영　그러고 보니 진짜 완벽한 감시망인 셈이군요.

나　'전능한 눈이시여! 그만 감시의 눈길을 거두시고, 그들에게 자신만의 공간을 줄 수 없을까요?' 이런 시점은 작가에게 전권을 주지만, 사실 그다지 믿을 수 없지. 그렇게 주인공의 마음을 읽는 작가 자신은 자기 마음도 그렇게 속속들이 알고 있을까? 자신이 받지도 못한 연애편지의 내용이 무엇인지, 화가 나서 달려 나간 친구의 속마음이 어떤 상태로 방망이질하는지, 친구가 흘린 눈물이 몇 방울인지, 그것에 감정과 염분은 어떤 비율로 섞여 있는지를 알까?

준영　이런 전지적 시점은 독자들한테 필요한 모든 것을 알려 주고 필요한 해설도 한다는 점에서, 작가는 전능하고 독자는 그저 구경꾼에 지나지 않는군요. 어쨌든 리얼리티가 별로 없는 것 같아요.

나　그런데 현대소설에서는 이런 관점보다는 전적으로 내 관점에서 이야기하거

전지적 관점에서 쓰인 소설이나 영화를 통해 이런 관점의 장점과 단점을 살펴봅시다. 현대적 기법은 어떤 방식으로 리얼리티를 만들려고 하나요?

나, 타인의 관점에서 이야기하기 때문에 서로 소통되지 않는 세계, 불투명한 세계를 드러내지.

제한된 관점에서만 볼 수 있다

나 이와 같은 전지적 시점이 하나의 허구적 구성물이라면, 우리가 사물을 볼 때도 사정은 마찬가지 아닐까? 어차피 대상을 한 지점에 고정된 상태로는 한 부분밖에 볼 수 없지. 책상을 볼 때에도 앞, 뒤, 위, 옆 어느 관점에서 보더라도 전체가 아니라 부분 또는 한 면만 보는 것이지. 이때 한 관점이 다른 관점보다 특정한 면을 잘 볼 수는 있겠지만, 그 어떠한 관점도 대상의 모든 면을 완전하게 포착할 수는 없지. 각 관점들은 제한된 것이지.

준영 그러면 우리는 하나의 관점에 제한된 상황에서 벗어날 수 없겠군요. 앞에서 본 시각장애인들이나 우리나 크게 다를 바가 없는 셈이네요. 그러면 우리가 아는 모든 것이 제한된 것일 수밖에 없다는 우울한 결론인가요?

나 그래, 우리가 이런 한계를 무시하고 마치 한 관점에서 모든 것을 투명하게 볼 수 있다고 자만해서는 안 되지.

준영 그러면 우리는 어차피 부분적으로 알 수밖에 없으니까, 아무것도 모른다고 해야 하나요? 이것을 회의주의라고 하잖아요.

나 그렇지는 않아. '우리는 아무것도 모른다'라는 것도 알고 보면 아는 것의 하나지. 관점이 부분적임을 자각하는 것은 우리가 어떤 조건에서 사물을 보고, 사물을 아는지 살피려는 거지. 우리가 그런 제한된 관점을 받아들일 때에만 어떤 것을 비로소 볼 수 있지. 이

묘한 두 얼굴을 잘 이해할 필요가 있단다.

만약 우리가 동전을 보는 데 있어 앞면뿐만 아니라 뒷면까지 보인다면 어떨까? 어지럽지 않을까? 우리가 동전의 한 면만 보는 것을 인정할 때, 다른 한 면을 보려고 노력하지 않을까? 그래서 그 두 관점을 합해야 비로소 동전의 양면을 볼 수 있는 거지. 사람의 속마음이 훤히 보인다든가, 그 사람의 과거가 모두 보인다면 혼란스럽지 않을까?

이렇게 우리가 어떤 것을 보려면 항상 특정한 자리에서, 특정한 관점에 서야만 무엇인가를 볼 수 있지. 이 점을 인정할 때 우리는 좀 더 잘 보려고 노력하게 되지.

준영 그러면 책상 같은 육면체 하나를 보더라도 한곳에서 모든 면을 보려고 하지 말고, 움직이면서 이 관점, 저 관점을 더해야만 하겠군요.

나 그렇지. 우리가 책상을 알 수 있는 것도 여러 관점들을 종합해서 대상을 하나로 구성하기 때문이지. 책상이 우리에게 자기 모습을 그대로 펼쳐서 보여 주지는 않으니까. 이렇게 종합된 관점은 개별 관점들의 한계를 보완하지.

준영 우리의 제한된 관점 때문에 우리가 비로소 볼 수 있다는 이야기는 재미있군요. 저도 앞으로 하나의 관점에서만 사물을 보고 속단하지 않도록 해야겠어요.

나 우리가 눈으로 사물을 볼 때, 눈이 눈 자체를 볼 수는 없지.

준영 맞아요. 본다는 것은 자기를 보지 못하는 눈으로 다른 것을 보는 것이로군요. 그러면 우리는 본다는 것의 조건을 잘 살펴야 보이는 것이 어떤 조건에서, 어떤 관점에서 본 것인지를 알 수 있겠군요.

질문

1. 제한된 관점을 종합하면 '완전한 관점'이 가능할까요?
2. 제한된 조건에 매이지 않는 관점에서 세계와 인간을 볼 수 있다고 주장하는 경우들은 어떤 것이 있을까요?

모든 시대를 동시에 보는 관점이 가능한가?

나 예를 하나 더 볼까? 역사의 관점 문제인데.

준영 좋아요. 아예 뿌리를 뽑죠.

나 역사를 볼 때, 우리는 모든 시대에 두루 살 수 없고 한 시대에 묶일 수밖에 없지. 이것은 한편으로 그 시대에 제한되는 것이지. 하지만 바로 그 점이 우리가 역사를 보는 조건이기도 하지. 그런데 자기 시대의 관점이 마치 모든 시대를 뛰어넘는 완전한 것처럼 허풍을 떠는 경우가 많지.

예를 들어 자본주의 시대에 산다고 '경제적' 이해관계를 가장 중요한 행위 동기로 보고, 이것을 그 이전이나 이후에까지 그대로 적용해서 모든 인간을 경제인으로 설명하면 역사를 지나치게 단순화하게 되지. 만약 그런 초역사적 관점이 있다면 굳이 역사를 따라가면서 그 변화를 살필 필요가 없겠지. 하나의 역사만 있으면 충분할 테니까.

준영 그러니까 우리의 관점은 시공간으로 제한된 것이군요. 사회가 빠르게 바뀔 때면 신세대와 구세대의 갈등이 생기는 것도 서로 자기 관점에서만 보기 때문이고요.

나 별걸 다 아는군. 그래서 너하고 나하고는 관점이 다른 경우가 많을 거야. 그 이야기는 중요하지만 나중으로 미루자. 그러니까 어떤 사람들이 "나는 모든 것을 본다" "나는 모든 관점들의 관점, 곧 전체의 관점에서 본다" "나는 완전하게 본다"라고 할 때, 이들을 거짓말쟁이나 허풍쟁이가 아니라고 할 수 있을까?

준영 그런 사람들은 사물을 보는 조건을 무시하고, 동전의 양면을 동시에 본다고 떠드는 것과 같아요. 그래서 두 사람이 이야기할 때도 자기주장만 내세우지 말고 상대방의 관점이 어떤 것인지를 짐작해서 이야기해야 통할 수 있겠군요.

나 그렇지. 역지사지(易地思之)도 자기 관점이 제한된 것임을 알아야 상대방 관점을 고려할 필요가 있는 걸 알겠지. 요컨대, 사람들이 바라는 '완전한 관점' '관점 위의 관점'이 있을 수 없으니, 우리의 관점은 제한된 것일 수밖에 없지. 우리는 코끼리를 만지는 시각장애인들보다 결코 나은 자리를 차지할 수 없는 셈이야.

준영 시각장애인들이 코끼리를 보고 저마다 다른 소리를 하는 이야기가 우리들의 진리 찾기 놀이와 근본적으로 다르지는 않군요.

나 이것이 불만인 사람은 완전한 눈을 지닌 사람, 자기 눈으로 자기 눈을 볼 수 있는 사람을 찾아야겠지.

질문

1. 시각장애인들의 코끼리 만지기와 비슷한 경우를 찾아봅시다.
2. 완전한 관점이 불가능하다면 우리는 아무것도 알 수 없나요?

살기 위해서 속인다?

준영 흔히 인간은 다른 동물들에 비해 허약하지만 지성으로 무장하기에 가장 강한 존재라고 하지 않나요?

나 그렇지. 인간을 '슬기 인간(homo sapiens)'으로 보는 거지. 인간은 생물학적으로 불리한 점이 많지만 지성으로 무장하기 때문에 그 약점을 극복한다고 보잖아. 일리 있는 이야기야.

준영 그런데 니체는 자연 안에 있는 인간의 허약함을 강조하고 지성을 이런 생물학적 약점을 보충하는 수단으로 보는 거죠?

나 그렇지. 니체는 지성이 인간의 삶을 안전하게 하기 위한 생존 방식, 전략이라는 점을 강조하지. 삶이 지성에 앞선다고 할까? 또 인간 지성을 삶의 수단으로 볼 때, 지성이 순수한 것은 아니라는 것을 말하고 싶은가 봐. 그러니까 인간은 '어떻게 자기 힘을 증대시킬 수 있는가'에 대한 답으로 '지성'을 제시한 거지. 이런 점에서 인식은 어떤 쓸모 있는 것을 추구하는 한 가지 방식인 셈이지.

준영 그런데 니체는 그런 수단인 지성이 위장(僞裝, Verstellung)과 관계 있다고 보네요?

나 강한 동물들과 생존 투쟁을 벌일 능력이 없는 가장 약한 개체들이 자기를 보존하려면 그런 수단을 쓸 수밖에 없겠지. 그리고 인간이 위장의 대가라고 비꼬지. 하기야 다른 동물들과 비교해 볼 때, 다양하고 교묘한 위장술을 쓸 수 있는 능력 면에서 인간을 따를 종이 없을 거야.

준영 생각해 보면 정말로 그런 위장의 종류도 많아요. 기만, 아첨, 거짓과 사기, 험담, 잘난 체함, 휘황찬란하게 꾸미기, 가면 쓰기, 은

폐, 다른 사람과 자신 앞에서 연기하기 등등.

나 그런데 그런 이야기를 하는 네 표정이 이상한 것 같은데?

준영 예? 뭐가요?

나 네가 도덕을 숭상하는 사람이라 기만, 위장이란 말이 나오니까 몸을 옴츠리는 것 아니니? 그런데 너는 거짓이 무조건 나쁘다고 보니? 피노키오가 거짓말하는 경우에 그 녀석을 나쁜 놈이라고 생각하니?

준영 귀엽죠. 그 긴 코 때문에 쩔쩔매는 모양을 보면요.

나 그래, 니체가 볼 때 기만과 위장은 생존 전략의 하나지. 식물에도 이런 전략이 있고, 이것이 동물, 특히 고등동물일수록 더 교묘하다고 하더구나. 혹시 난초과 식물인 오키드(orchid)를 아니?

준영 아뇨.

나 그 식물은 꽃받침의 생김새가 말벌의 암놈 성기 모양을 하고 있거든. 그래서 말벌을 유혹한다는구나.

준영 말벌 녀석은 님도 보고 뽕도 따는 셈이군요.

나 하지만 그렇게 즐기는 것도 오키드의 계략에 걸려드는 거지. 오키드는 자기를 예쁘게 꾸며서 벌을 희롱하고, 종족 번식의 수단으로 삼지. 앙큼한 녀석들이야.

준영 하기야 식충 식물들도 그와 비슷한 위장 전략을 쓰죠.

나 새 가운데 사기꾼 기질이 있는 뻐꾸기 이야기는 알지?

준영 그럼요. 뻐꾸기는 자기 알을 다른 새의 둥지에 몰래 넣죠. 그것을 모르는 다른 새가 자기 새끼와 함께 열심히 먹이를 물어다 주면서 아기 뻐꾸기를 기르죠. 아기 뻐꾸기는 빨리 성장해서 어미 새보다 더 크게 되죠. 그런데도 어미 새는 그 악당에게 매달려 먹이를 먹이는 희한한 광경을 연출하기도 하죠. 새들은 크게 우는 새끼에게 먼저 먹이를 준다는데 아마 그 둥지에서 뻐꾸기가 가장 시끄럽게 짹짹거리겠죠.

나 사람의 경우도 마찬가지라고 할 수 있지.

준영 그런가요?

나 뭘 또 모르는 척하니? 네가 어릴 때 엄마, 아빠한테 했던 일들을 생각해 보렴. 아마 《피노키오》를 쓴 작가가 너를 알았더라면 더 재미있는 이야기를 썼을지도 모르지. 하여간 간혹 들켜서 혼날 때도 있었지만 능숙한 솜씨로 은폐, 가장, 기만 술책을 쓴 적이 꽤 많이 있었던 것 같은데.

준영 그랬던가요? 아버지는요?

나 자기가 불리하면 남을 물고 늘어지는 버릇은 여전하구나. 어떻게 보면 사람들이 진리와 진실만으로 살기는 힘들겠지? 너도 꽤 컸으니까 이제 어른들의 생활 방식을 이해할 정도는 된 것 같은데. 이런 이야기를 어린이들에게 하면 혼란스럽겠지만, 너 정도면 알아들을 수 있을 거야.

정치가들이 실현 불가능한 공약을 하는 경우를 보면 알겠지만, 그들이 그런 거짓 비전을 제시하는 것은 그들에게도 문제가 있지만, 또한 사람들이 그런 말에 속고 싶어 하기 때문이기도 하지. 사람들은 거짓 비전과 공약을 뻔히 알면서도 실현 가능한 공약만 제시하는 사람을 좋아하지는 않아.

니체가 볼 때 이 세계는 (진리와 함께) 허위와 기만 들이 삶을 가능하게 하는 곳이지. 이론이나 교과서는 이 점을 모른 체하지만, 우리가 실제로 사는 곳에는 이런 것들이 없을 수 없지.

그런데 니체는 사람들이 이런 현실세계에서 진리가 있다고 믿고, 진리가 가장 중요한 것이라고 생각하는 점에 의아해 하지. 그래서 허위, 불확실함, 무지를 추구하지 않고 진리를 추구하는 까닭을 묻지. 이런 질문은 철학의 역사에서 한 번도 제기된 적이 없는 질문이지.

준영　아주 곤란한 질문이군요.

자기 몸도 모르는 인간의 꿈속 놀이

나　니체는 '허영심의 불꽃을 향한 나방의 날갯짓'을 일삼는 인간에게서 어떻게 '진지하고 순수한 진리를 향한 충동(Trieb zur Wahrheit)'이 나오는지 도저히 이해할 수 없다고 하지.

준영　'진리-충동'이란 표현이 이상한데요. 진리가 아니라 진리-충동이라고 한 점이 말이에요.

나　예리한데! 그건 진리를 힘-의지의 한 형태로 보기 때문이지. 진리를 추구하는 더 없이 순수한 정신을 인정하지 않는 거지. 하지만 순수한 진리를 추구하는 이들은 이 진리-충동에서 얻은 진리가 어떠한 권력이나 세속적인 가치와 무관하게 그 자체로 참이라고 보고 싶어 하지. 실제로 이렇게 믿는다고 주장하는 학자들이 과연 진지하게 믿는지 한번 조사해 볼까?

준영　그래서 니체는 사람들이 '진리의 꿈'에 빠져 있고, 감각이 불충분하다고 하는군요.

나　니체는 인간의 감각(Empfindung)이 대상 쪽에서 주는 자극을 받아들일 때 어떤 오해가 생긴다는 거지. 우리가 수용한 자극을 나름대로 정확하게 수용하고 재해석하고 반응하더라도 대상의 자극

우리가 보고, 듣고, 냄새 맡을 때 어떤 범위에서 외부 자극을 수용할 수 있나요? 예를 들어 현미경이나 망원경으로 보는 능력을 확대한 경우도 함께 생각해 보세요.

을 온전하게 받아들일 수는 없잖아?

준영　저도 감각이 불충분하다는 점은 알겠어요. 예를 들어 빨간색을 볼 때 그 색의 파장과 진동수 가운데 우리가 포착하는 것은 일부분에 지나지 않잖아요. 공기의 움직임(바람) 가운데 초속 0.5미터 이하의 것은 느끼지도 못하고요.

나　그래, 인간은 감각할 때 선택적으로 받아들이고 나름대로 해석해서 우리에게 의미 있고 유용한 것만 취하지. 니체는 이처럼 감각을 통해서 받아들인 사실이라는 것도 인간 나름의 해석에 지나지 않는다고 보지. 이 점은 조금 뒤에 다시 나오니까 그때 더 이야기하도록 하자.

준영　그래서 니체는 이것을 사물의 등을 긁는 놀이, 꿈꾸는 인간으로 비유하는군요. "환상과 꿈의 이미지들에 깊이 빠져 있고" "눈은 오로지 사물의 표면을 맴돌다가 그 형태들을 볼 뿐"이라고 하네요.

나　그런데 과연 인간은 자기를 잘 알고 있을까? 한번이라도 자기를 투명하게 지각하고 온전하게 안 적이 있을까? 어떻게 생각하니?

준영　완전하게 알지는 못하겠죠.

나　재미있는 점은 인간이 자신에 대해서 모른다는 점을 알아야 한다고 주장한 철학자가 바로 소크라테스라는 거지. 그는 인간이 자신을 둘러싼 자연에 대해 알기 전에 먼저 자기 자신을 알아야 한다고 했지. 겉보기에는 니체도 비슷한 이야기를 하고 있어. 하지만 그는 소크라테스의 "너 자신을 알라"라는 주장을 '네 자신의 몸을 알라'로 바꿔 놓은 셈이지. 니체는 인간이 자신을 잘 안다고 과신하는

데 대해서 "인간은 자기 몸을 아는가?"라는 뼈아픈 질문을 던지지. 지금 우리가 이야기하고 있는 동안 우리 몸은 어떻게 움직이고 있을까?

준영 "구불구불한 내장과 혈액의 빠른 흐름과 복잡하게 얽힌 힘줄의 요동으로부터 멀리 떨어져 있는 저 오만하고 기묘한 의식"이라는 표현은 의식이 몸에 대해 무지하다는 이야기를 하는 건가요? 단순히 의식이냐, 몸이냐가 문제는 아닌 것 같은데요.

나 니체는 기존의 철학이 마음과 몸을 구별하고, 마음을 일차적인 것으로 보는 점을 못마땅해 하지. 그는 몸이 마음보다 구체적이고 현실적임을 강조하지. 이런 맥락에서 그 잘난 의식이 못난 몸을 제대로 알고 있는지 물어보는 거야.

준영 몸이 의식보다 우월하다고 보나요?

나 간단하게 살펴보면 니체는 몸을 큰 이성에, 마음을 작은 이성에 비유하지. 마음은 이런 몸의 도구이거나 장난감이라고 하기도 하지. 그래서 감각과 정신은 그 배후에 알려지지 않은 현자(賢者, 몸)를 지니고 있다고도 하고, "나는 몸이며, 정신은 몸에 속하는 어떤 것을 표현하는 말"이라고도 하지. 또한 창조적인 몸이 정신, 자아를 창조한다고 보기도 하지.

하지만 정신의 우월성을 믿는 자들(몸이 병든 자들)은 몸을 경멸하고, 몸의 욕망을 죄의 굴레로 묶으려고 하지. 이 때문에 자기의 현실적인 삶을 혐오하게 되고, 몸의 욕망을 정신의 지하실에서 몸부림치는 들개로 보고 이것을 정신의 힘으로 조절하고 배제하려고 애쓴다는 거야.

이에 대해서 니체는 현실의 고뇌를 감당하지 못하는 허약한 자의 병든 사고보다는 건강한 몸의 소리에 귀 기울이는 것이 더 정직하고 순수하다고 보지. 그래서 정신을 말 없는 몸의 한 부분으로 보고, 말을 도구로 몸의 행위를 해명하는 것으로 보지. 정신은 몸이 무엇을 하는지를 나타내고 행위를 평가하는데, 비유를 통해서 이루어지지. 물론 이때 몸의 행위가 명백한 말이나 개념으로 나타난다고 볼 수는 없지. 몸은 추상적 개념으로 포착되지 않아. 그래서 니체는 이성이 몸 주위를 돌 뿐이라고 하지.

준영　몸과 마음을 보는 눈이 완전히 다르군요. 하기야 몸이 정신의 요구에 잘 따른다고 보기는 어렵죠.

나　그렇지. 눈을 예로 들어 볼까? 너는 우리 눈이 무엇인가를 볼 때, 항상 마음의 명령을 따르거나 의지에 따라서 움직인다고 생각하니?

준영　그렇지는 않죠.

나　너도 그런 경험이 있겠지만 매력적인 여성이 눈길을 끄는 경우에 우리 눈이 어떻게 움직일까?

준영　마음은 점잖은 체하느라 그쪽을 안 보려고 하지만 눈이 자꾸 가죠.

나　그렇지. 의지는 분명히 그쪽을 보지 말라고 명령하는데, 한쪽 눈은 명령에 따르지만 다른 쪽 눈은 어느새 그것을 보고 있지 않니? 그래서 눈에도 나름의 욕망과 행위가 있다고 할 수 있지.

준영　광고나 영화의 야한 장면들은 그런 눈의 욕망을 자극하죠. 영화의 카메라도 열쇠 구멍으로 신기한 장면을 많이 훔쳐보죠. 그런 카메라의 눈도 어떤 욕망에 이끌리는 것 같아요.

나　그렇지. 눈이 예쁜 것에 이끌리는 것도 설명하기 곤란할 거야. 정신은 예쁜 것이 중요하지 않다고 우기지만 눈은 예쁜 것을 보면 자기도 모르게 끌리지. 물론 이런 눈의 작용을 무조건 천박하다고 할 필요는 없어. 눈이 어떤 것을 예쁘게 보고 어떤 것을 싫어하는지는 나름의 평가에 따르는 것이지.

우리 몸은 의지나 사고와 독립된 나름의 충동을 가지고 있어. 이것은 비단 눈만 그런 것이 아닐 거야. 이렇게 눈도 내 마음대로 조종하지 못한다면, 심장이나 허파는 어떨까? 몸이 지닌 욕망의 움직임은 의식이나 의지의 말을 잘 듣지 않는 편이지. 인간을 대표하는 이성도 그것을 쉽게 감당하지 못하지. 욕망이 일을 벌인 뒤에야 의식은 사후에 그것을 정당화하려고 논리로 치장하거나 정색을 하고 야단치는 역을 맡지.

준영　하여튼 그런 몸 때문에 곤란한 경우가 많죠.

나　우리의 몸도 잘 모르니, 주변 세계를 완전히 알지 못하는 것은 두말할 필요조차 없지 않을까?

질문

1. 시선에도 욕망이 있다면 그 욕망은 어떤 것에 이끌리나요? 우리 마음이나 의지가 그런 욕망을 항상 제어할 수 있나요?
2. 몸이 마음에 비해서 '큰 이성'이라고 한다면, 마음 대신 몸이 우리의 본질이라고 할 수 있나요? 그래서 마음과 몸의 서열을 뒤집어 놓으면 제대로 보는 것인가요?

열쇠 구멍으로 자연 엿보기

준영　그러면 우리가 자연에 대해서도 잘 모른다는 이야기인가요?

나　니체는 비유적으로 "자연이 열쇠를 던져 버렸다"라고 하지. 즉 우리는 자연이라는 거대한 비밀의 화원에 들어가고 싶은데, 자연이 우리의 애타는 소망을 모른 체하고 그 문의 열쇠를 감추었다는 거지.

준영　자연을 알 수 있는 길이 막혀 있다는 이야기인가요? 그러면 어떻게 해야 할까요?

나　별수 없지. 열쇠가 없으니, 열쇠 구멍으로 볼 수밖에 없지.

준영　열쇠 구멍으로 그 넓은 자연의 모습을 어떻게 다 볼 수 있을까?

나　그래, 우리가 열쇠 구멍으로 자연을 엿보는 답답한 상태에 있다면 어떻게 자연을 속속들이 알 수 있겠니? 그런데도 열쇠 구멍으로 자연을 다 볼 수 있다고 떠드는 자들이 있지 않니? 열쇠 구멍으로 세계를 다 담을 정도면 대단히 지혜롭지 않을까? 어디 그런 사람이 있는지 찾아봐야겠네.

> 자연에 관한 과학적 인식은 열쇠 구멍으로 자연을 보는 것 이상이라고 할 수 있을까요? 니체는 물리학이 세계를 설명할 수 없고, 다만 세계를 해석하고 짜 맞출 뿐이라고 합니다. 관찰과 경험적 증거로 자기 입장을 뒷받침하는 과학은 감각적 기준으로 자연 자체를 인식한다고 주장할 뿐이라고 봅니다.

준영　그런데 열쇠 구멍의 비유는 무슨 이야기를 하려는 거죠? 앞에서 보았듯이 우리가 자연을 보는 관점이 하나의 퍼스펙티브에 제한되어 있다는 것은 알겠어요. 그리고 그 퍼스펙티브는 부분적이죠.

나 그래, 그런 제한된 퍼스펙티브에 매달린 우리가 자연을 인식할 방법은 없지. 그러니 해결책이 없다는 거야. 의식의 능력으로 자연을 인식하는 것은 한계가 있고, 이 알 수 없는 세계를 내 의식에 모조리 담을 수는 없지.

준영 그러면 우리의 호기심은 어떻게, 또 언제쯤 충족될 수 있을까요?

나 물론 인간은 끝없이 노력하겠지만 원하는 답을 얻는 시기는 계속 미뤄질 거야. '다음 기회를 기다리세요'라고 할 수밖에 없지. 이런 비극적 상황을 니체는 "호랑이 등 위에서 꿈을 꾸면서 매달려 있다"라고 하는군.

준영 호랑이 등 위에 매달려 있다면 정신을 바짝 차리고 있어도 살까 말까인데, 꿈까지 꾸고 있다는 건가요?

나 그러고 보니 상당히 급박한 상황이로구나.

준영 호랑이 등은 뭐죠?

나 끊임없이 변화하고 있는 자연의 세계, 흐름의 세계에 대한 비유가 아닐까?

준영 그런데 이렇게 호랑이 등에서 꿈까지 꾸고 있다면 세계를 인식하는 문제는 어떻게 되나요? 그리고 세계를 객관적으로 인식하겠다는 진리-충동은 도대체 어디에서 나올까요?

니체는 진리를 발생론적 관점에서 봅니다. 즉 진리란 주어지는 것이 아니라 어떤 곳에서 태어난다고 보는 거죠. 진리가 원래부터 있는 것이 아니라 어떤 기원, 목적을 지니고 있다는 거죠. 재미있는 점은 사회가 조직되려면 공통의 언어가 필요하고, 이 언어가 진리의 바탕이 된다는 거죠. 물론 니체는 이런 공통의 언어가 다양한 차이를 배제하는 점에 불만이죠. 그렇지만 언어와 진리는 차이들을 없애야만 참된 세계를 만들 수 있죠.

공통의 언어와 진리 만들기

나 그러면 인간이 지닌 진리-충동이 어떻게 생겨나는지 보기로 하자.

준영 앞에서 인간이 인식을 발명했다고 했듯이 진리를 발명한다면 어떤 필요 때문이겠군요.

나 그렇지. 니체는 이것을 사회를 조직하는 문제와 관련시켜 보면서 왜 '언어'와 '진리'가 필요한지를 살피지. 그러니까 개체는 자신을 좀 더 안전하게 보존하려고 할 때 사회를 조직할 필요가 있다고 보지. 준영아, 홉스(T. Hobbes)가 자연 상태를 "모두가 모두에 대해서 싸우는 상태"라고 한 것을 알고 있지? 자연 상태를 꼭 그렇게 볼 필요는 없지만 사회계약 상태가 평화로운 상태임을 강조하기 위해서 그렇게 말한 것이지. 반면 니체는 개인들이 궁핍과 권태를 벗어나려고 무리 지어 살고 싶어 한다고 보지.

준영 그러면 서로 다투지 않는 사회조직을 만들려면 평화 조약을 맺어야 하겠군요?

나 바로 그거지. 하지만 그보다도 니체는 개인들이 소통할 수 있는 공통의 언어와 진리가 필요하다는 점에 주목하지.

준영 "똑같이 타당하고 구속력 있도록 사물들을 표시하는 방식이 발명된다"라고 할 때 이런 표시가 바로 언어인가요? 언어는 개인들이 서로 의사소통할 수 있게 하는 것이잖아요? 흔히 언어를 보는 것과 좀 다른 것 같은데요?

나 다를 것도 없지. 언어를 사회조직의 바탕으로 보는 점이 특이해. 너는 개인들이 서로 다른 언어를 사용하면서 의사소통할 수 있다고 보니?

준영　그럴 수는 없죠. 그러면 같은 언어를 쓴다는 것은 무슨 뜻인가요?

나　공통된 의미, 공통된 구문, 공통된 용법을 쓴다는 것이지.

의사소통과 공통의 언어는 어떤 관계가 있을까요? 바벨탑 이야기는 언어의 공통성과 관련하여 어떤 점을 지적하려는 것일까요?

준영　'똑같이 타당한(gleichgültig)' 것이란 모두에게 보편적인 것인가요?

나　그렇지. 언어는 공통성, 보편성을 조건으로 삼지. 또 언어를 쓰려면 보편성을 만들어 내야지. 모든 사람에게 똑같이 통용될 수 있는 것만 언어에 담게 되지.

준영　그럼 언어는 개인적이라기보다는 사회적이어야 하고, 특수한 것이 아니라 보편적인 것이어야 하는군요.

나　그렇지. 이런 공통성, 보편성은 진리의 보편타당성과 어울릴 수 있지. 그래서 공통의 규칙에 따르는 언어와 보편적인 진리는 서로 협력해야 하지. 그런데 니체가 이런 보편적인 진리를 싫어하니 당연히 공통성에 바탕을 둔 언어도 별로 좋아하지 않겠지?

준영　그렇군요. 언어를 비판하는 위험한 작업을 하는군요.

나　예를 들어 볼까? 개인들이 자기 감정을 표현하는 경우를 보자. "너 기분이 어떠니? 나는 기쁜데" "나도 기뻐" "그래. 우리는 기쁘구나"라고 한다면, 너의 기쁨과 나의 기쁨이 마치 '기쁨'이라는 추상명사 때문에 똑같은 상태인 것처럼 보이지 않니? 이런 경우에 우리는 같은 말로 각자가 지닌 감정을 동질화하고, 그 미묘한 차이를 지우게 되지. 세심한 상태나 뉘앙스를 찾을 길이 없지 않을까?

준영　두 사람이 기쁜 점에서는 같지만 그 상태나 구체적인 느낌

하나의 말이 다양한 상태를 똑같이 표현할 수 밖에 없을 때, 이 말은 어떤 점에 주목하고, 어떤 점을 무시할까요?

은 다르죠. 그런데 하나같이 '기쁘다'라고 할 수밖에 없군요.

나 예술가들은 이런 느낌들이 지닌 차이, 구체성을 표현하기 위해서 창조적인 노력, 곧 판에 박힌 언어의 껍질을 깨는 작업을 한다고 할 수 있지. 이런 공통성에 집착하는 언어는 구체성을 남겨 두지 않지. 그것은 모든 상태들을 하나로 환원하거나 축소하고, 상태가 지닌 고유한 흐름을 가로막고, 고유한 지속을 동질화하지. '아픔'이라는 말에서 시작, 중간, 끝은 똑같은 상태일 뿐이지. 그리고 이런 아픔을 반으로 쪼개거나 다른 감정과 덧붙여도 그 성질이 바뀌지 않는 것처럼 생각하지.

준영 '더없이 아프다' '처음 겪는 아픔이다' '가슴을 에는 듯하다' 등으로 바꿔 봐도 사정이 달라지지 않겠군요.

이런 '공통의 언어'가 지닌 기이한 점을 보르헤스(J. L. Borges)가 재미있게 비꼰 예가 있습니다. 그는 아홉 명의 사람이 같은 날 밤에 똑같이 아픈 경우를 들죠. 이처럼 그들이 똑같이 아프다면, 그들은 '같은 고통'을 소유하므로 '같은 사람'이라고 하면 안 되나요? 나아가 이 아홉 사람이 사실상 한 사람이라고 하면 어떨까요? 물론 말이 안 되지만, 실제로 우리는 감정을 표현하는 같은 말이 같은 내용을 지닌다고 생각할 수밖에 없죠.

이처럼 언어적 공통성이 지배하는 세계에 사는 사람들은 아파도 똑같이 아프겠죠. 더 아픈 것도 없고, 덜 아픈 것도 없이 말이죠. '아프다'는 말 하나가 모든 아픈 상태를 대변하기 때문이죠. 과연 이런 '아픔'이란 명사가 실제로 구체적인 감각들을 얼마나 잘 나타낼 수 있을까요? 그리고 그런 '아픔'에 숨어 있는 수많은 아픔들을 어디에서 찾을 수 있을까요?

차이들을 지우는 언어

나　언어 표현이 공통성의 이름으로 가리고 있는 것들에 주목하면 상당히 다른 사고 틀을 찾을 수 있을 거야. 이것과 관련된 문제가 많겠지만, 일단 우리 길을 계속 가자.

니체는 이런 점 때문에 공통의 언어를 정하는 것을 '차이들'의 자리에 '같음'을 강제하는 것으로 보지. 서로 다른 것들 대신에 공통성이라는 어음을 발행한다고나 할까?

준영　그런 어음은 현금으로 교환될 수 없겠어요.

나　그런가? 이처럼 언어가 보편성을 요구하기 때문에 언어는 통용 가능하고, 교환 가능하고, 사고팔 수 있는 것만을 인정하지. 그래서 통용 가치가 없거나 교환할 수 없는 것들은 언어 동네에서 살 수 없단다.

준영　그러면 이런 언어와 진리가 어떻게 연결되나요?

나　언어가 공통성의 칼로 울퉁불퉁한 차이들을 매끈하게 다듬어 놓고 나면 그때 비로소 진리를 찾을 수 있지. 언어가 다듬어 놓은 공통적인 것들 가운데 보편타당한 것을 찾아내면 되니까. 너도 알다시피 진리는 보편타당한 것이잖아. 이렇게 진리를 찾을 때 그런 진리가 아닌 것들이 거짓, 오류지.

진리와 오류는 서로 짝을 이루지만, 진리를 추구하는 사람은 오류

언어 없는 진리가 가능할까요? 진리가 확립되기 위한 조건으로서 언어가 필요하다면 어떤 점 때문일까요?

를 배척해야만 하지. 그리고 진리의 보편성을 안내자로 삼아서 사회를 조직하고 운영할 수 있지.

준영　이제 언어와 진리가 왜 사회조직에 필요한지 알 것 같은데요. 진리를 세우기 위해서 공통의 구속력이 있는 언어를 사용해야 한다면, 언어를 고안하는 것은 진리에 반드시 필요한 조건이군요. 그리고 진리와 거짓을 분명하게 구별해야만 공동생활이 가능하겠죠.

나　니체는 진리, 거짓의 쌍이 사회를 이루는 데 필요하다고 보니까 한 사회는 그것을 유지하는 데 필요한 진리를 만들어 내고, 그것을 유지하기 위해 거짓을 물리칠 필요가 있겠지. 그러니까 사회는 진리를 생산하는 일을 하기도 한단다. 이런 진리가 없이 조직되거나 유지되는 사회는 없지.

준영　한 사회에는 그것의 바탕이 되는 언어와 진리가 필요하군요.

나　그렇지. 모두에게 타당한 것으로 여겨지는 것은 이제 진리가 되고 그렇지 않은 것은 불필요하거나 질서를 위협하는 것이지. 이렇게 진리와 언어가 협력해서 진리 아닌 것에 맞서 공동 전선을 펼치지. 사회가 질서를 유지하는 것은 곧 그것의 언어와 진리를 지키는 것이기도 하지.

거짓말보다는 참말이 더 효과적이다

준영　니체가 '거짓말쟁이'를 예로 든 까닭은 뭐죠? 여기에서 거짓말쟁이는 공통의 약속(언어)을 지키지 않고 제멋대로 사용하는 사람이죠. 또 진리와 거짓을 뒤섞는 사람이고요. 사슴을 가리키면서 말이라고 하는 사람이나 억압적인 상태를 안정이라고 하는 사람이 그런 사람이겠죠? 이들은 바로 이름과 낱말 들을 멋대로 바꾸거나 전도시키는 자죠.

나 그런데 재미있는 점은 공동체는 사회적 약속을 지키지 않는 거짓말쟁이를 추방할 수밖에 없지만, 니체는 이런 거짓말쟁이가 멋대로 언어 규약을 파괴하는 측면보다도 그것이 끼치는 효과를 사람들이 어떻게 받아들이는가에 주목하지. 공동체는 기만 자체보다도 기만이 해롭기 때문에 그것을 문제 삼는다는 거야. 앞에서도 삶이란 거짓과 기만 없이는 가능하지 않다고 했지. 그러니 이런 기만 자체가 나쁘다고 볼 수는 없지. (눈 딱 감고 이야기하면 진리도 그런 큰 거짓말 가운데 하나지.)

준영 그래서 사람들은 기만 자체가 아니라 기만의 나쁜 효과를 싫어하고 배척한다는 건가요?

나 이를테면 고등학생에게 대학만 가면 모든 것을 네 마음대로 할 수 있다고 말해서 그 학생이 원하는 대학에 들어갔다면 그건 말하는 사람이나 속는 사람이나 별로 문제 삼지 않지. 유익한 거짓말에는 속는 것도 나쁘지 않으니까. 정치인들의 비전도 사람들에게 희망을 주고, 그들의 통치에 자발적으로 따르게 하는 점에서 공동체의 질서를 위한 거짓말인 셈이지.

그건 그렇고, 재미있는 것은 니체가 기만의 효과를 진리 추구와 연결하는 점인 것 같아. 그러니까 거짓도 삶에 좋은 효과를 가져온다는 조건으로 허용할 수 있는 것처럼, 사람들은 진리가 거짓보다 삶에 좋은 효과를 주리라고 기대하기 때문에 진리를 추구한다는 거야. 가령 어떤 사람이 거짓말을 하기로 맹세하는 경우에 거짓말이 일시적 효과는 있지만, 그것이 오래가지 않기 때문에 장기적으로는 거짓말보다 있는 그대로 이야기하는 것이 효과적이라는 거지.

준영 그렇게 볼 수도 있겠군요. 그런데 보통은 진리를 추구할 때 진리가 어떤 것에 도움이 되기 때문이 아니라 그 자체로 바람직한 것이기 때문에 그것을 찾는다고 보잖아요?

나 그렇지. 진리는 순수한 것이어서 어떠한 이해관계나 권력과도 무관한 것이라고 보지. 그런데 니체는 이처럼 진리가 순수하다는 생각을 거부하고 싶은 거야. 니체 이야기는 만약 인간이 진리를 추구한다면 (동시에 오류를 거부한다면) 진리 그 자체보다는 진리가 오류보다 삶에 더 효과적이기 때문이라는 거지.

질문

1. 해로운 거짓말과 유익한 거짓말이 있다면 거짓말의 어떤 점 때문에 이렇게 나누는 것일까요? 거짓말은 그 자체로 나쁜 것일까요?
2. 순수한 진리를 주장하는 이들은 진리가 어떤 점에서 순수하다고 보나요?
3. 니체가 순수한 진리를 부정하는 까닭은 무엇일까요? 어떤 점에서 진리가 효과적일까요?

얌전하게 웃고 있는 종이 위의 진리

준영 순수한 진리를 찾는 태도는 정작 순수한 것이 아니라는 얘기군요.

나 그래. 진리 추구는 삶을 보존하는 데 효과적이기 때문인데, 그럼에도 진리가 순수하다고 주장하거나 순수한 진리를 지향한다면 이런 노력에는 힘-의지가 숨어 있다는 거지. 그들은 진리가 유용하기 때문도, 누군가에게 돈을 벌어 주기 때문도, 누구의 지적 호기심을 만족시키기 때문도 아니라, 진리의 숭고한 이름 자체 때문에 그것을 찾아야 한다고 믿지. 그들의 믿음과 진리 자체에 어떠한 티끌도 섞여 있지 않아야 할 텐데. 그러니 정치가나 기업인 들이 진리와 친구가 되기는 어렵지. 아마 그들은 자신이 정치적 진리와 경제적 진리를 추구한다고 할지 모르지만 진리가 그들을 밥 먹여 주는 것이 아니라는 사실을 누구보다 잘 알고 있을 거야. 그들은 잘 먹고 잘사는 것이 가장 중요하다고 보니까.

준영 그런데 이런 니체 이야기를 진리를 소유한 자가 가장 강한 힘을 가지고 있다는 이야기로 보아도 되나요?

나 글쎄, 정치가들은 한 시대와 많은 사람들을 지배하지만, 진리를 소유한 자들은 모든 시대와 모든 사람을 지배할 수 있으니까 따지고 보면 더 강한 권력을 지닌 셈이지. 권력의 지배보다는 진리의 지배가 더 무서운 거지. 하지만 니체의 힘, 권력(Macht)이란 말을 말 그대로 물리적 힘이나 정신적 힘으로 받아들여서는 곤란하지. 지금 자세히 이야기할 수는 없고, 나중에 푸코(M. Foucault)의 '권력'(pouvoir) 분석 틀이나 들뢰즈(G. Deleuze)의 생산적 '욕망' 등을 참고하면 좀 더 잘 이해할 수 있을 거야. 그리고 니체가 진리는 그것을 떠받치는 도덕적 가치 평가를 숨기고 있다는 이야기를 한 것도 알고 있지?

준영 그런 이야기를 하니 진리주의자들이 니체를 싫어할 만하군요.

나　　그럼. 진리를 추구하는 학문의 전당에서 볼 때 위험한 이야기지. "여기에 진리가 있으니, 와서 배우시오." 엄숙한 분위기지. 그런데 이 진리는 공짜가 아니거든? 비싼 수업료를 내야지. "진리를 얻는 데 돈을 아끼는 어리석음을 범하지 말라." 이런 곳에서 망치의 철학자가 어떤 난동을 부릴지, 니체의 입을 막으려는 사람들의 무서운 얼굴과 불끈 쥔 주먹이 눈에 선하지 않니?

만약 이런 진리불순론을 듣고 감동 받은 나머지 '진리가 없다'를 따르면 어떻게 될까? 수업 시간에 진리만을 빼고 가르치거나 진리 말고 다른 것을 배워야 한다면 수업의 알맹이가 빠져 버린 꼴이지. 진리 없는 수업, 진리 없는 시험, 좀 이상하게 들리지. 그래서 "학교 문 닫자"라고 하면서 수업을 거부하는 경우도 있을 테고, 약삭빠른 이들은 "학교는 실업교육의 장"이라고 하면서 실용주의 노선을 내세울지도 모르지.

준영　　진리를 가르치고 배우는 순수한 공간이 갑자기 이상한 의도들을 감추고 있는 곳으로 변하면 재미있겠군요. 하기야 진리를 가르치거나 배우는 사람들이 절대 순수하다고 하기는 어렵겠죠. 사실 제가 니체의 책을 보는 데는 진리에 대한 호기심도 있지만 잘난 체하려는 것도 있거든요. 대단한 것은 아니지만 기분이 그만이잖아요?

나　　그래, 잘났다. 얼굴에 아예 니체의 가짜 수염을 달고 다니는 것은 어떨까? 어쨌든 진리(진리가 숨긴 진실)를 안다는 것은 위험한 일이고, 그 앞에 고난이 기다리고 있을지도 몰라.

준영　　그러면 진리가 지닌 효과란 뭘 말하죠?

나　　우리가 대상을 인식할 때 대상은 다양한 모습을 지니지. 그런데 진리는 대상의 이러저러한 모습의 밑바닥에 있는 보편성을 찾아내는 거지. 이처럼 대상의 진리를 파악하지 못하면 대상은 가변적이고 예측할 수 없는 혼돈을 보여 줄 뿐이지.

달리 말하면, 진리 없이 대상과 관계 맺을 때 어떨 때는 맞고, 어떨 때는 틀릴 수밖에 없을 거야. 그렇지만 진리는 모든 경우에 참된 인식을 확보하지. 이것은 특정한 조건에 매이지 않는 보편타당한 앎을 얻는 거지. 이런 점에서 진리는 효과적이지. 이러한 진리의 보편타당성은 대상을 효과적으로 장악하는 방식이고, 대상을 안정되고 확실하게 우리 것으로 만드는 전략이라고 할 수 있지.

준영 그러니까 대상의 진리를 아는 경우에 우리가 대상을 원하는 대로 이용하고 지배할 수 있겠군요.

질문

1. 지식을 잘 쓴다는 것이 당장 돈을 벌 수 있는 것이어야 할까요? 과연 지식은 어디에, 어떻게 쓰는 것일까요? 아인슈타인의 상대성 이론이나 곤충의 눈에 관한 연구, 수학자의 어떤 공식은 당장 쓸모가 있나요? 만약 당장 쓸모가 없다면 무용한 것일까요?

2. 대상에 대한 불확실한 인식이 대상을 이용하는 데 어떤 장애를 가져오나요?

언어는 실재를 잘 보여 주는가?

나 니체는 이런 진리를 가능하게 하는 언어에 대해서 몇 가지 질문을 하지.

준영 '언어 규약들이 진리의 산물인지, 언어의 공통적 표시가 과연 그것이 지시하는 사실을 있는 그대로 표현할 수 있는지'를 묻는 군요.

나 그래, 언어와 실재가 일치할 수 있는가를 묻는 거지. 곧 언어가 실재를 알맞게 표현하는가를 묻지. 원래 참된 것은 사물과 개념, 또는 언어가 일치(adaequatio, 상응)하는 것이라고 보지.

예컨대 '나는 기쁘다'라는 말이 말하는 사람의 기쁜 상태를 가리키고 있을까? '기쁨'이란 말에는 기쁜 감정의 섬세한 움직임이 들어 있을까?

준영 그러면 좋을 텐데요.

나 언어철학의 골치 아픈 문제지. 나중에 다시 이야기할 텐데, 니체는 언어가 실재를 그대로 반영하거나 실재와 일치할 수 없다고 보지. 인간은 언어를 통해서 대상과 자기의 거리를 좁히고 싶어 하지만 이런 기대와 달리 언어 때문에 도저히 메울 수 없는 '틈'이 생긴다고 보지.

준영 우리가 적절한 언어를 쓰지 않기 때문인가요?

나 아니, 인간이 언어를 잘못 사용해서가 아니라 언어가 원래 그런 요술을 부린다는 거지. 언어는 우리와 대상 사이를 잇는 다리를 놓아 주지 않는다는 거야. 그런데 기존 철학자들은 언어 문제에 소홀했어. 언어가 그것이 가리키는 대상과 일치한다고 믿었기 때문이야. 그래서 우리가 '꽃'이라고 하면 그 말은 말 너머에 있는 (현상세계에서) 실재하는 꽃을 불러온다고 생각했지. 실제로 그럴까?

준영 소쉬르나 비트겐슈타인 같은 사람들은 그렇게 생각하지 않는다고 들었어요.

나 제법이구나. 상징주의 시인 말라르메(S. Mallarmé)의 유명한 예 기억나니? 우리가 '꽃'이라는 낱말을 썼을 때, 그 꽃에는 아무런 향기도 없다는 이야기 말이야. '꽃'이란 단어는 꽃의 향기도, 아름다운 자태도, 눈을 시리게 하는 색도, 곧 시들어 버리는 안타까움도 가리키지 않고 '꽃'이라는 빈약한 말을 가리킬 뿐이지. 그래서 우리는 꽃이란 말로 꽃에 접근할 수 없어. 꽃이란 말은 꽃의 부재를 가리킬 뿐이지. '기쁨'에는 기쁜 감정이 없고, '슬픔'은 밋밋하고, '희망'은 가슴 설레는 기대가 없고, '분노'는 차분하지.

니체가 진리에 대해 불손한 태도를 보이는 것이 여러분처럼 얌전한 사람들의 비위에 거슬리지 않나요? 니체 이야기가 너무 무섭거나 어이없다고 생각하는 사람은 계속 읽을 필요가 없겠죠. 하지만 서양 철학이 2천 년을 모셔 온 진리를 이렇게 볼 수도 있다는 점이 재미있지 않나요?

준영　말은 멋있고 재미있는데 기괴한 상황이군요. 그러면 언어가 인간을 홀려서 길을 잃도록 만드는 셈이군요.

나　그래, 우리는 언어로 대상에 가까이 가는 길을 만들려고 하지만, 언어의 길은 대상에 이르는 길이 아니라 대상이 없는 낭떠러지로, 언어가 언어 자신을 가리키는 곳으로 안내할 뿐이지.

둘째 시간

만든 자가 숨기고 찾는 이상한 놀이

진리에 대한 굳은 믿음을 온통 뒤흔들어 놓고, 진리가 숨기는 힘-의지를 드러내는 니체의 주장이 흥미롭지 않나요? 니체는 진리라는 천상의 존재를 지상으로 끌어내려 우리와 대화할 수 있는 친구로 만들죠. 그는 진리가 우리의 삶을 이끄는 것보다는 우리의 삶이 진리를 이끌고 이용하는 것이 낫다고 보죠. 하지만 진리는 우리의 삶 위에 군림하던 태도를 쉽게 버리려고 하지 않을 겁니다. 계속해서 진리의 다양한 면을 살펴봅시다.

주관적인 것을 참된 실재라고 오해하고 싶은 인간

준영 앞에서 언어가 진리를 찾는 인간에게 비협조적이라고 하셨죠. 어떤 점 때문이죠?

나 니체는 언어가 실재와 일치하지 않는데도 사람들이 이런 일치에 대한 믿음을 갖는 예를 몇 가지 들지. 먼저 그는 인간들이 언어와 진리 만들기가 필요했던 이유를 '까먹을' 때에만 이런 진리를 찾는 어이없는 노력이 가능하다고 보지. 그 이유들이 어떤 것이었지? 앞에서 이야기했는데 생각나니?

준영 글쎄요. 벌써 까먹었나 봐요.

나 그래, 넌 상당히 인간적인 놈이 틀림없어. 그러면 니체의 설명을 보자. 우리가 외적 대상을 인식하려고 할 때 대상 쪽에서 자극을 주겠지. 이것이 우리에게 신경자극으로 수용되고 우리는 그것을 낱말로 바꾸지. 이때 낱말은 신경자극을 음성으로 모사한 거지. 우리에게 바깥에 있다고 여기는 어떤 X가 보이고 만져지고 들리는 느낌을 줄 때, 이런 신경자극들이 바깥 세계를 있는 그대로 전해 줄까? 우리 감각기관의 특성이나 감각의 불충분함을 생각하면 그것은 불가능하지.

준영 우리 눈이 보이는 것을 그대로 보지는 못하죠. 또 소리를 들을 때도 우리는 일정한 주파수 안의 소리만 들을 수 있죠. 우리 신경도 선택적인 수용을 할 뿐이죠. 이런 상황에서 신경자극들이 세계를 정확하게 모사한다고 보기는 어렵죠.

나 대상에서 온 신경자극을 낱말로 번역할 때 오차가 생길 수밖에 없어. 하지만 우리는 그렇게 번역된 낱말이 실재를 그대로 보여 준다(재현한다)고 믿고 싶어 하지. 그래서 이 낱말이 가리키는 것, 낱말의 원인 자리에 있는 어떤 것이 낱말과 같다고 여기지. 과연 그런 믿음이 정당할까? 이 점은 조금 후에 이런 태도를 은유의 틀로 문제 삼을 때 좀 더 살피기로 하자.

준영 예로 나오는 '돌은 단단하다'라는 명제도 그런 이야기인가요?

나 그렇지. 우리가 돌이 단단하다고 지각하고 그것을 '단단하다'라고 말하는 것은 우리 나름의 틀이지. 실제로 돌이 그러한지는 알 수 없지. 우리에게는 '주관적인 자극'밖에 없지. 이 자극이나 그것의 언어적 표현이 대상 자체는 아니지. "돌은 단단하다"는 우리가 만든 기호에 지나지 않지. 기호는 어떤 미지의 것을 가리키는데, 이 기호는 참된 것도 확실한 것도 아니지.

봄은 남자, 진리는 여자, 아이는 중성?

준영　여기에도 나오지만 서양 사람들은 왜 명사를 남성, 여성, 중성으로 구별할까요?

나　니체도 너와 생각이 비슷한가 본데. 명사에 성(性)을 붙이는 것은 기이한 습관이지.

준영　독일어에서 '달' '나무'는 남성이고, '해' '세계' '밤'은 여성이죠. 또 '아이'는 남성도 여성도 아닌 중성이죠. '규칙'도 인정사정 보지 않는 것이어서 그런지 중성이죠. 이렇게 있지도 않은 성을 명사들에 마음대로 붙이면 세계의 모습이 쉽게 분류되나요?

나　글쎄 말이야. '비가 온다(Es regnet)'라고 할 때 비를 내리는 알 수 없는 중성적 존재는 뭘까? '의지(der Wille)'가 남성이라면 여자는 어떻게 의지하지? 의지할 때마다 남자가 되어야 한다는 건가? 보통 의지는 능동성을 이야기하기 때문에 전통적 구분에서 능동성은 남성에게, 수동성은 여성에게 할당하지.

또 '진리(die Wahrheit)'는 여성이니, 우리가 진리를 추구할 때는 여성을 유혹하는 태도로 진리 아가씨에 접근하는 것이 좋겠군. 그런데 진리는 우리의 구애가 마음에 들면 고분고분 따라나서는 그런 존재일까? "당신은 나의 모든 것입니다. 저의 사랑을 받아 주세요. 진리의 여신이여!"

준영　몇 가지만 봐도 이런 성 구분은 자의적인 것 같아요.

나　그런 면이 있지. 처음 명사를 외울 때 헷갈리기도 하고 말이야. 다만 복잡하게 구별해 놓으면 지시대명사를 쓰기에는 편한 면도 있지. 그런데 니체는 이런 식의 언어적인 습관과 문법 구조 들이 바로 서구인의 사고에 영향을 미치고 있고, 나아가 언어 구조와 사고 구조가 밀접한 관계가 있음을 지적하려는 것이지.

준영 니체의 이야기는 인간이 세계를 자기 나름의 기준으로 분류한다는 것을 지적하는 것이군요. 그러면 이렇게 분류되고 질서 지워진 세계가 세계의 참모습이라고 하기는 어렵겠군요. 낱말이 진리를 지니거나 사물과 일치할 수는 없군요.

원래 니체는 참된 세계가 있다고 보지 않습니다. 우리가 해석해 놓은 세계와 무관하게 존재하는 순수한 세계란 없죠. 그러니 세계를 남성, 여성, 중성으로 구별하는 것이 틀렸다고 할 수는 없습니다. 다만 세계에 질서를 부여하기 위해서 그렇게 구분하고, 그런 작업에 일정한 사고방식과 가치관이 들어가 있다는 거죠. 우리는 코끼리를 만지는 시각장애인과 별로 다를 바 없지만, 세계가 '이러하다' '저러하다'라고 주장하는 것이 틀린 것은 아니죠. 물론 맞는 것도 아닙니다.

나 우리는 사물을 이야기할 때 우리에게 필요한 사물의 몇 가지 특성만 골라내고 그것이 전부인 것처럼 자의적으로 경계를 세우곤 하지. 예를 들어, 어떤 사람을 보고 "그는 참 착한 사람이다" 하고 규정하는 경우가 있지. 이 규정이 그 사람의 실상과 일치하면 좋겠지? 그런데 그 사람이 내가 믿었던 착한 모습에서 조금이라도 벗어나면, "너 그렇게 안 봤는데 형편없는 놈이구나" 하고 이야기하지.

준영 언제 그렇게 봐 달라고 부탁한 적도 없는데 말이에요. 그러니까 자기가 만든 개념이 기껏 그 사람의 한두 측면만 파악했을 뿐인데, 마치 그것이 전체인 양 생각하는 거죠.

나 내가 내 마음대로 그 사람을 '착한 사람'이라는 틀로 고정해 놓은 채, 그 사람의 다양한 모습을 그 틀에 모두 담으려고 한 거지. 이때 잘못된 것은 그 사람이 아니라 내 규정인 거지. 이렇게 어긋나는 경우에 우리는 한 사람의 생생한 움직임과 변화를 인정해야지. 그 사람을 바꾸려고 하기보다는 항상 자기 개념을 바꿀 준비를 하고 있어야지. 그렇지 않고 귀찮아서, 자존심 때문에 그것을 고수한다면 개념과 대상은 점점 더 거리가 멀어지겠지.

준영 이야기가 인생철학처럼 된 것 같은데요? 예를 들어서 '다이아몬드가 단단하다'라는 명제로 설명해 주세요.

나 알았어. 아름다움을 추구하는 여인에게 다이아몬드를 바친다면, 아마 그녀는 다이아몬드가 단단하다는 특징보다는 비싸고 찬란한 아름다움 때문에 좋아할 거야. 하지만 화학자에게 물어보면 다이아몬드는 시커먼 숯과 같은 탄소 덩어리라고 할 거야.

준영 그럴 수 있겠군요.

나 그래서 이런 명제는 다이아몬드가 지닌 다양한 측면 가운데 필요한 것만 선택해서 마치 그것이 객관적인 것처럼 여기는 점이 문제지. 우리가 '착한 사람' '똑똑한 사람' '사기꾼' '거짓말쟁이' 같은 말을 쓸 때에도 그것이 항상 특정한 측면에 국한된 것임을 알아야 하지.

준영 아니, 그러면 사기꾼이 정작 사기꾼이 아니란 말인가요?

나 너는 사기꾼 아저씨가 항상 예외 없이 사기만 치고 다닌다고 보니? 자기 마누라도 속이고, 아들딸도 속이고, 동료에게도 거짓말만 한다고 생각하니?

준영 그렇지는 않겠죠. 그런 사람도 자식이 거짓말을 하면 가만두지 않겠죠. 아마 사기는 밥벌이 수단이겠죠.

나 그렇게 보면 그 사람의 상당히 많은 면들이 사기꾼이라는 말 때문에 가려지지. 마찬가지로 장난꾸러기도 보기보다는 점잖고 진지할 때가 많지. 장난꾸러기라는 말 때문에 그 사람의 다른 면들도 한결같을 것이라고 생각할 필요는 없지.

준영 그러니까 이런 명제들은 부분적이고 자의적이군요. 또 대상과 일치하지도 않고요.

나 이제 니체 빰치게 잘 아는군.

주의할 점이 있어요. 명제가 대상 자체와 일치하지 않는다는 니체의 말은 칸트가 '물 자체(Ding an sich)'를 모른다는 맥락과는 다릅니다. 니체는 칸트의 '물 자체'를 비판하죠. 맥락만 간단하게 살펴볼까요?

어떤 사물이 지닌 고유함이란 그것 자체만으로 있는 것이 아니죠. 그것이 다른 사물에 어떤 작용을 하고, 어떤 작용을 받는 것이죠. 따라서 아무런 작용도 하지 않고, 다른 사물과 무관한 '물 자체'란 없죠.

예를 들어, 우리가 미팅에 가서 상대를 만나면 그 사람을 요모조모 따져 보고 나서야 비로소 마음에 드는 것을 아나요? 그렇지 않죠. 대개 한눈에 알아보고 느낌이 먼저 오죠. 바로 그런 것과 비슷하죠. 먼저 마음이 끌리고 나서야 그 사람에 대해 이것저것 알고 싶을 겁니다. 그러니까 먼저 가치 평가를 하고 나서 '그 사람이 누구인가'를 알고 싶고 그때부터 차근차근 따지게 되죠. 인식은 뒤에 오는 것이고 자기 느낌을 확인하거나 보충할 뿐이죠. 화가 난 경우를 생각해 보아도 알 수 있지 않나요? 우리가 화를 낼 때 이성의 허락을 맡고 화를 낸다면 아마 화낼 일이 별로 없을 겁니다.

이제 우리 문제를 볼까요? 사물에 대해서 '이것은 무엇인가?'라고 질문하는 것은 사물을 있는 그대로, 그 자체로 보는 것이 아니죠. 먼저 그것이 '우리에게 어떤 의미를 지니는지'를 묻고 난 뒤에야 '그것이 무엇인지'를 묻게 되죠. 즉 먼저 그 의미를 해석한 뒤에 사물의 '무엇임'을 결정할 수 있죠.

그래서 사물이나 본질 같은 것은 일정한 퍼스펙티브에 의존하죠. 이 때문에 그것은 진리라기보다는 하나의 '의견'에 지나지 않죠. 우리가 사물을 인식할 때, 먼저 사물을 해석하는 힘-의지에 따라서 그 의미를 정하고 가치 평가를 하죠. 그다음에야 그것을 객관적으로 인식하는 작업을 시작하죠. 그래서 니체는 "사실이란 없고 오로지 해석이 있을 뿐이다"라는 유명한 이야기를 했죠. 이처럼 사물의 성질은 해석된 것이므로 주관적인 것이고, 보통은 그 해석이 사물과 같다고 생각하고 싶어 하죠.

질문

1. 사물의 성질에 관한 명제는 일정한 면에 주목하죠. 이런 경우에 그것으로 사물을 객관적으로 규정했다고 할 수 있을까요?

2. '하늘은 푸르다' '얼음은 차다' '사랑하면 행복해진다' '여자는 약하지만, 어머니는 강하다' 등은 어떤 점들에 주목하고, 어떤 점들을 무시하나요?

은유로 만든 사물의 본질

준영 니체가 은유를 이야기하는 부분은 색다른 것 같은데요. 문학에서 문제 삼는 은유가 어떻게 진리와 관계된다는 건가요?

나 중요한 부분이지. 니체는 인간이 사물을 인식할 때 은유적 방식을 사용한다고 보기 때문에 진리를 일종의 은유로 보지. 너도 알고 있듯이 은유(隱喩, meta-phora)는 수사법의 일종이고, 서로 다른 것을 같은 것처럼 표현하는 비유법이지. 은유의 예를 하나 들어볼래?

준영 "그대, 나의 태양이여!" "그는 술고래다" "남자는 늑대다" 등등 많죠.

나 이런 은유는 '유사성의 놀이'라고 할 수 있지. 사실 연인이 태양일 리는 없지. 만약 그렇다면 가까이 가면 타 버릴 테니까. 하지만 태양이 세상 만물을 비추고 생명을 주듯이, 연인이 암흑 한가운데서 추위에 떨고 있는 가련한 사랑의 노예를 따뜻하게 하고, 그의 외로운 밤을 밝히고 그에게 사랑의 양식을 준다면 그녀가 바로 태양과 유사한 존재라고 할 수 있을 거야. 이런 점에서 은유는 서로 다른 낱말들이 자기 자리로부터 멀리 옮겨져서 하나로 결합하지. 이 은유에서 사랑하는 연인은 태양이 되는 영광을 누리지. 이것은 사람의 '태양 되기', 태양의 '사람 되기'라는 요술인 셈이지.

니체는 '은유'를 동등하지 않은 것을 동등하게 만드는(Gleichmachen des Ungleichen) 것으로 보는 점에서 독특하지. 그리고 인식 과정에서 이런 은유를 두 번씩이나 쓴다고 보지.

준영 첫 번째 은유는 신경자극을 이미지로 옮기는 것이군요.

나 우리는 외부에서 주어지는 자극을 그대로 수용하지 못하기 때문에 우리 나름의 이미지를 만들지. 그리고 외부 대상이 우리가 만든 이미지와 같다고 생각하지. 대단한 배짱이 아닐까? 이미지가 대상과 같을 리가 없는데 말이야. 별과 별의 이미지를 같다고 하니 얼마나 뛰어난 상상력이냐?

이렇게 한 번 대담한 은유를 사용한 뒤에는 용기를 내어서 한 번 더 이 이미지를 음성으로 번역하지. 그래서 별의 이미지를 '별'이라는 낱말로 고정시키지. 이처럼 이미지를 낱말이나 개념으로 번역하고, 개념과 이미지가 똑같다고 생각하는 것이 두 번째 은유지.

준영 이미지와 낱말이 은유의 산물이라고 하는 것은 그게 일종의 착각이란 뜻인가요? 무엇을 문제 삼는 거죠?

나 니체는 이런 은유로 만든 대상의 이미지와 낱말이 대상의 모습과 같다고 여기는 일종의 착각을 지적하지. 이미지와 낱말을 사용하는 인간은 이 과정에서 실재와 이미지가 같고, 이미지와 개념이 같다고 굳게 믿지. 그렇지만 그는 이런 은유가 단순한 착각, 잘못이라기보다는 이미지와 개념의 발생에 은유라는 예술적 방식이 들어갈 수밖에 없다는 점을 지적하지.

준영 그러니까 사람들은 이런 은유를 무시하고 객관적 인식이라고 억지를 쓰는 것이군요.

나 그래, 같지 않은 것을 같다고 우기는 거지. 그래서 이것은 "실재와 이미지가 같아야 한다" "이미지는 개념과 같아야 한다"라고 명령하는 셈이지. 이처럼 우리가 사물을 있는 그대로 인식하는 것이 아니라, 은유를 통해서만 사물을 알 수 있다면 인식은 어떤 지위를 가질까? 이것은 정확성이나 보편성을 내세우지만 하나의 문학적 표현에 지나지 않겠지. 이것을 단순화하면, 철학과 문학이 구분되지 않는다고 할 수 있지. 나중에 데리다(J. Derrida)가 철학적 글쓰기를 문학적 글쓰기보다 더 보편적이거나 객관적인 것이 아니라고 하는 것도 이런 맥락이지. 보르헤스도 '형이상학을 일종의 환상문학'이라고 지적하기도 하지.

준영 니체가 듣지 못하는 사람이 자기 식으로 소리를 인식하는 예를 드는 것도 비슷하네요. 북소리 대신에 "북 위에 모래를 뿌려 놓고 북을 두드려 그 소리의 진동으로 만들어지는 북 위의 모래 형상으로 소리를 이해한다"라는 것 말이에요. 이처럼 우리가 보는 것도 이런 번역일 수 있겠군요.

나 예전에 디드로(D. Diderot)가 앞을 못 보는 사람이 촉각으로 대상을 보는 예를 든 적이 있어. 그는 기하학이 바로 이런 촉각에 의한 인식과 같아서 시각에 의한 인식을 번역하는 것이라고 보았지. 이런 맥락에서 니체는 우리가 나무, 꽃, 색, 바람 등에 대해서 말할 때 그것들이 사물 자체가 아니라는 거지. 우리는 그것들에 대한 은유를 알 뿐이지. 그래서 사물의 본질은 사실 은유의 도움을 받아서 만들어지지.

질문

1. 니체가 인식을 은유로 보는 까닭은 무엇일까요? 그리고 이 경우에 두 번씩이나 은유를 쓴다는 것은 어떤 점을 문제 삼는 것일까요?
2. 인식의 발생에 은유가 포함된다면 개념을 객관적이라고 할 수 있을까요?

다른 것들을 '같게' 만드는 개념의 요술

준영 그러면 개념도 그렇게 만들어지나요?

나 니체는 개념은 원래 없는 것인데, 인간이 사물을 설명하려고 고안한 허구라고 보지. 먼저 예를 볼까? 여기에 사과가 있어. 이 사과는 빨갛고 동그랗고 단맛을 지니지. 이때 이런 사과와 저런 사과를 모조리 가리키는 '사과'라는 개념이 있으면 어떻게 될까? 이 사과 개념은 개별적인 사과들이 어떤 색이건, 어떤 맛이건, 어떤 성질이든 간에 그 모든 것을 포괄하는 동일한 사과지.

어떻게 보면 기막힌 발견이지. '사과'라는 개념은 존재했던 모든 사과, 그러니까 이 사과, 저 사과, 맛있는 사과, 맛없는 사과, 비싼 사과, 백설공주가 먹었던 독사과까지 포함하지. 그래서 모든 사과가 '사과'라는 개념 안에 있지. 실제 존재하는 사과들이 변하더라도 '사과' 개념은 변하지 않아.

준영　우리가 이런저런 사과들을 가리키기 위해서 사과라는 개념을 사용하지만 진짜 사과처럼 사과 개념이 있는 것은 아니잖아요.

나　이 문제는 복잡한 문제지. 중세 때부터 유명론(唯名論) 논쟁이라고 해서 시끄러웠던 문제지. 이 이야기는 나중에 하도록 하고, 여기에서는 니체의 관점만 살펴보자. 니체는 사과 개념을 우리가 경험하는 다양한 사과들을 하나로 묶기 위해서 고안한 것으로 보지. 그래서 철학자들이 이런 사과 개념이 사과들보다 참된 것이라고 보는 걸 부정하지. 그것은 사과들과 독립된 것으로 존재하는 것도 아니고 단지 일정한 필요 때문에 고안된 허구라고 볼 뿐이지.

준영　그래서 사과 개념이 아니라 우리가 사과를 먹고 만지고 보고 냄새 맡는 구체적이고 단일한 기억이 있을 뿐이라고 하는 거죠?

나　그래. 그런데 개념적 요술로 만든 사과 개념은 이런 구체성을 뛰어넘어 사과들을 하나의 같은 것으로 묶고, 그 차이들을 지워서 매끈하게 동일화하지. 그다음에 이런 개념이 마치 사과들보다 더 참된 것, 원형인 것처럼 법석을 떨지. 어쨌든 이런 개념 만들기는 앞에서 이야기했듯이 다른 사과들을 동일한 사과 개념으로 바꾸어 놓은 연금술 같은 것이라고 할 만하지.

준영　니체는 '나뭇잎 개념'을 예로 드네요. 이 개념도 그렇게 만들어졌겠죠? 지난 가을에 은행나무들이 늘어선 숲에서 은행잎들을 모아서 봤더니 신기하게도 똑같은 것이 하나도 없더군요. 그런데 '나뭇잎'이란 개념 앞에서 그 잎들이 보여 주는 다양한 차이는 문제가 되지 않겠군요.

나 멋진 해설인데. 나뭇잎 개념은 구체적인 나뭇잎 하나하나가 지닌 차이들을 무시할 때만 가능하지. 차이를 녹여서 동일성을 만드는 것이 철학마을의 용광로가 지닌 신통력이지.

그리고 개념은 변하는 세계 속에서 변하지 않아야 하지. 나뭇잎은 그 색이 변하고 떨어지고 바람에 흔들리지만 나뭇잎 개념은 그런 변화를 겪지 않지. 어떤 바람이 불어도, 폭풍우가 몰아쳐도 나뭇잎 개념은 조금도 흔들리지 않은 채 부동의 모습을 유지하지. 어떻게 보면 멋진 상상력의 산물이지.

이때 개념이 고정된 것이라고 해서 그저 꼼짝하지 않는 것만 이야기하는 것은 아니죠. 어떤 것이 변한다고 하더라도 일정한 원리, 함수에 따라서 움직인다면 그것은 사실 고정된 것이죠. F=m×a라는 법칙은 모든 운동하는 물체의 경우에 똑같이 적용되어야 합니다. 현상세계에서 ('나뭇잎'이라는 하나의 명사, 하나의 낱말, 하나의 개념이 수많은 나뭇잎을 전부 가리키는 괴력을 발휘하듯이) F=m×a라는 단순한 정식은 작용하는 모든 힘들 사이의 관계를 남김 없이 설명할 수 있습니다. 그리고 현상들은 힘과 그 법칙에 의해서 움직이지만 이 정식 자체는 움직이지 않습니다.

준영 우리가 아무리 사과를 먹어도 사과 개념은 여전히 남아 있을 테니까, 영원히 우리를 목마르지 않게 할 수 있겠군요.

나 그렇지. 우리는 사과를 먹지만 사과 개념은 생명의 과일이거나 영혼의 갈증을 달래는 것이지.

질문

1. 사과 개념을 내세우는 사람은 개별적인 사과들이 '사과'를 부분적으로 보여 줄 뿐이라고 생각하고, 사과들이 불완전하다고 주장합니다. 어떤 이유에서 그럴까요?

모기는 '인간'을 물 수 없다

나 이처럼 개념을 제조하는 과정은 개별적인 차이들을 제거하는 과정이지. 그래서 사과 개념에는 색, 맛, 냄새와 같은 가변적이고 일시적인 것이 남아 있어서는 안 되지. 그런 것들은 개념을 흔들리게 하고 혼란에 빠뜨리지. 그래서 그런 차이들을 지워서(추상해서) 만든 개념은 항상 똑같이 존재해야 하고, 그것은 변하는 사물들 너머에 있어야 할 거야. 이런 추상(abstraction)을 통해서 우리는 자연에 실제로 존재하는 나뭇잎들 말고, 모든 나뭇잎을 대표하는 나뭇잎 명사가 있다고 생각하지.

준영 그런데 니체는 그런 것이 없다는 거죠? 마찬가지로 구체적인 인간들은 존재하지만, 그들 모두를 가리키는 '인간' 개념은 존재하지 않는군요.

나 만약 모기가 우리 둘이 이야기하는 것을 본다면 그 녀석은 '저기 인간들이 있군' 하지 않겠니? 이 경우에 인간 개념은 편리한 허구인 셈이지. 모기 녀석은 '운덕' '준영'이라는 서로 다른 존재에 대해 그저 무심하게 '인간'이란 집합명사를 덮어씌우지. 하지만 모기는 자기가 필요로 하는 피를 '인간'이 아니라 이 인간과 저 인간에게서 얻을 수 있을 뿐이지.

어쨌든 '나뭇잎'이 나뭇잎들과 구별되고 독자적인 세계를 확보하면, 철학의 기본 대립항인 본질/현상, 원형/복사, 보편/개별, 하나/여럿, 동일/차이 같은 화려한 구별이 마련되지.

준영 니체가 드는 예가 또 있어요. 어떤 사람이 진실하게 행위한 경우에 "그는 왜 오늘 진실하게(ehrlich) 행위했는가?" 하고 물으면,

"그의 진실성(Ehrlichkeit) 때문에"라고 답한다는 거죠.

나 본질주의적 사고의 특성을 보여 주는 예이지. 이런 답은 진실한 행위의 원인을 진실성에서 찾지. 무슨 뜻인지 알겠니?

준영 그 사람이 진실성을 지니고 있으니까 진실하게 행위했다고 하는 게 이상하나요?

나 이상하지. 그러니까 진실한 행위를 한 사람 안에 '진실성'이라는 어떤 것이 있어서 그것이 진실한 행위로 나타났다고 보는 거지. 만약 네가 어리석은 짓을 했다면 너 안에 어리석음이 숨어 있다가 그런 행위로 모습을 드러낸다고 하는 것과 같지.

이상한 나라의 철학자

준영 뭔가 이상한 것 같기는 하네요. 그런데 그렇게 꼼꼼하게 구별하는 이유는 뭐죠?

나 네가 그렇게 꼼꼼하게 따지는 이유는 또 무엇인고? 좋아. 그냥 넘어가려고 했는데 안 되겠군. 니체는 번개가 칠 때, 사람들이 번개를 섬광과 분리해서 섬광을 번개라는 주체의 활동이라고 생각한다는 예를 들지. 그래서 어떤 활동이나 작용이 있으면 반드시 그것을 주재하는 '주체'를 상정하지. 이런 행위하는 것, 작용하는 것은 상상으로 행위와 활동에 덧붙인 것일 뿐이지. 이런 습관은 문법상의 주어를 쓰는 습관 때문에 생기지.

준영 그러니까 '비가 온다'라고 할 때 주어 자리를 비워 두지 않고 비인칭 주어라도 써야 하는군요.

나 그렇지. 니체는 이처럼 어떤 행위를 보고서 그런 행위를 주체가 의지한 것으로 보는 것은 있지도 않은 '주관적 의지', 의지의 담당자인 '주체' 등을 고안하는 것이라고 보지. 그래서 이런 의지, 주체 개념을 비판하지. 그리고 이것이 문법, 언어 사용에 따른 오해라고 보는 거야.

여기에서 문제는 '나뭇잎' 개념이 나뭇잎들의 원인이 되고, '인간' 개념이 인간들의 원인인 것처럼, 한 사람의 다양한 행위들이 하나의 진실성에서 나온다고 보는 점을 문제 삼는 거지. 그러니까 '진실성'이 그 사람을 그렇게 움직였다고 설명하지만, 진실성을 어디 가서 찾을 수 있을까? 진실한 행동들, 진실한 태도들, 진실하려는 노력들은 있지만 그것 모두를 근거 짓는 '진실성' 같은 추상명사는 없어. 그런 다양한 상태를 합해서 하나의 동일성을 만들기 위해 고안한 것이지.

이것은 마치 철학자가 경영하는 과일가게에 가면 맛있는 사과나 예쁜 사과를 달라는 주문에 항상 맛도, 색도, 냄새도 없는 '사과'만 주는 것과 비슷하지. 이처럼 사과 개념을 파는 가게에는 품목이 하나밖에 없지.

준영 약간 어지럽지만 개념을 참된 것, 실재(實在)로 보는 방식이 이상하다는 거죠. 어쨌든 개념은 우리가 사는 세계 위에 다른 세계를 하나 더 만드는 신기한 방식이군요.

나 그래, 개념 만들기라는 요술은 우리가 사는 세계 저 너머에 신기한 나라를 만들지. 《이상한 나라의 철학자》라는 책을 본 적이 있니? 개념만으로 만든 세계를 여행하는 이야기인데 재미있고 신기한 내용이 많지.

준영 《이상한 나라의 앨리스》 말고 그런 게 있나요?

나 네가 철학책을 보고 개념으로 대상들을 해석하고 개념만이 참된 것이라고 생각한다면 '이상한 나라'에 들어간 셈이지.

준영 그럼, 아버지는 그런 이상한 나라의 시민인가요?

나 그런 셈인가? 이상한 나라가 이상하다는 점을 알고 있는 사람은 그래도 좀 색다른 시민이 아닐까? 그럼 이 기회에 이 나라를 떠나서 딴 나라로 가 볼까? 좀 더 재미있는 곳으로 말이야.

준영 좋을 대로 하세요. 그러면 방금 한 이야기를 제가 정리해 볼까요? 좀 전에 나뭇잎들에서 차이를 지워서 '나뭇잎'이란 명사를 만들고, 마치 '나뭇잎'이란 명사가 존재하는 나뭇잎들의 원리, 근거, 목표, 본질인 것처럼 생각하는 것이 문제라는 거죠?

나 그래, 개념이 동등하지 않은 것을 동등하게 만드는 방식에 주목해야지. 서로 다른 두 가지가 있을 때, 이 둘을 같게 만들려면 그것들에서 공통성을 고른 뒤에 하나하나의 특징적인 것들을 깨끗하게 지워 버리면 되지.

그래서 이런저런 것들의 울퉁불퉁한 면들을 매끈하게 가공하는 것이지. 모든 울퉁불퉁한 돌들은 개념의 강물 속에 들어가면 매끈하게 예쁜 돌로 바뀌지. 바로 차이를 제거해야 같음을 만들 수 있지. '동등성'이란 주어지는 것이 아니라 만들어지는 것이지. 이것은 바로 은유법을 이용하지.

준영 그래서 자연에는 개념 같은 것이 없군요.

나 그렇지. 사과들 대신에 사과라는 종(種)을 아무리 찾아도 찾을 길이 없지. 자연에는 그저 '사과들'이 있을 뿐이니까.

준영 그래서 개별적인 것들과 종을 구별하는 것은 인간이 만든 것이군요.

나　　개념이나 종은 인간이 자기 나름의 관점에서, 자기 방식대로 세상을 보는 방식, 곧 '인간중심주의'의 산물이지. 사물에 자기 형식을 멋대로 투사해서 질서 지우려는 이런 인간중심주의적 사고방식들은 자연이 우리에게 미지(未知)의 것이라는 점을 인정하지 않으려는 태도이기도 하지.

신에 대해서도 마찬가지야. 너는 신이 인간을 만들 때 신의 형상을 본떠서 만들었다는 이야기 어떻게 생각하니? 그런데 인간이 자기 얼굴을 가지고 신의 형상을 만들어 낸 것이 아닐까? 이처럼 인간은 신의 얼굴까지도 만들어 낼 수 있는 존재지. 따지고 보면 신은 개미의 신도, 코끼리의 신도 아닌 바로 인간의 신일 뿐이지. 인간중심주의는 이처럼 신앙의 세계까지도 만들어 내지.

질문

1. 개념이 차이들을 지워서 '같음'을 만드는 이유는 무엇일까요?
2. 인간중심주의가 개념 만들기와 어떤 관계가 있을까요?

진리는 은유의 산물

준영　　니체는 진리가 '한 무리의 비유(比喩), 환유(換喩), 의인관(擬人觀)'이라고 보네요.

나　　번역본에서 '비유'라고 한 것은 '은유'를 말하는 거야. 비유에는 직유법, 환유법, 제유법 등 여러 가지가 있으니까 말이야.

준영　　그런데 환유는 뭐죠?

나　　환유는 대상의 한 부분으로 전체를 대신하는 방식이지. 술을 마시는 사람이 '술잔을 기울인다'고 하는데 술 없는 잔만 기울여서 취하지는 않아. 운전기사가 '핸들을 잡은 지 몇 년 된다'고 하거나 수많은 배 대신에 '30개의 돛'이라고 하는 것 등이 그런 예지.

준영 의인관(Anthropomorphismus)은 앞에서 본 거죠? 인간의 틀에 따라 세계를 보는 방식을 말하죠.

나 맞아. 나무를 보고 그 뿌리를 다리로, 위로 뻗은 나뭇가지를 팔로 보면서 한껏 기지개를 켠다고 하거나, 나무가 곧게 서 있는 모습을 자랑스럽게 머리를 치켜세우고 있다고 보는 방식 같은 거지. 바로 우리 몸을 보는 방식을 나무에 적용하지. 니체는 이런 예술적 태도가 자연을 객관적으로 인식하기보다는 자연에 예술적 형상을 부여하고 자연과 예술적으로 놀기 위한 방식으로 알맞다고 보는 것 같아. 그래서 '진리의 확실성'이란 알고 보면 '수사학적인 놀이'에 지나지 않는데도 그것을 참된 것으로 보는 '진리의 환상'이 마련되겠지. 한마디로 진리는 환상에 지나지 않는다는 거야.

준영 그러니까 진리의 기원에는 '진리 아닌 것'이 슬쩍 들어가 있는 것이군요.

나 그렇지. 진리가 싫어하는 비진리, 인간중심적인 관점의 '편견'이 숨어 있지. 그래서 진리는 자신의 기원을 잊어버리거나 은폐할 때에만 진리일 수 있는 셈이지. 물론 진리의 기원에 있는 이런 수사학적 놀이를 인정한다면 진리는 예술적 창조물로 볼 수 있지.

준영 이런 진리의 환상을 니체는 닳아빠진 동전에 비유하는군요.

나 잘 알려진 비유지. 니체는 동전이 너무 많이 교환, 유통되는 바람에 표면이 다 닳아서 원래 새겨져 있던 상이 거의 지워져 알아볼 수 없게 된 예를 들지. 마찬가지로 진리도 이처럼 많이 사용하는 바람에 마모되어서 감각적인 면이 닳아 버린 은유지.

준영 그러면 진리는 감각적인 것을 지우는 만큼 더 순수한 것이 되겠군요. 구체적인 모습 대신에 모든 사람들이 항상 쓸 수 있는 공통성만 가지고 있고요. 그래서 진리는 감각적이고 구체적인 면을 모조리 잃어버린 닳아빠진 동전인 셈이군요.

나 진리는 실제로 은유법을 사용하면서도 그 점을 잊어버리지. 그래서 진리는 나중에 문학적 은유를 보면서 마치 처음 보는 것처럼 신기해 하지. 그래서 "왜 그렇게 낱말과 사물 들을 뒤섞고 어지럽게 만드느냐"라고 묻지. 물론 문학적 은유가 자신에 비해 부정확하고 열등하다고 보기 때문에 자신의 정확성과 엄격한 논리를 뻐기지. 자기의 탄생 비밀을 망각한 까닭에 자신이 신성한 가치를 지녔다고 믿지. 진리에게 자기 족보를 좀 뒤져 보라고 하면 좋을 텐데 말이야.

준영 그처럼 진리가 자기 족보를 잊어버릴 정도로 통용되려면 그것이 사회적 필요에 알맞기 때문이겠죠?

나 원래 언어와 진리가 사회적 필요에 의해서 만들어진 것이라고 했지. 이제 진리라는 은유가 관습적으로 통용되면, 모두가 사회계약에 따라 '공인된 은유'를 사용해야 하고, 나아가 그것이 진실해야 한다고 생각하지.

준영 이 이야기는 모두가 입을 모아서 거짓말을 하면 그것이 참이 된다는 이야기와 같겠군요. 보편적인 거짓말은 거짓말이 아닐 수 있다는 신념이겠죠.

나 사회구성원 모두가 언어와 진리

이제 이런 개념들이 서로 어울려서 어떤 체계를 만드는지 볼까요? 철학 체계는 개념들을 재료로 삼아 그것들이 잘 어울리는 구조물을 건설하죠. 니체는 이런 개념의 구조물에 대해서 어떻게 볼까요? 개념의 피라미드인 철학 체계는 피라미드보다 더 단단하고 더 웅장한 체계를 자랑할 겁니다. 이때 재료인 개념 자체가 변하지 않고 순수하기 때문에 그 구조물도 영원하고 순수한 것으로 지속될까요? 이런 개념의 구조물로 현실세계의 변화들을 어떻게 담을 수 있을까요?

의 규칙이 사물의 모습 자체를 보여 준다고 믿고, 모두가 똑같이 거짓말을 하고, 거짓말을 해야 한다는 규칙을 정하지. 그래서 진리가 보편타당하고 효과적이라는 사실에 모두 동의하도록 만들지. 이런 '거짓말 대회'가 빈번하다 보면 자신들이 은유법을 쓴다는 사실도 자연스럽게 잊을 수 있겠지.

준영 자기가 거짓말하는 사실도 모르는 점이 재미있군요.

나 또 니체는 진리 밑에 숨겨진 도덕적인 충동에 대해서도 지적하지. 앞에서도 나왔지만 진리를 추구하는 것이 선하다고 생각하는 것은 진리 충동과 도덕적 충동 간에 밀접한 관련이 있다는 것을 보여 주지.

준영 이제 이런 개념화 작업으로 사물의 구체성을 모두 버린 다음에 진리의 수레가 무엇을 담을까요? 생생한 인상은 모두 버리고 무미건조한 개념들만 남겠어요.

나 그래서 인간은 동물과 달리 생생한 이미지들을 항상 개념을 만드는 공장에서 표백하지. 이처럼 개념이 이미지의 다양한 모습을 삼켜 버린다면 개념은 포식가가 아닐까? 사과 개념은 모든 사과를 담고 있으니, 배가 더없이 불러서 조금만 건드려도 터질 정도일지도 몰라. 그래서 이미지 같은 껍질들은 모조리 뱉어 버리지.

질문

1. 진리를 닳아빠진 동전에 비유한다면 어떤 점 때문에 그렇게 이야기하는 것일까요?
2. 진리가 은유를 부정확하다고 비난하는 이유는 무엇일까요?
3. 왜 니체는 진리가 거짓말하기 대회에서 나온다고 볼까요?

개념의 건축물을 짓는 건축의 귀재

준영 이런 개념으로 건축물을 만드는 이야기도 나오네요.

나 이제 생생한 이미지들을 제거한 개념들은 그것만을 재료로 삼아 개념의 건축물을 만들지. 개념 벽돌들로 피라미드를 쌓아 올리는 거야. 이 피라미드는 돌로 쌓은 피라미드보다 훨씬 튼튼해서 오래가지 않을까?

준영 개념은 원래 변하지 않으니까 아마 영원한 건축물을 만들 수 있을지도 모르겠네요. 이런 '개념의 피라미드'는 구체적인 세계와 완전히 다른 것이겠군요.

나 그래, 구체적인 세계 너머에 있는 순수하고 추상적인 세계지. 개념이 만드는 사이버 건물이라고나 할까?

준영 '개념의 전당'이 현실의 건축물과 다른 점을 좀 더 알고 싶은데요. 이 추상세계가 더 단단하고, 더 일반적이고, 더 인간적이고, 더 잘 알려진 것이고, 그래서 규제적이고 명령하는 것이라고 하는 이유는 뭐죠?

나 같은 점을 여러 각도에서 이야기하는 것 같은데. 우리가 벽돌을 쌓을 때처럼, 순수한 추상인 개념 벽돌도 틈이 없고 어긋나지 않게 해야겠지. 이때 개념 벽돌은 보통 벽돌과 달라서 들쭉날쭉하지 않고 (차이들을 지운 것이니까) 아주 매끈하지. 그리고 이 개념 벽돌을 어긋나지 않게 맞추는 것은 개념들이 논리적으로 충돌하거나 모순을 일으키지 않게 하는 거지.

그런데 이런 순수한 건축물은 구체적인

비코(G. Vico)는 자연은 인간이 만든 것이 아니므로 우리가 이해할 수 없지만, 사회와 역사는 인간의 산물이므로 그것을 만든 인간이 이해할 수 있다고 보았죠.

세계가 변화에 휩쓸리는 것과 달리 변하지 않으니까 구체적인 세계보다 더 단단하지. 그리고 개념은 개별적인 것이 아니라 보편적이지. 그러면 이것이 더 인간적이라고 하는 까닭은 뭘까?

준영 글쎄요. 인간적 관점으로 세계를 본다고 했으니까 더 인간적이라는 것인가요?

나 그래. 개념 벽돌은 전적으로 인간적인 관점에서 빚고 다듬은 것이니까 아주 인간적인 것이지. 그리고 자연은 인간이 만든 것은 아니지만, 개념은 인간이 만든 것이니까 더 잘 알 수 있는 것이라고 할 수 있지. 그러면 규제적이니 명령적이니 하는 것은 무슨 뜻일까?

준영 자연은 사실에, 인간세계는 규범에 따른다는 뜻인가요?

나 그래. 그리스에서부터 자연적 질서(physis)에 대해서 사회적 규범(nomos)을 구별하는데, 개념 세계가 경험적인 세계 위에 군림하고 명령한다는 뜻에서 그렇게 이야기한 것 같아.

너무 잘 짜인 체계

준영 로마 납골당 이야기가 나오네요. 우리가 보는 세계에는 개별적이고 다양한 차이가 있다는 것은 이제 알겠어요. 그런데 개념 건축물은 로마 납골당처럼 융통성 없이 규칙에 따라서 만든다는 것인가요?

나 맞아. 로마 납골당이나 개념의 건축물이나 모두 그 요소들을 규칙적으로 정돈하고 엄격한 질서에 따라 배치한 것이지. 도시의 아파트, 공원 묘지, 바둑판처럼 판에 박은 방식으로 짜인 빈틈없는 체계를 말하지. 줄 맞추기를 좋아하는 사람이 볼 때는 바람직한 질서가 아닐까? 예술가들이라면 그 단조로움에 지긋지긋해 하겠지만 말이야.

개념의 건축물에서 조금이라도 규칙에서 어긋나는 개념 벽돌이 있다면 개념 간의 충돌과 모순을 일으켜서 무너지고 말지. 일류 철학자들의 글을 보면 알겠지만, 그런 글은 첫 문장에서 마지막까지 낱말 모두가 자기에게 알맞은 자리를 지키고 숨쉴 틈 없는 논리적 체계를 만들지.

칸트나 헤겔은 개념 건축술의 대가지. 이런 철학자들이 지은 집을 보면 개념 하나하나가 한 치의 틈도 없이 완벽하게 짜여 있지. 아래에 있건, 위에 있건, 어디에 있건 간에 개념의 벽돌들은 반드시 있어야 할 자리에 정확하게 배치되지. 조금이라도 어긋나면 건물이 무너지니까. 그래서 철학책은 부사 하나를 바꾸거나 긍정문을 의문문으로 바꿔 놓거나, 문장 하나만 빠져도 말이 안 되도록 구성된 그야말로 가장 치밀하고 완벽한 것이지. 대가들의 책은 숨 막힐 듯한 엄밀함과 정합성(整合性)을 자랑하지. 꿰맨 자국이 보이지 않는 하늘의 옷이라고나 할까?

준영 수학 이야기는 왜 나오죠?

나 이 건물을 구축하는 논리로 수학적인 엄밀한 틀이 필요하지. 너도 잘 아는 것처럼 수학은 사과 3개와 돌멩이 3개, 새 3마리라는 서로 다른 대상들 모두에게 '3'이라는 수를 부여해서 '같은 양(量)'을 만드는 요술 아니냐?

준영 수학은 대상의 '질'은 버리고 오로지 '양'만 생각한다는 거죠?

나 그래, 이러한 추상을 통해서 구체적인 대상들을 양적으로 동질화하기 때문에 수학은 순수한 사고의 으뜸이지.

니체는 왜 수학을 은유로 볼까요? 어떤 점에서 가장 엄격하고 순수한 논리를 갖춘 수학이 은유에 연결될까요?

준영 그러면 수학의 엄밀함, 냉정함이 개념의 벽돌을 완전하게 구축하는 틀이라는 것은 알겠는데, 왜 그것을 '주사위 놀이'라고 하죠?

나 니체는 수학도 은유의 산물이라고 보지. 개념의 건축물을 개념의 주사위놀이에 연결시키는 점이 재미있지 않니? 개념의 엄격함을 비꼬기 위해서 우연의 놀이인 주사위놀이를 빗대어 말하는 거지. 그래서 그것은 (우연을 낳을 수밖에 없는) 주사위를 정해진 규칙에 따라 사용해서 엄격한 체계를 만들려고 한다는 거야.

개념 자체가 은유에서 나온 것이니까 이런 개념 형성 자체에 이미 우연의 놀이가 들어 있잖아. 그런데 그런 개념들을 규칙적으로 사용하면 가장 엄밀한 체계를 만들 수 있다고 생각하는 개념 놀이꾼들의 모습이 안타깝다는 게 아닐까?

준영아, 나중에 보르헤스가 우연을 뛰어나게 형상화한 〈바빌로니아의 복권〉을 한번 읽어 보렴. 우연으로 어떻게 세계를 만들 수 있는지, 또한 실제 세계가 어떻게 우연의 침입을 받고, 우연의 산물인지를 기가 막힌 솜씨로 잘 보여 주고 있지.

단단하면서도 부드러운 개념의 건축물

준영 그다음에 개념의 건축물을 설명하면서 그것이 단단하면서 동시에 부드럽다고 하네요. 어떻게 그럴 수 있죠? "흐르는 물처럼 움직이는 토대에 개념의 대성당을 짓는다"라는 이야기 말이에요.

나 유명한 비유지. '개념의 건축가'는 보통 건축가가 흉내 낼 수 없는 신묘한 재주가 있는 게 아닐까?

준영 그럴 수도 있죠. 개념 벽돌로 현실의 제약을 받지 않고 이론적으로 지으니까요. 그런데 어떤 점이 다르죠?

나 니체는 (헤라클레이토스를 따라서) 세계가 흐르고 변화한다고 보지. 즉 생성의 세계에 주목하지. 앞에서도 이야기했듯이 개념은 불변적이니까 이 건물, 곧 개념 체계는 움직이지 않는 것으로 끊임없이 움직이는 세계를 감당하려고 하지. 과연 변화하는 세계 위에 개념들로만 이루어진 건축물을 지을 수 있을까? 어떻게 생각하니?

준영 '모래 위의 누각'이란 비유를 따르면, 그보다 더 무모한 물 위의 누각은 꿈속의 집이 아닐까요?

나 니체는 개념 체계를 건설하는 것이 이처럼 흐르는 물 위에 집을 짓는 것과 같다는 거야. 하지만 이 개념 건축가는 이런 점에 개의치 않고 변화에 휩쓸리지 않는 부동의 체계를 만들려고 애쓰지. 이런 완벽하고 단단한 개념 건축물이 흐르는 물(변화하는 세계)에 휩쓸려 떠내려가지 않을지 걱정되지 않니?

준영 신기한 건물이군요. 그런 건물은 어떤 특징을 가져야 할까요? 계속해서 흐르는 세계를 토대로 삼으려면, 거미줄처럼 짜이고, 파도가 칠 때마다 함께 움직일 정도로 부드럽고, 바람에 날리지 않도록 단단해야 한다고 지적하잖아요? 과연 개념의 건물이 이런 상반된 요구를 충족시킬 수 있을까요?

나 개념의 집은 현실의 수많은 존재자들이 모두 살 수 있는 것이어야 하겠지. 어떠한 사과들도 사과 개념 바깥으로 벗어날 수 없듯이, 모든 존재자들은 그 개념 바깥으로 나갈 수 없지. 그런데 담기는 내용들은 변화무쌍한 것들이고, 담는 그릇은 불변적인 것인데 이 둘이 서로 조화를 이룰 수 있을까?

준영 불가능할지도 모르겠군요.

나 그다음에 그 건물이 바람에 산산조각 나지 않아야지. 앞에서 우리가 나뭇잎 개념은 아무리 바람이 불어도 떨어지지 않는다고 했을 거야. 개념 체계는 생성하는 세계의 다양한 변화들에 휩쓸리지 않을 정도로 굳건하지. 그것은 모든 변화를 포함하면서도 절대로 변하지 않아야 하지. 수시로 변하는 것은 개념으로서는 자격 미달이지.

준영 그런데 문제는 유연하다면서도 굳건해야 한다는 두 조건을 모두 충족시켜야 한다는 것이잖아요?

나 그러니까 고정성과 유동성, 보편성과 특수성을 동시에 갖추어야 한다는 거지. 물론 모든 개념 체계는 그것이 이런 두 조건을 모두 만족시킨다고 주장하지. 그래서 그 누구도 만들 수 없는 그런 이중성을 지닌 건물을 지었다고 자랑하지. 과연 그것이 가능할까?

니체가 비꼬듯이 이런 불가능한 개념의 건축물을 지을 수 있다면 인간은 건축의 천재고, 꿀벌도 도저히 따라오지 못하겠지. 개념 체계는 단단하면서도 현실의 변화를 모두 수용하고, 또 변하면서도 항상 같은 모습을 유지한다는 것이지. 또한 그것은 보편적 개념이 모든 개별적인 경우들을 포괄하고 개별적인 차이를 하나도 버리지 않고 커다란 보편의 그릇에 하나하나 소중하게 담고 있다고 주장하지.

준영 이야기를 듣고 보니 마치 그런 건물이 가능한 것처럼 여겨지지만, 사실 이런 건축물은 가짜거나 불가능할 수밖에 없을 것 같아요.

나 개념은 고정되어야 하기 때문에 변화를 버려야 하고, 변화를 설명하려면 고정성을 버려야지. 이러지도 저러지도 못하는 거야. 자신 있는 사람은 이 두 가지를 모두 만족시키는 개념 건축물을 지어 보는 게 좋지. 변증법도 그런 노력 가운데 하나지. 물론 니체가 볼 때는 어리석은 노력이겠지만 말이야.

준영 그러면 이 이야기는 개념 체계와 현실이 어떤 관계를 맺는다고 보는 거죠?

나 적절한 질문이구나. 개념의 건축가들은 흐르는 물 위에 집을 짓는다고 했고, 그런 개념 체계로 현실을 완전하게 설명할 수 있다고 주장하지. 그래서 그런 개념 체계를 현실에 적용하지. 이것은 마치 이론, 교과서로 현실을 다 설명하려고 하는 이론주의, 교과서주의와 비슷하지.

혼자 노는 인식의 숨바꼭질

준영 교과서주의란 말은 처음 듣는데요.

나 그냥 만들어 본 말이지. 이론을 앞세워 현실을 이론에 억지로 맞추는 것이지. 그런데 '개념의 놀이'도 사실은 이처럼 현실을 개념에 맞추어서 재단하는 점에서 '프로크루스테스의 침대'와 비슷하지.

준영 악당 프로크루스테스가 침대에 사람을 눕혀 놓고, 키가 침대보다 길면 침대에 맞게 다리를 자르고, 키가 침대보다 작으면 키를 늘여서 죽인다는 이야기 말이군요.

나 그래. 우리가 어차피 일정한 관점에서 세계를 보는 것이 불가피하다고 이야기했지만, 이론이나 개념의 눈으로 현실을 재단하는 것은 항상 조심해야 할 일이지. 니체는 인간들이 자기 틀에 따라서 세계의 원리를 정해 놓고 그것을 세계에 적용하면서도 마치 자신이 객관적인 세계의 질서를 찾아내는 것처럼 꾸민다고 비판하지.

준영 아, 그 이야기는 누군가가 물건을 덤불 속에 숨겨둔 뒤에 그것을 다시 찾아내고는 새삼스럽게 '발견했다'고 하며 좋아서 어쩔 줄 모른다는 싱거운 예와 연결되는군요.

나 그래, 인간들이 자기 틀을 세계의 원리로 삼은 뒤에 그것을 잠시 잊고서 나중에 세계를 인식할 때 마치 자연의 원리를 발견했다는 듯이 기뻐한다는 이야기지. 우리가 자연에서 찾은 법칙, 원리가 사실은 우리가 미리 던져 놓은 것이라는 얘기지.

준영 예가 하나 더 나오네요. 우리는 먼저 포유동물을 정의한 뒤에 낙타를 보고서 "저기에 포유동물이 있다"라고 한다는 거죠. 그런데 자연에는 '포유동물'이라는 정의나 개념이 없는 거지요.

나 그럼. 그것은 우리가 분류의 편의를 위해서, 동물들이 마치 그런 질서를 지닌 것처럼 고안한 것일 뿐이지. 호랑이와 고양이를 같은 '고양이과'에 속한다고 하는 것은 원래 고양이과가 있어서가 아니라 동물을 분류하는 체계를 만들기 위해서 고안한 것이지. 자연에 낙타는 있지만 포유동물은 없지. 우리가 정의한 범주로 낙타를 보면서 다시 확인하는 것에 지나지 않아.

준영 이 이야기 뒤에는 뭔가 심오한 것이 숨어 있지 않나요?

나 너도 감이 꽤 발달했구나. 사실 이 비유 뒤에는 무서운 공격이 숨어 있지. 니체의 조롱은 칸트적 틀에 대한 비판이라고 할 수 있어. 그런데 네가 칸트의 인식론을 좀 알고 있는지 모르겠구나.

준영 사실 설명을 듣다가 칸트가 필요할 것 같아서 조금 살펴보기는 했죠.

나 그럼 간단하게 확인해 볼까? 《순수이성 비판》을 보았니?

준영 당연히 안 보았지요. 하지만 이해할 준비는 되어 있습니다.

나 인과법칙의 예를 보자. 너는 인과법칙이 자연에 원래 있다고 보니?

준영 칸트는 그렇게 보지 않는 것 같던데요.

나 제법이군. 칸트는 인과법칙이 자연에 있는 법칙이 아니라, 우리가 자연을 관찰할 때 미리 지니고 있는 형식이라고 보지. 그러니까 우리가 인식형식으로 자연을 구성할 때 인과법칙을 사용한다는 거지. 우리가 현상을 마주해서 그것을 수용하고 사고하는데, 이때 사고하는 오성(悟性)이 사용하는 형식을 범주라고 하지. 이 범주들 가운데 현상들을 관계 짓는 방식 가운데 하나가 원인-결과 관계지.

준영 그러니까 인과법칙은 우리가 사고할 때 쓰는 인식형식 가운데 하나라는 거죠?

나 그래, 잘 아는구나. 이처럼 인과법칙이 우리가 자연에 부여하는 형식이라면, 이것은 객관적인 자연이 아니라 우리의 주관적 인식 틀 안에 있는 거지. 그래서 우리는 이 틀로 현상들이 인과적 질서를 갖는 것처럼 보게 되지. 어렵지 않니?

준영 정확한 맥락은 잘 모르겠지만, 하고 싶어 하는 이야기는 알 것 같아요. 그러니까 인과적 질서는 우리가 만든 것이고 원래 자연에는 없다는 거죠?

나 맞아. 다시 한 번 정리하면, 인과법칙은 현상세계를 질서정연하게 관계 짓기 위해서 우리가 투사한 것이지. 현상을 인식할 때 그것들이 원인-결과의 사슬에 따라 나타난다면, 그런 인과성은 우리가 자연 속에 숨겨 놓았다가 다시 찾아내는 것이지. 그 때문에 우리는 자연에 마치 인과 질서가 있는 것처럼 인식하게 되지.

그러니까 니체는 인간이 자기 틀로 자연을 구성하는 방식을 비판하지. 이런 방식은 자기가 원리를 던져 놓고 그것을 자기가 찾아내는 놀이고, 엉터리 숨바꼭질이지.

질문

1. 자연의 필연적 질서는 어디에 있나요? 우리의 인식 안에 있나요? 자연 안에 객관적인 것으로 있나요?
2. 자연에서 '갑각류(甲殼類)' '설치류(齧齒類)'라는 동물을 찾을 수 있을까요?

누가 진리의 척도를 설정하는가?

준영　그러면 우리가 처음에 보았던 것처럼 인간이 인간적 관점에서 모든 것을 본다는 이야기가 여기에서 확인되는 셈이군요.

나　잘 이해했구나. 바로 그 점이지. 니체는 이런 비판을 통해서 진리가 인간의 관점을 투사해서 만든 '인간적인' 것일 뿐이라고 보지. 인간은 항상 세계를 자기 나름의 틀에 따라 보게 마련이지. 그러면서도 그런 관점이 모든 것을 평가하는 척도인 양 우쭐해 하지. 누가 말리겠니?

준영　앞에서 이야기했던 '진리-은유론'이 여기에서도 문제가 되는군요. 아, 여기에도 나오네요. '진리가 은유를 바탕으로 만들어진 것을 망각해야만 가능하다'라는 이야기 말이에요.

왜 진리와 오류가 객관적으로 주어지는 것으로 보지 않고 '진리와 오류의 놀이'라고 할까요? 이런 놀이는 어떤 점을 이야기하려는 것일까요?

나 그렇지. 이제 모르는 게 없구나. 그런데 니체는 이렇게 진리를 위해서 목숨을 거는 태도가 완전히 엉터리라고 보지는 않아. 우리가 보았듯이 진리가 만들어지는 내력을 잘 이해하고 그 성격을 잘 알면 터무니없는 고집이나 착각에서 벗어날 수 있지.

준영 어떻게요? 진리가 은유의 산물이라는 것을 인정하면 진리는 가짜가 되지 않나요?

나 인정할 건 인정해야지. 개념이 은유를 이용한 창조라면, 인간은 인식에서 진리를 추구하거나 과학적인 태도보다는 예술적인 태도를 취하는 거지. 물론 진리를 추구하는 사람들은 자신이 예술가라는 사실을 모르고 있지만 말이야. 진리를 추구하는 인간은 사실 은유법의 대가지만, 그런 이름으로 불리기를 싫어하지.

준영 그러니까 진리 뒤에 숨어 있는 은유를 인정하고, 객관적 관찰과 개념 체계 뒤에는 인간의 자의적 관점이 들어 있다는 것을 시인하라는 거죠. 그래서 '진리의 문법'이 사실은 '수사학의 놀이'와 다르지 않다고 말이죠.

나 그래. 진리와 오류의 놀이는 진지한 얼굴로 객관성과 엄밀함을 내세우지만 그것이 예술적 창작과 비슷한 '창조적인 놀이'지. 진리와 오류는 인식의 놀이판에서 만들어진 것이지.

진리의 놀이판을 사수하라!

준영 왜 인간이 이런 진리 놀이를 하는지 잘 모르겠지만, 만약 니체 말이 맞다면 진리 놀이판에도 재미있는 일이 많겠군요.

나 하지만 인간은 자신의 진리도, 진리 뒤에 숨은 도덕적 충동도, 그것을 받치고 있는 힘-의지도 쉽게 포기하지 않을 거야. 도리어 이것을 폭로하는 니체를 미친놈 취급할 거다. 아니면 그를 비도덕적인 인간이나 허무주의자라고 부르겠지.

준영 그러면 니체는 뭐라고 할까요?

나 글쎄, 아마 어이없어서 미소 짓지 않을까?

준영 그럼 인간적 편견을 다시 한 번 정리해 볼까요?

나 이미 한번 본 거니까 이제 좀 더 분명해질 거야. 다시 한 번 곤충이나 새가 인간과 다르게 세계를 지각한다는 것을 인정한다면 그처럼 다르게 파악된 세계들 가운데 '어느 것이 올바른 것인가' 하는 질문을 할 필요는 없겠지.

준영 그래도 인간은 쉽게 물러서지 않겠죠. 이번에는 제가 정리해서 이야기해 볼게요.

나 자, 시작해 보시지. 애송이 철학자님.

준영 다양한 관점이 맞서는 경우에 그것들을 통일할 하나의 척도를 찾는 것은 쉬운 일이 아니라고 봅니다. 그래서 저는 가능한 경우들을 나누어서 문제를 풀어 보겠습니다.

나 좋아.

준영 다양한 동물의 의견이 엇갈리는 상황에서 과연 우리가 하나의 보편적인 척도를 찾을 수 있을까요? 먼저 하나의 척도가 있다고 가정해 봅시다. 그러면 어떻게 될까요?

나 너무 어려운 질문을 하는군. 만약 하나의 보편 척도가 있다면 그것은 모든 것을 잴 수 있어야 할 거야. 만약에 그 척도로 잴 수 없는 사물들이 있다면 곤란하니까.

준영 그런데 제 생각에는 모든 사물을 잴 수 있는 척도가 있으면 위험할 수도 있다고 봅니다.

나 어떤 점에서 그렇지?

준영 단순한 이유죠. 제가 학교에서 자주 경험하지만 성적이란 자로 학생들을 재는 바람에 성적에 따라 한 줄로 늘어서야 하는 점은 지긋지긋하죠.

나 비인간적이지만 학생들을 관리하는 간편한 방식이지.

준영 또 아름다움의 자로 여성들을 재고, 경제적 능력으로 사람들을 재는 경우도 별로 마음에 들지 않습니다.

나 역시 비인간적이지만 간편한 방식이지.

준영 인간이 자신의 자로 동식물을 재고, 그것들에 가치의 등급을 매기는 것도 무서운 것 같아요.

나 그렇지. 그런 것들을 쓸모의 자로 재면 모든 것이 이용 가치 순서에 따라서 배치되고, 그것들은 인간의 지배 밑에 놓이지. 그러니까 애송이 철학자께서는 이렇게 동일한 기준으로 이질적인 것들에 등급을 매기는 것이 바람직하지 않다고 보는군.

준영 그렇죠. 예를 들어 다양한 종교가 있을 때 하나의 자를 정해서 다른 모든 종교에 등급을 매긴다면, 그로 인해 종교전쟁을 불러올지도 모르죠.

나 그럴 수도 있겠군. 하지만 하나의 척도가 있는 세계에서는 그 보편 척도로 개별적인 것들을 질서정연하게 세우고 하나의 질서를 만들 수 있잖아.

준영 두 번째로 척도가 여러 개인 경우를 생각해 보죠. 이 경우에는 서로 다른 척도들로 재니까 적어도 몇 개의 질서가 만들어지죠.

나 다양한 기준과 다양한 평가가 다양한 질서를 만들겠군. 척도가 셋이면 일등도 셋이고 허용된 삶의 방식도 세 가지는 되겠군.

준영 마지막으로 척도가 없다면 어떻게 될까요?

나 갑자기 눈앞이 흐려지고 모든 것이 어둠 속에 잠기는 느낌이 드는데. 그런데 잘 살펴보니 그런 것만도 아니야. 어쨌든 척도가 없으니 아예 잴 수가 없겠지.

준영 그래서 어떠한 보편 질서도 만들 수 없겠죠.

나 A와 B 가운데 '누가 더 키가 클까'를 묻는 경우는 다른 성질이 아니라 키에 관심이 있는 거지. 누군가의 키가 '더 크다'고 하려면 서로 다른 두 사람의 키를 하나의 같은 자로 잴 수 있어야 하지. 그러니까 우리가 하나의 척도로 비교해서 '크다' '작다'고 할 때 항상 그 밑바닥에 있는 어떤 공통성을 전제해야지. 이 경우에 두 사람은 키는 다르지만, 크고 작은 '키'를 지닌 점에서 동질적인 점도 있지. 이때의 차이는 동일성 안에 있는 차이지.

준영 그러면 차이와 동일성에 관해 보충 설명을 해 주세요.

나 변증법을 볼까? 양자가 지닌 차이 밑에 뭐가 있을까? 양자가 그 바탕에 동일성을 공유하고 전제하지. 예를 들어, 라이프니츠(G. W. Leibniz)는 "모든 나뭇잎은 다 다르고, 똑같은 나뭇잎은 하나도 없다"라고 했지. 헤겔은 웃으면서 뭐라고 했을까? 나뭇잎은 다 다르지만, 그런 나뭇잎들도 어쨌든 나뭇잎이라는 점에서는 같다는 거야. 나뭇잎들끼리는 나뭇잎과 돌멩이가 다르듯이 다르지는 않으니까. 나뭇잎이 아무리 다르더라도 나뭇잎은 나뭇잎인 다음에 조금씩 다를 뿐이지. 그래서 차이 밑에는 동일성이 있지. 차이와 동일성이 공존하는 이런 판에서 사고하는 것이 변증법이지.

준영 그렇군요. 그러면 문제 상황을 간략하게 정리해 주세요.

나 니체는 이런 동일성과 차이가 서로 짜고 노는 놀이판을 인정하지 않아. 그 놀이판은 차이들이 열심히 놀다가 끝에 가면 미리 짠 대로 하나로 모이지. 그래서 동일성을 부정하면 차이만 남을 수밖에 없지. 이런 세계에는 어떠한 동일성도 보편적인 척도도 없어. 그래서 서로 다른 것들이 보편적 질서 없이 뒤섞여 있는 세계가 되지.

준영 이제 원래의 문제를 보죠. 서로 다른 종(種)들이 저마다 다른 지각을 갖는다면, 그중 어떤 것이 모든 지각의 참된 기준이 될 수 있을까요? 올바른 지각의 척도가 있는 것도 아니고, 인간이 그 주인공의 영예를 누릴 가능성도 없죠.

나 니체는 우리가 올바른 척도를 못 찾는 것이 아니라 찾을 척도가 아예 없다고 보지. 그래서 올바른 지각을 찾는 시도 자체가 무의미(non-sense)하다고 보지. 계속해서 그는 주체와 객체가 서로 다르기 때문에 그것들 사이에 원인과 결과의 관계도, 객체를 올바르게 표상한다는 것도, 주체가 자신을 그대로 표현한다는 것도 있을 수 없다고 보지. 단지 심미적인 태도가 있을 뿐이라고 생각해.

준영 그러면 사물들의 본래 모습이 우리 경험에 그대로 주어지지 않는데도 어떻게 그런 인과관계, 객관적 표상이 가능하다고 믿게 될까요?

나 어떤 착각이 개입되어야 하겠지. 우리에게 주어지는 대상의 이미지는 필연적인 것이 아니지. 하지만 그 이미지가 수백만 번 되풀이해서 산출되고, 세대를 거쳐 그것이 유전되면서 항상 동일한 자극을 준다면, 마치 그것을 필연적인 것처럼 여기게 되겠지. 그래서 이런 자극의 원인에 해당되는 사물을 상정하게 되고, 또 우리가 그 본 모습을 본다고 여기게 되지.

준영　무수하게 반복된다고 해서 그것이 필연적인 것은 아니죠.

나　그래. 이런 은유가 수없이 반복된다고 해서 이 은유의 필연성이나 유일한 타당성이 당연히 확보될 수는 없지. 은유가 아무리 굳어진다고 해도 은유는 은유일 뿐이지.

자연에서 법칙 찾기

준영　우리가 사물의 본래 모습을 볼 수 없다면 과연 자연에 법칙이 있을까요?

나　니체는 자연에 우리가 바라는 법칙이 없다고 보지. 하지만 자연법칙의 존재를 믿는 자는 자연에 영구적으로 반복되는 질서가 있고, 그것은 모든 곳에 있으며, 그것에는 어떠한 결함도 없다고 믿지. 이런 믿음에 따라서 보통 우리가 발견한 모든 것들이 어떤 질서에 따라서 한 치의 어긋남도 없이 서로 일치하리라고 기대하지.

준영　인간이 그런 믿음을 갖는 까닭은 뭘까요?

나　이미 설명했지만, 인간에게는 자연법칙이 필요하기 때문이야. 만약에 자연이 우리에게 항상 똑같이 반복하는 모습을 보여 주지 않는다면, 우리는 그때마다 다르게 나타나는 자연 앞에서 현기증을 느끼고

자연에 법칙이 없고 불규칙하고 혼란스럽다면, 인간은 자연을 관찰하느라고 아무것도 할 수가 없겠죠. 내일은 어떻게 될까? 어쨌든 계속 관찰하는 수밖에. 어제 그랬던 것처럼 오늘도 이렇게 될까? 내일은 또 어떨까? 과연 이 겨울이 가고 봄이 다시 올까? 혹시 봄이 겨울 추위에 얼어 죽은 것은 아닐까? 올봄에도 꽃이 필까? 가을에 수확을 할 수 있을까? 이 비는 얼마나 오다가 그칠까? 저 화산은 언제 터질까? 이런 질문들과 알 수 없는 답들이 어지럽게 춤추겠죠.

혼란에 빠지게 되겠지. 그래서 안정되고 확실한 대응책을 마련할 수 없어.

준영 그러면 자연을 관찰하느라고 아무것도 할 수 없고, 예측도 불가능하겠군요.

나 그래서 우리의 소망처럼 자연이 일정한 질서에 따라 움직여서 예측 가능하다면, 우리가 지금까지 확인한 방식에 따라 반복된다면, 우리는 안정된 방식으로 계획을 세우고 대처할 수 있지. 그리고 자연은 마치 질서가 있는 듯한 모습을 보여 주기도 하지. 그래서 자연이 일정한 법칙에 따라서 움직이는 것처럼 생각하고 자연을 관찰하고 법칙을 인식하려는 거야. 이런 면에서 우리가 편안하게 살기 위해서 자연법칙이 필요한 거지.

그런데 니체는 자연법칙이 필요한 것은 사실이지만, 그것이 필요하다고 해서 반드시 있으리라는 보장은 없다는 거야. 자연이 우리의 필요에 맞추어야 할 의무는 없으니까. 오히려 우리가 자연에 맞추는 쪽이 안전하겠지. 그런데도 인간은 필요 때문에 자연에 법칙이 있어야 한다고 명령하거나 좀 더 부드럽게 법칙을 요청하지.

준영 앞에서 니체는 인간의 지각과 인식이 다른 동물의 경우와 다르다고 한 데 이어서, 인간끼리도 지각이 똑같은지 질문하는군요. 인간이 저마다 상이한 감각과 지각을 가졌다면, 똑같은 대상을 서로 다르게 본다면 심각한 문제가 생기지 않을까요?

나 이것은 소피스트의 한 사람인 프로타고라스(Protagoras)가 이야기한 것과 비슷하지. 인간은 저마다 다른 척도를 가지고 있고, 그 척도로 세계를 자기 나름대로 잰다고 했으니까. 어떤 사람에게 빨간 것이 다른 사람에게는 푸른 것으로, 또 어떤 사람에게는 아예 색이 아니라 소리로 지각될 수도 있지.

준영 각 개인들이 같은 것을 저마다 다르게 보고 듣고 느낀다면 그들 모두에게 공통된 지각이 있을 수 없겠군요. 저는 쉽게 개인들의 욕망, 지식, 관심에 따라서 같은 대상을 다르게 지각할 수 있다고 보고 싶어요. 우리 모두가 항상 똑같이 지각하고 인식한다고 생각할 필요는 없죠.

나 사정이 이렇다면 (앞에서 본 것처럼) 우리가 지각하는 세계는 주관적으로 구성한 것이라고 보아야지. 이를테면 우리가 어떤 욕망을 지닐 때, 같은 사람이 때로는 천사처럼, 때로는 악마처럼 보일 수 있잖아.

인간이 자연법칙을 고안하다

준영 이제 자연법칙이 무엇인지를 밝혀 주시죠.

나 우리는 자연법칙 자체를 알 수는 없어. 다만 시간, 공간, 이어서 나타나는 관계, 수(數) 등과 같이 우리가 고안한 것만 알 수 있을 뿐이지. 우리는 이런 것들이 객관적이고 엄밀하고 필연적인 자연 질서를 이룬다고 보지.

준영 그렇지만 니체는 이런 시간, 공간, 수 같은 것들이 자연 자체에 있는 것이 아니라고 했잖아요?

나 그래. 이런 것들은 정확하거나 불변적인 것도 아니고, 자연에 원래 있는 것도 아니고, 우리가 필요에 의해 자연에 덧붙인 거야. 시공간의 틀이나 추상적인 수는 세계를 설명하는 한 방식으로 동원된 것이지.

니체는 자연법칙이 만들어지기 위한 몇 가지 전제들을 검토하죠. 자연법칙 자체는 우리가 알 수 없고, 다만 그것의 효과를 알 수 있을 뿐이죠. 즉 그것이 우리가 알고 있는 다른 자연법칙과 맺는 관계를 통해서 알려질 뿐이죠. 그래서 이런 관계들끼리 서로 어울려서 지시하고 참조하기 때문에 우리가 그 자체에 대해서 이해할 수는 없지요. 또 그 개념들끼리 서로 일치한다면 그것이 외부 세계에 비추어서 타당한지를 살필 필요가 없겠죠.

준영 거미가 거미줄을 짜는 것처럼 시간, 공간이 인간에게서 나온 것이라는 말은 무슨 뜻이죠?

나 원래 거미가 자기 몸에서 실을 뽑아 거미줄을 짠다는 것은 잘 알지. 여기에서는 이처럼 시간, 공간, 수라는 실[絲]이 인간에게서 나오고 인간이 그것으로 세계를 짠다는 것을 보여 주기 위한 거야. 이상하게 들릴지 모르지만, 이런 것들은 자연에 있는 것이 아니라 인간이 구성한 거야.

준영 공간, 시간을 객관적인 것으로 보지 않고 인간의 인식형식으로 본 사람은 칸트 아닌가요?

나 그렇지. 칸트 이전에는 공간이 내 바깥에 있는 객관적인 장소고, 시간은 앞뒤가 있는 연속적인 흐름으로서 객관적인 것이라고 보았지. 그런데 칸트는 이런 시간, 공간을 인간이 자연에 들이대는 인식형식으로 봄으로써 사고방식을 완전히 바꿔 놓았어. 그래서 이 세계가 공간과 시간에 따라 나타나는 것은 원래 세계에 시공간이 있어서가 아니라 인간이 시공간의 틀을 부여해서 대상을 구성하기 때문에 세계가 시공간에 따라 나타난다는 거지.

사정이 이러니 세계를 보는 눈이 완전히 바뀌지. 이 현상세계는 내가 정해 준 궤도에 따라 움직이지. 이런 틀에서 인간은 대상에 이끌리는 존재가 아니라 자기의 형식으로 현상세계에 법칙을 부여하는 존재로 격상되지.

준영 그렇다면 니체는 인간이 시공간으로 세계를 짠다고 믿는 면을 비판하는 거군요.

나 니체는 우리가 공간을 사용하건, 시간을 사용하건, 숫자를 사용하건, 이 모든 것들은 우리 쪽에서 나오는 것이라고 지적하지. 니체는 칸트를 비롯한 이런 근대적 사고 틀이 인간중심주의에 지나지 않는다고 보는 거야.

니체는 칸트가 인간의 위대함을 주장하는 자리에서 사실은 그것이 인간의 편견에 지나지 않는다고 이야기하려는 거지. 이런 인식 틀은 세계에 질서를 부여하고 그것을 지배하려는 인간의 소망이 반영된 것이라는 점에서 인간의 힘-의지가 진리-의지로 나타난 예라고 할 수 있어.

준영 그래서 이런 인간의 인식 놀이가 자기 몸에서 실을 뽑아 거미집을 짓는 거미의 전략과 비슷하다는 거군요. 거미집이 어떤 외부의 것 없이 완결된 체계를 이루는 것처럼 인식 체계도 자기 안에 있는 형식으로 세계라는 그물망을 짜는 거죠.

나 다시 정리하면, 이렇게 만들어진 세계가 시간적, 공간적 질서, 수학적 질서를 지니고 엄밀하고 불변적인 것처럼 보이는 것은 우리가 시공간 표상, 수 표상을 현상들에 부여하기 때문이지. "아, 자연은 기묘한 조화를 보여 주는구나!" 하는 감탄은 사실은 자기 자신에 대한 감탄과 찬양이지. 오묘한 조화, 완전한 질서! 이 모든 것들은 바로 인간에게서 나오지. 이것이 바로 근대 주체성에 바탕을 둔 철학이지.

그래서 현상들이 보여 주는 필연성은 우리 자신이 부여한 필연성이고, 자연의 합법칙적 질서는 우리가 부여한 것이지. 이

칸트와 니체가 현상세계를 보는 방식이 어떻게 다를까요? 칸트의 코페르니쿠스적 전회를 니체는 어떻게 해석하나요?

런 점 때문에 니체는 인간의 인식 활동을 뛰어난 예술적 작업이라고 보지. 자연 전체에 그처럼 완벽한 질서를 부여했으니, 그것은 아무나 할 수 있는 게 아닐 거야. 건축가들은 어떻게 하지? 기껏해야 큰 집을 지을 뿐이거든. 그런데 개념의 벽돌로 인식의 건축을 설계하는 인간은 어떻게 하지? 세계 전체를 다 만들어 내지. 이것을 '인식생산공장'이라고 하면 어떨까? 이 공장에는 꽃, 달, 별, 해 등 모든 것이 다 있지. 이 모든 것들은 인식하는 자들이 바로 개념으로 만든 세계지.

경험세계에서 모든 것은 항상 변하죠. 개념 체계는 이런 경험세계 위에 고정된 건축물을 짓습니다. 이것을 이데아라 부르든, 인식형식이 구성한 것으로 부르든 상관없습니다. 이런 개념 세계는 경험적 세계와 달리 초감각적으로 존재하죠.

그런데 니체는 이런 세계를 가짜, 허구라고 봅니다. 그는 본질이라는 추상의 피라미드가 구체적인 현상 너머에 있을 수 없다고 봅니다. 그는 이런 다른 세계, 피안이 이 세계를 모조리 허깨비로 만드는 것에 못마땅해 하죠. 그것은 현상세계가 지닌 풍성함, 한마디로 차이의 풍요로움을 모조리 없앱니다. 그래서 현상 위에 군림하는 본질을 부정하죠. 더 이상 현상들은 본질을 참조해서 참-거짓을 따질 필요가 없습니다.

그러면 이제 본질이 없어지면 현상은 어떻게 될까요? 현상세계가 주인공이 되고 본질의 자리를 차지할까요? 니체는 '본질'을 없애기보다는 '본질의 자리'를 없애려고 합니다. 그래서 본질이 부정되어도 그 빈자리를 현상이 채우는 것은 아닙니다. 즉 현상이 본질적인 것이 되지는 않죠. 이것은 본질과 현상, 진리와 오류라는 구분이 없어지는 완전히 다른 세계입니다. 이것이 어떤 세계일까요?

중요한 것은 니체의 답이나 해결책이 아니라 그의 질문이죠. 그의 질문은 새로운 것이고 철학의 역사를 뒤흔드는 것입니다. 철학의 역사는 바로 진리의 역사인데, 니체는 이것에 대한 근본적인 질문을 합니다.

니체는 어떤 것이 진리인가를 묻는 것이 아니라, 진리를 추구하는 것 자체에 대해서 질문합니다. "왜 진리를 추구하는가?" "왜 오류가 아니라 진리를 추구하는가?" 이런 질문은 사람들이 진리 찾기에 몰두하느라고 아무도 묻지 않았던 질문이죠. "왜 하필 진리를 추구할까?" "진리는 어디에 쓰는 걸까?" "누가 진리를 이야기하는가?" 이런 질문들은 진리 속에 들어 있는 수많은 비밀을 드러내고, 진리가 멋있는 옷을 입고 있지만 사실은 벌거벗은 것일지도 모른다는 점을 문제 삼죠. 우리는 '진리에 대한 진리'를 찾을 필요가 있습니다.

셋째 시간

이성적 인간과 예술적 인간

이제 이성적 인간과 예술적 인간을 살피면서 진리를 추구하는 태도와 가상의 아름다움과 도취를 즐기는 태도가 어떻게 다른지 볼까요? 생성과 변화의 흐름을 가로막아서 고정된 틀을 만들지 않는 예술적 태도는 이 흐름에 따라 어떤 가상의 놀이를 즐길까요?

진리의 전당을 더 멋지게, 더 높게

준영　이제 2장을 보기로 해요. 이 장은 더 짧은데, 주제가 뭐죠?

나　니체는 주로 이성적 인간과 예술적 인간을 대비시키지. 그런데 우리가 앞에서 무슨 이야기를 했더라?

준영　진리가 세계의 생생한 모습을 보여 줄 수 없고, 다만 힘-의지의 한 형태임을 지적했죠. 그래서 그런 진리가 얼마나 허구적인지, 한마디로 거짓인지를 보여 주죠.

나　'진리가 오류'라고 하면 진리 신봉자들이 불쾌하게 생각하겠지만, 실제로 거짓이 그렇게 나쁜 것만은 아니지. 니체는 본질과 현상을 구별해서 현상을 무의미한 것으로 만드는 방식을 거부하지. 그 대신에 '본질 없는 세계', 바로 현상과 가상의 세계의 풍성함을 받아들이려고 하지. 실제로 사람들이 사는 세계는 가상과 생성의 세계지. 그런데 유독 변하지 않는 본질적인 세계를 구축할 수 있다고 믿는 철학자들의 고집이 문제야. 니체는 이런 본질, 진리 배후에 있는 도덕 및 종교적인 신앙을 폭로하지.

준영　진리의 배후를 밝히겠다는 거죠? 재미있어요. 변하지 않는 본질보다는 변하는 세계에 주목하려는 거군요.

나　2장에는 별로 복잡한 이야기는 없는 편이야.

준영　그랬으면 좋겠어요. 그럼 차례대로 볼까요? '개념의 건축물'은 앞에서도 나온 거죠?

나무 그림을 하나 상상해 봅시다. 옛말에 "뿌리 깊은 나무는 바람에 아니 흔들리고, 꽃이 좋고 열매가 많다"라고 했습니다. 그런데 '개념의 나무'는 바람에 전혀 흔들리지 않습니다. 물론 꽃이 좋고 열매도 많죠. 이 꽃은 '개념-나비'와 '개념-벌' 들을 유혹하죠. 하지만 현실에 사는 우리는 그 꽃을 볼 수도, 열매를 먹을 수도, 그 그늘에서 쉴 수도 없습니다. 만약 이 나무를 베어 낸다면, 개념의 나무가 넘어지는 것이 아니라 모든 나무가 넘어지게 되죠. 개념의 나무는 나무의 본질이고 모든 나무를 나무답게 만들죠. 그래서 이 나무가 있어야 다른 모든 다양한 나무들이 있을 수 있다고 주장하죠. 현실의 나무들은 이 개념 나무를 신기한 듯이 쳐다보고 있죠. 그런데 잘 보이기는 할까요?

나　그래, 개념은 변화하는 세계를 뛰어넘어서 있지. 이것은 개념의 불변성을 통해 가변적인 세계와 대결하고, 개별적인 사물들 너머에 있는 보편성을 추구하지.

준영　앞에서도 나왔지만, 진리의 집을 짓는 벽돌인 개념은 그것들끼리 잘 어울려야 모순되지 않는 건축물을 짓겠군요.

나　언어든 학문이든 모든 것들은 개념의 건축물이지. 곧 학문적 작업은 일종의 '말 맞추기'를 하는 셈이지. 네가 이야기했듯이 개념들이 '잘 짜인 체계', 곧 흐트러짐이 없고 수미일관된 체계를 마련해야지. 그래서 처음 개념에서 마지막 개념까지, 가장 기본적인 개념에서 고차적인 개념까지 한 치의 어긋남도 없는 집을 짓는 거지.

준영 다시 언어와 학문을 꿀벌의 경우에 비유하네요. 꿀벌들이 잘 짜인 집을 만드는 것처럼 학문도 개념의 체계를 건설한다는 거겠죠?

나 그래. 이 개념의 건축물이란 표현 자체가 은유적이지. 니체는 은유를 거부하는 개념 체계에 대해 일부러 은유를 사용하는 짓궂은 방식을 쓰지.

준영 그래서 '개념의 납골당' '직관의 무덤'이란 은유를 쓰는군요. 앞에서도 납골당 이야기가 나왔죠? '직관의 무덤'은 무슨 뜻인가요? 개념 때문에 개념에 앞서 곧바로 포착한 세계가 지닌 생생한 경험이 사라진다는 건가요?

나 바로 그거야. 개념은 보편성, 필연성을 추구하니까 직관적인 세계가 지닌 직접적인 면을 죽이고 만다는 거지.

준영 그러면 지식 쌓기는 개념의 건물을 더 높고 새롭게 쌓고, 학문적 논의들은 이 건물을 개조하고 청소하는 작업을 하는 셈이군요.

나 학문들은 웅장한 개념의 건축물을 짓는 데 정신이 팔려서 이 건물의 토대를 문제 삼지 않지. 진리의 건축물이 가능한지에 대해 질문하지는 않아. 진리의 기반이 단단할 거라고 믿고서, 다만 그 기반 위에서 보수하고 장식하는 데 힘쓸 뿐이지.

준영 이런 건물의 토대가 재료에 은유를 섞은 것인데도 영원히 변치 않을 단단한 것이라고 믿고 있군요. 꿈틀거리는 은유 때문에 사실 그리 단단한 것도 아닌데 말이죠?

나 그렇지. 이 토대는 진리 자체에 대한 믿음을 떠받치고 그 위에 개념 벽돌을 잘 짜 맞춘 거지. 그런데 이런 건축술은 어떤 가치관을 내세웠지?

준영 인간중심주의적 관점을 세계에 투사하고, 그런 관점을 원리로 삼아 세계를 구성하고 반듯하게 질서를 부여하는 것인가요?

나 　그래. 세계 자체가 그런 것은 아니지만, 인간이 구성한 세계, 개념적 세계는 질서정연하지.

개념의 왕궁 옆에 지은 오두막

준영 　그런 건물이 아무리 좋다고 해도, 인간들이 그곳에서 살 수는 없잖아요?

나 　그렇지. 음식 대신에 개념-음식을 먹고, 개념-옷을 입고, 개념-집에서 살 수 있는 자는 보통 인간이 아니라 개념-인간이겠지. 너와 나 같은 실제의 인간들은 그곳에 살 수 없지.

준영 　그래서 니체는 이런 건물에서 생활할 수는 없으니까 당장 생활에 필요한 것을 마련해야 한다고 비꼬는 거죠?

나 　맞아. 머릿속에 있는 개념-음식, 개념-책상이 아니라 만질 수 있는 책상과 먹을 수 있는 음식이 필요하겠지.

준영 　그래서 진리의 거대한 건축물 옆에 아쉬운 대로 오두막을 지어서라도 살아야 할 것이라고 비꼬는군요.

나 　그런 비유 가운데 가장 유명한 것이 키르케고르(S. A. Kierkegaard)가 헤겔을 비판한 경우지. 헤겔은 개념의 변증법으로 거대한 진리의 왕궁을 지어 놓았지만, 정작 본인은 그 왕궁 옆에 조그만 오두막을 지어서 살고 있다고 비꼬았지.

하지만 이렇게 이성, 진리를 삶의 지표로 삼은 인간은 오두막에서 삶을 유지하면서도 그에게 계속 닥쳐오는 무서운 외부의 힘들, 곧 다른 종류의 진리들에 맞서려 하기 때문에 여전히 진리 전략을 버리지 않지. 곧 진리를 통해 구축한 질서 있는 세계로 바깥의 무질서한 폭력을 막아 낼 수 있다고 보지.

이런 진리의 전능함에 대한 믿음 때문에 초라한 오두막에 사는 이들의 빈곤한 현실은 화려한 건물의 광채로 보상 받는 거지. 결국 이 건물을 버리지 않고 이런 진리의 이상에 매달리는 한 현실의 삶은 사소한 것이 되고, 현실은 진리의 이름에 빛을 잃겠지.

준영 약간 이상한 질문인데요, 진리와 삶 가운데 하나를 택하라면 니체는 어떻게 할까요?

나 그런 미련한 질문에는 미련한 답을 할밖에. 진리도 삶을 위한 것이라고 하는 게, 삶이 진리를 위해 봉사해야 한다고 하는 것보다는 낫지 않을까? 우리가 살아가면서 진리를 써먹는 것이지, 거꾸로 진리가 우리 삶에 명령을 한다면 이상하지 않니? 더 단순하게 이야기하면 잘 살기 위해서 공부하는 것이지, 공부하기 위해서 사는 것은 아니지 않을까?

역사적 진리도 마찬가지입니다. 역사가들은 역사적 사실들을 가지고 역사적 진리를 만듭니다. 그런데 이런 진리는 어떤 쓸모를 염두에 두는 것이죠. 예를 들어 과거의 기념비적 사건을 내세우거나, 과거를 그대로 보존하는 것을 중시하거나, 과거를 비판하기 위해서 역사적 진리를 이용합니다.

니체는 역사에 '사실'이나 '진리'는 원래 없다고 봅니다. 다만 사람들의 다양한 해석이 있을 뿐이죠. 그리고 그런 진리들은 우리 삶에 명령하려고 합니다. "위대한 과거를 본받으라" "과거를 소중하게 보존하는 것으로 충분하니 새로운 시도는 불필요하다" "지금의 우리를 낳아 준 역사는 전면적으로 부정해야 할 대상이다" 등과 같은 식으로 역사와 개인들에게 어떤 주장을 하는 데 이용합니다.

은유를 만드는 충동

준영 니체가 이성과 진리의 무미건조한 세계를 밀쳐 낸다면, 그 자리에 무엇을 대신 내세울까요?

나 그는 '예술적 충동' '은유를 형성하는 충동'이 근본적인 충동이라고 보지. '은유 충동'은 규칙적이고 고정된 개념의 건축물에 위압당하지 않고 삶의 충동에 활기를 더하는 것이지. 이런 '예술적 충동'은 진리가 고정시켜 놓은 세계 밑에서 생성의 흐름을 만들고 아름다운 가상을 만들어 내지. 객관적이고 계산 가능한 세계가 아니라 가상으로 세계를 아름답게 꾸미는 거야. 객관적이고 법칙적인 단조로움을 밀쳐 두고 아름답거나 도취할 만한 '가상의 세계'를 가꾸는 것이지.

준영 니체는 신화와 예술에서 이런 충동이 구체화된다고 보는군요.

나 그는 로고스(logos)에 대해서 뮈토스(mythos)를 마주 세우지.

준영 아까 설명하신 것처럼 이런 예술적 세계가 개념들로 굳어 있는 딱딱한 세계 밑에서 흐름과 생성을 만들겠군요. 은유와 환유는 개념으로 짜인 틀을 뒤흔들고요.

나 그래. 이를테면 '은유의 놀이'에서는 한 여인이 태양이 되어서 고독한 자의 밤을 밝히지. 가슴속에서 타오르는 불길은 인간의 이성을 싸늘한 재로 만들지. 또 환유는 전체와 부분을 뒤섞지. 개념과 달리 한 조각이 전체를 대신하고, 부분이 전체를 밀어내지. '먹물'이나 '펜'이 학자를 대신하고, '칼'이나 '총'이 군인을 대신하고, '한 조각 붉은 마음[一片丹心]'이 충성 어린 마음을 대변하는 등, 전체가 부분만으로도 잘 표현되거나 강조되고 있지. 그래서 개념들의 자리가 바뀌고 혼란에 빠지지.

준영 그래서 자유로운 흐름을 지닌 생성의 세계가 고정된 존재의 세계를 동요시키는군요.

나 잘 알겠지만, 개념적 진리의 세계에는 색깔이나 맛이 없지. 이런 숨 막히는 세계를 예술적으로 형상화해서 여러 색으로 칠하고, 들쭉날쭉하게 만들고, 원인과 결과의 단조로운 반복에서 벗어나 아름답고 새롭게 형상화하면 어떨까?

준영 깨어 있는 세계를 꿈꾸는 세계로 바꾸는 것이 그런 뜻인가요?

나 조금 설명을 보태면 개념의 보편성은 항상 하나의 방향만 지향하고 다른 방향을 용납하질 않지. 이런 '한 방향주의'는 모든 것들이 같은 유니폼을 입는 것을 좋아하지.

준영 개념은 모든 개체들에게 유니폼을 강제로 입히려는 건가요?

나 그렇다고 할 수 있지. 개념은 다양한 것들을 하나로 묶어야 하니까. 여기에서는 하나의 질서, 하나의 규칙이 중요하지. 개체들은 이 질서와 규칙을 쉬지 않고 반복하면 되지. 하지만 예술적 충동은 이 방향과 저 방향으로 마구 달리고 규칙에 갇히려고 하지 않지. 예술에서는 반복하고 모방하는 경우에도 다르게 반복해야 하지. 개념적 질서에서는 전후 관계가 일정하고, 원인과 결과의 필연성이 있을 뿐이지. 예술 충동은 그런 앞뒤 연결을 끊어 놓고, 아름다움을 빚어내고 새로움을 추구하지.

준영 그렇게 보면 과학이나 진리는 아름다움이나 새로움을 추구하지 않나요?

나 꼭 그런 것은 아니지만 대체로 그렇지. 예를 들어 아인슈타인의 상대적 시공간론이 뉴턴의 절대적 시공간론보다 새롭기 때문에 중요한 것이 아니지. 뉴턴의 틀로 설명하기 어려운 점들을 더 잘 설명하기 때문에 의미가 있지. 또 갈릴레이의 지동설은 프톨레마이오스의 천동설보다 태양계의 운동을 더 쉽고 정확하게 설명하기 때문에 천문학적 사고를 혁신한 거지. 하지만 그것은 이미 있는 자연의 질서를 뒤늦게 찾아낸 거지.

이처럼 과학적인 새로움이나 혁신은 기존의 이론들이 설명하지 못하는 것들을 더 잘 설명하기 때문에, 원래 존재하는 세계의 모습을 더 잘 밝히는 점에서 가치가 있는 거야. 새롭다는 것은 보다 참되지 않으면 별로 의미가 없어. 이와 같이 진리의 틀에서 새로움이란 애초에 있던 것을 다시 발견하는 것이지. 또한 필연적인 인과관계가 없는 것도 모순을 범하는 것이라고 볼 뿐이야.

준영 아름답고 새로운 것에도 필연적인 이유를 대라는 것인가요?

나 그래. 진리 앞에서는 모든 것이 필연적인 이유가 있어야 하지. 하지만 '반드시 그러한 것'이 반드시 새롭거나 아름다울 수 있을까? 그렇게 될 수밖에 없는 것이 어떻게 새롭고 아름답겠니? 이런 점에서 깨어 있는 상태와 꿈 상태가 다른 것처럼, 필연적 진리와 예술적 가상은 완전히 이질적이지.

준영 이 경우에 진리의 틀이 예술보다 우월하다고 주장할 수는 없지 않나요?

나 앞에서 니체는 진리가 신봉하는 필연성이나 보편성이 이성적 인간이 세계를 질서 지우기 위해 부여한 틀에 지나지 않는다고 했잖아? 그것은 세계를 해석하는 여러 가지 틀 가운데 하나일 뿐이지. 우리가 다른 관심과 다른 목표를 갖는다면 다른 틀이 필요하겠지. 세계를 있는 그대로 반영하려는 관심과 세계를 아름답게 표현하려는 관심은 다른 것이지.

질문

1. 은유나 환유적 표현은 어떤 점에서 개념과 다른 세계를 만들까요?
2. 신화와 예술은 질서나 규칙을 어떻게 이해하나요? 과학이나 철학은 왜 질서, 규칙, 하나의 의미를 강조할까요?
3. 신화의 세계를 참과 거짓의 틀로 이해하면 어떤 점을 놓치게 될까요? 예를 들어, 그리스 신화의 오이디푸스 왕이나 고구려 건국 신화의 주인공인 고주몽을 역사적 진실의 측면에서 조망하는 것이 바람직할까요? 단군이 역사적 인물이 아니라면 그 의미가 사라질까요?

비너스상은 누구를 모방했을까?

준영 니체는 이 세계를 꿈처럼 보이게 만드는 것이 예술적 충동의 중요한 목표라고 보네요. 여기에서 깨어 있는 사람과 꿈꾸고 환상을 만드는 사람 가운데 어느 쪽이 더 현실적인가도 묻는군요.

나 예술은 현실과 다른 세계를 창조하여 삶의 힘을 증대시키고, 삶을 자극하려는 활동이라고 할 수 있지. 이것을 꿈꾸는 것, 아름다운 환상을 꿈꾸는 것으로 비유할 수 있지. 이런 비유는 원래 니체가 《비극의 탄생》에서 '아폴론적인 충동'으로 이야기한 거지.

준영 아폴론적 세계와 디오니소스적 세계가 어떻게 다르나요?

나 그보다 먼저 우리가 비너스상을 볼 때, 그리스 사람들이 아름답게 생겨서 그걸 본떴기 때문에 아름다울까, 아니면 그들이 예술적 공간 속에서 현실과 독립된 그들 나름의 이미지로 꿈과 환상을 만든 것일까?

준영 예술이 현실을 모사하는 것인지를 묻는 것인가요? 만약 예술을 모방으로 본다면 비너스상의 원본, 실물이 필요하겠군요.

나 비너스상의 진가가 상 자체의 아름다움보다는 그 상이 얼마나 원본을 닮았는가에 있다고 볼 수 있을까?

준영 어색한데요. 그러면 니체는 깨어 있는 상태와 꿈꾸는 상태를 대비시킬 때 꿈이 현실에 비해서 열등하다고 보지 않겠군요.

나 니체는 예술에서 음악적 요소를 강조해. 지금까지 예술론은 주로 눈으로 보는 세계를 재현하는 것을 문제 삼았지. 즉 그림 그리기나 공간적 틀을 중심에 두었지. 그런데 음악과 시간성을 중시하는 모델로 전환한 것이 쇼펜하우어, 니체 등이지. 음악을 중시하면 일단 현실을 재현, 반영하는 문제를 다르게 보지. 준영아, 베토벤의 〈교향곡 5번〉의 첫마디가 운명의 소리를 흉내 낸 것이라고 보니?

준영 그 교향곡에 〈운명〉이라는 이름을 붙인 사람이 베토벤이 아니라면서요?

나 어떤 제자가 붙인 이름이지. 그 교향곡을 〈운명〉이라고 할 수도 있지만 꼭 그런 이름을 달아야 하는 것은 아니지. 그 이름 때문에 사람들은 그 곡이 어떤 것을 모방, 재현한 것으로 보고 싶어 하지. 방금 이야기한 첫마디는 아무것도 재현하지 않아. 피아노 소나타인 〈월광〉이나 바이올린 소나타인 〈봄〉이 각각 달빛과 봄을 묘사하는 것이라고 할 수 없는 것과 마찬가지지. 음악은 재현과 무관한 거야. 형태나 개념을 벗어나지.

깨어 있는 사람과 꿈꾸는 사람 중 누가 꿈을 꾸고 있는가?

준영 그러면 꿈에서 보는 상은 어떤 의미가 있나요?

나 보통 꿈을 허상으로 볼 때가 많지. 꿈이 이미지들로 이루어진 것으로 보면, 그것은 순전히 공상의 세계, 허깨비의 세계겠지. 그런데 니체는 그렇게 보지 않아. 사고방식을 바꾸지 않으면 이해하기 어렵지. 앞에서 이야기했을 텐데, 개념으로 세계를 포착하려는 시도는 개념 체계가 현실과 같다고 보는 '일종의 꿈꾸기'지. 이렇게 본다면, 깨어 있는 상태는 인간 스스로가 만든 개념의 거미줄이 바로 현실 자체라고 믿는 것이지. 경직되고 규칙적인 개념의 그물로 짜인 것과 현실이 같다고 보는 거지.

준영 그러니까 경제학적 개념으로 짜인 체계가 실제의 경제 현실과 같거나 실제 세계를 가장 잘 보고 있는 것이라고 생각하는 태도와 비슷하군요.

나 그렇지. 그래서 사람들은 이런 개념의 거미줄이 세계를 뒤덮고 있어서 그것들이 정교하게 연결되어 있을 때 자기가 깨어 있다고 생각할 수 있지. 개념 체계가 혼란스러운 현실을 아주 그럴듯하게, 그것도 모조리 설명하니까. 그런데 니체는 이런 개념 거미줄이 예술 충동에 의해서 찢겨질 수 있고, 바로 그때 자신이 꿈꾸고 있다는 것을 알게 된다고 하지.

준영 그러면 현실을 보는 눈이 달라지겠군요. 무엇이 현실이죠?

나 니체는 사실이나 현실은 없다고 보지. 그것들에 대한 해석과 해석하는 관점들이 있을 뿐이라는 거야.

준영 그러면 개념으로 해석된 현실과 예술적으로 꾸며진 현실이 있다고 할 수 있나요?

나　잘 이해하는구나. 한쪽은 고정된 존재나 본질로 현실을 만들고, 다른 한쪽은 변화, 힘, 적절하게 창조된 형상으로 현실을 만들지. 이렇게 이야기하면 하나의 현실에 대한 두 가지 해석이 있는 것처럼 들리지. 그런데 개념으로 해석한 세계도, 알고 보면 현실 자체가 아니라 예술적으로 만든 세계 가운데 하나일 뿐이야.

준영　우리가 앞에서 개념이나 진리가 은유로 만든 것이라고 한 것이 이 점과 연결되겠군요. 그러면 진리의 건물을 짓는 철학자도 예술가의 한 사람이라고 할 수 있겠네요?

나　그렇지. 개념으로 정교하게 짜 놓은 체계가 바로 그들의 현실이지. 그런 현실은 근본적으로는 꿈의 세계, 환상의 하나라고 할 수 있지. 그래서 니체 식으로 이야기하면, 거대한 진리 탑을 쌓는 사람들은 개념을 재료로 삼아 진리-예술을 만들고 있는 거지. 물론 예술치고는 별로 재미도 없고 답답하고 단조롭고 감동적이지 않고, 우리 삶의 충동을 자극하지 못하는 것이긴 하지. 니체는 이런 진리-예술 말고, 우리에게 아름다운 가상을 보여 주고 도취하게 만드는 예술이 필요하다고 보지.

준영　현실과 꿈을 혼동할 수 있다는 파스칼(B. Pascal)의 예는 재미있어요. 매일 밤, 같은 꿈을 꾸면 낮에 보는 사물에 매달리듯이 꿈에 매달리고, 꿈을 현실로 여기는 경우가 있겠죠. 어떤 장인이 12시간 동안 왕이 되는 꿈을 꾼다면 그는 그 꿈에서 행복하겠죠. 반대로 왕이 매일 밤 12시간 동안 장인이 되는 꿈을 꿀 수도 있겠죠. 《왕자와 거지》에서도 왕자와 거지가 역할을 바꾸잖아요? 그러면 거지는 왕자의 꿈을, 왕자는 거지의 꿈을 꾸는 셈이죠. 만약 그 꿈이 계속된다면 누가 왕자이고 누가 거지인지 알 수 없겠지요.

나 그렇겠구나. 요즘 많이 이야기하는 사이버 공간을 생각해도 될 거야. 영화 〈매트릭스〉에서도 사이버 공간의 빨간 옷을 입은 매력적인 여성이 눈길을 끌면, '네오'는 그녀와 사이버 세계에 맞게 데이트를 할 수 있지. 맛도 실제의 음식을 먹지 않고 똑같은 미각 자극을 느낄 수 있지. 또 꿈 세계에서도 이미지들이 잘 연결되면 그 안에서도 현실감을 느끼고 살 수 있지. 이렇다면 꿈과 현실이 각기 나름의 체계를 이루지.

준영 유명한 장자의 나비 꿈 이야기와 비슷하네요? 꿈속에서 장자가 나비가 되었다면, 나비가 장자 꿈을 꾸는 것인지, 장자가 나비 꿈을 꾸는 것인지가 애매하잖아요?

나 그것은 현실이 꿈일 수 있음을 보여 줌으로써 현실에만 매달리고 현실만 인정하는 태도를 상대화하려는 거겠지. 꿈이라는 꿈과 현실이라는 꿈 가운데 어느 것을 고르면 좋을까? 꿈이나 현실 가운데 하나만 인정하는 것보다는 그것들이 얼마나 우리 삶을 의미 있게 만드는가를 물어보는 것이 낫지 않을까?

그리스 정신의 두 축, 아폴론과 디오니소스

준영 그래서 니체는 그리스의 예술세계를 이런 꿈의 창조성과 연결시키는군요.

나 니체는 그리스 민족이 신화를 이용해 삶을 충실하게 했던 대표적인 예로 보지. 그들은 신화를 통해 깨어 있는 낮을 꿈의 상태로 여기는 힘을 지니고 있다는 거야. 이때 신화는 단순한 가상세계가 아니라 현실의 빈곤함과 메마른 삶에 만족하지 않고 아름다운 가상이나 도취의 상태를 예술적으로 형상화해서 삶에 활력을 주려는 것이라고 할 수 있지.

> 신화와 예술은 상상으로 이미지를 만들고, 그것들을 통해서 즐기고, 그 속에서 삶의 다양한 의미와 고통을 주제로 삼죠. 신화는 우리를 즐겁게만 하는 것은 아니죠. 기쁨과 고통이 공존하는 세계죠. 하지만 이와 달리 개념 세계에는 기쁨도 슬픔도 없죠. 기쁨이나 고통은 차분한 이성에 의해서 제어되죠. 기쁨이나 고통에서 빠져나오기 위해 개념의 단단한 세계를 만드는 것을 도시에서 모든 땅을 시멘트나 아스팔트로 덮는 것에 비유해 볼까요? 마치 개념으로 이 세계를 도배하는 것 같지 않나요? 땅은 아스팔트에 깔려서 숨을 쉬지 못하고, 땅의 생명체들은 그 딱딱한 밑바닥의 햇볕도 없는 음지에서 숨을 죽이고 있거나 질식당하겠죠. 이런 고정된 '개념의 아스팔트'를 걷어 내는 것이 충동의 세계, 예술의 세계, 형상을 창조하는 세계, 혼돈의 세계죠.

준영 바로 예술적인 꿈의 세계를 꾸미는 것이군요. 앞에서 제가 아폴론적 세계와 디오니소스적 세계에 대해 물었는데, 이제 대답해 주세요.

나 그래, 니체는 그리스 비극을 독특하게 해석하지. 그는 그리스 비극 정신의 두 축을 아폴론과 디오니소스로 보는데, 차례대로 볼까?

아폴론적 충동은 구체적인 형상을 통해서 (현실에 존재하지 않는) 아름다움을 만들지. 이런 아름다운 가상을 통해 현실에서 가능하지 않은 다른 세계로 보다 완전한 상태를 추구하지. 이것은 알맞은 경계를 만들고, 격정에서 절도를 찾아내지. 모든 것에 가상의 베일을 씌우는 것이라고 할 수 있지.

그런데 이런 아폴론적 세계 밑바닥에서 강렬한 충동이 솟아오르지. 이것이 디오니소스적 세계야. 디오니소스적 충동은 도취와 황홀경의 유희를 벌이지. 사티로스 축제를 벌이면서 사람들이 온갖 동물의 형상을 하고 포도주에 취한 채 춤을 추는 광경을 연상해 보렴. 이렇게 취해서 춤추는 세계는 현실이 반듯하게 다듬어 놓은 것을 격정을 통해서 뒤흔들지. 즉 현실에서 개별화된 삶에 갇혀 있는 것을 허물어 사람들 사이의 벽을 없애고 인간과 자연의 경계를 넘나들면서 모두가 하나로 뒤섞인 축제를 벌이지. 짐승들이 말하고, 땅이 우유와 꿀을 주고, 표범과 호랑이 들이 디오니소스의 꽃마차를 끌지.

니체는 이것을 현실의 요구에서 생긴 신분의 경계가 사라지고 노예가 자유인이 되고, 귀족과 천민이 하나로 어울려서 (비극의) 합창단원으로 화합하는, 노래하고 춤추는 공동체라고 보지. 여기에서 상상력이 현실이 되고 축제에 참가한 자들은 자신이 예술 작품이 되어서 자연이 지닌 예술의 힘을 마음껏 드러내는 것이지.

준영 그런 아폴론과 디오니소스의 갈등과 상호보완이 그리스 비극의 두 축을 이룬다고 보는군요. 굳이 하나를 고르라면 어떤 것이 더 중요한 것인가요?

나 보통 니체가 아폴론과 디오니소스의 갈등을 강조했다고 보는 경우가 많지만 사실 이 두 요소는 상호보완적이지. 니체는 이런 비극의 풍요로움을 메마르게 한 것으로 이론적 인간인 소크라테스와 에우리피데스의 비극을 들지.

단순하게 '하나만 고르시오'라고 하는 질문은 좋은 건 아니야. 미련하게 굳이 하나를 고르라면, 니체는 디오니소스적인 면을 비극에서 더 근본적인 것이라고 보지. 왜냐하면 아폴론적 가상은 아름다운 개별적인 존재를 만들어서 개체화(개체에게 알맞은 경계를 마련함)하는데, 이런 개체화는 보다 강한 삶의 충동을 제한하기 때문이야. 이것을 허무는 힘이 바로 디오니소스 축제지. 아름다운 조화에 대해서 도취와 광란의 하나됨을 마주 세운다고나 할까?

니체 식으로 표현하면, 절도와 자각을 요구하는 아폴론적인 것은 이집트적인 딱딱함과 차가움으로 굳어질 수 있지. 호수의 물결에 질서와 경계를 부여하면 그 움직임이 죽어 버리지 않겠니? 그래서 디오니소스적인 밀물이 그렇게 개체에 갇힌 작은 물결의 구별을 없애는 거센 흐름을 만들지. 이 흐름이 개체화하는 원리를 원초적인 하나로 흡수하지.

하지만 니체는 이런 비극 안의 두 흐름보다는 그 바깥에서 이것을 위협하는 반(反)비극적 요소인 소크라테스의 '이론적 인간'의 태도를 문제 삼지. "아름답기 위해서는 의식적이어야 한다"라는 원리는 비극을 메마른 이론으로 고사시킨다는 거지. 이론의 힘으로 세계를 완전하게 알 수 있다는 태도가 그리스 비극을 몰락으로 이끌었다고 보지. 더 자세한 이야기는 따로 해야 할 것 같구나.

준영　니체의 비극에 대한 해석도 흥미롭지만, 소크라테스의 철학을 비극과 대립시키는 것도 특이하군요. 여기에서도 니체는 몇 가지 예를 드네요. "나무가 요정처럼 말을 하고, 어떤 신이 황소 가죽을 뒤집어쓰고 처녀를 끌고 가고, 아테네 여신이 아름다운 마차를 끌고 피시스트라우스와 함께 시장을 돌아다니는 모습" 말이에요.

나　　그렇지. 이런 것들은 실제로 존재하거나 역사적 사실이 아니라 환상으로 꾸며 낸 것들이지. 그리스 신화나 호메로스의 서사시 등에서도 재미있는 예들을 많이 볼 수 있을 거야. 상상 속에서만 가능한 것이 예술적 현실로 존재할 수 있지. 그리고 이런 세계에서 자연은 이론적 인간이 보고자 했던 보편적인 동일성만 지닌 것이 아니라 각양각색으로 꾸며진 차이들의 다양한 놀이를 보여 줄 수 있지.

속지 않으려는 진리 의지

준영　　니체는 인간이 속고 싶어 하고, 가상이 주는 기만을 즐기려는 충동이 있다고 하는군요. 이처럼 인간이 오류를 원한다면 진리를 추구하는 의지나 진리의 철학은 어떻게 되나요?

나　　진리와 오류를 대비시키고 그 가운데 하나를 골라야 한다고 볼 필요는 없지. 하지만 이야기가 나온 김에 먼저 '진리주의'라는 태도를 볼까? 이것은 진리와 오류가 뒤섞인 세계에서 진리만을 선호하고 오류를 모조리 버리려는 것이지.

준영　　니체는 앞에서 진리를 추구하는 의지를 순수하다고 보았죠.

나　　그래, 과연 그것이 가능한지, 또는 그런 태도가 어떤 의도를 숨기고 있는지 살펴보기로 하자. 니체가 볼 때, 진리를 추구하는 것은 결국 말 그대로 참된 것을 추구하는 것이지?

준영　　당연하죠. 진리는 참인 것이니까요. 그게 무슨 문제인가요?

나　　니체는 진리 추구 의지를 '속지 않으려는' 의지, 또는 '속이지 않으려는' 의지로 보지. 이때 왜 속이는 것이 문제가 될까?

준영　　속이거나 속임을 당하면 거짓을 참으로 잘못 알기 때문이 아닌가요?

나　물론 그런 면도 있지만 좀 더 복잡한 사정이 있어. 데카르트가 가장 확실한 진리를 찾기 위해서 의심을 방법으로 내세운 것을 알고 있니?

준영　'방법적 회의'라는 것 말이죠? 그건 저도 알죠. 가장 확실한 진리를 찾기 위해서 불확실한 것들을 물리치려고 모든 것을 의심하잖아요.

나　그렇지. 그는 그렇게 의심하는 과정에서 모든 것을 속이는 능력을 지닌 '전능한 악마'를 상정하기도 했지. 참 기발하기도 하지만 엄청나게 의심이 많은 편이지. 그렇게 의심할 수 있는 모든 경우를 모조리 의심한 끝에 어떤 확실한 것, 아니 의심할 수 없는 것을 얻었지?

준영　아무리 전능한 악마가 나를 속인다고 하더라도, 내가 악마에게 속기 위해서는 내가 있어야 하기 때문에 "나는 존재한다"라는 것만은 확실하다고 했죠.

나　그래. 그런 극단적인 의심 끝에 "나는 생각한다, 나는 존재한다(Ego cogito, ergo sum)"라는 점은 분명하고 의심의 여지가 없다고 하지. 여기에서 악마가 속이고 내가 속고 하는 것을 생각하면, 확실한 진리를 찾는 것은 속지 않는 것이지. 그러니까 의심하는 것은 속지 않으려는 것이라고 할 수 있지?

준영　그렇군요. 그래서 니체가 진리를 추구하는 의지를 속지 않으려는 의지라고 보는군요.

나　그래, 어쨌든 이런 맥락에서 진리 의지는 거짓된 것에 속지 않으려는 의지지. 그런데 왜 속으면 안 된다고 할까?

준영 속으면 진리를 찾지도 못하지만, 속는 게 나쁘기 때문인가요?

나 그래, 니체가 볼 때 속지 않으려고 하는 것은 속는 것이 손해고 위험하기 때문이지. 그러면 학문은 현명함, 주의, 이로움 쪽에서 우둔함, 부주의, 해로움을 거부하는 것이 되겠지?

준영 듣고 보니 이상한 점이 있네요. 진리는 순수한 것이라고 했는데 꽤 계산적인 것 같아요.

나 그래서 니체는 과연 속지 않는 것이 손해를 줄이고, 위험을 피하는 것인지 묻지. 그런데 이렇게 계산이 분명한 진리주의자가 과연 의심이나 신뢰 가운데 어느 편이 더 큰 이익을 주는지 미리(a priori) 결정할 만큼 삶에 대해서 알고 있을까?

준영 그것을 미리 알 수는 없잖아요?

나 그게 문제지. 그러니까 이런 태도는 먼저 속지 않는 것이 삶에 도움이 된다고 생각한 다음에 속지 않고 진리를 추구하는 것이 바람직하다고 보잖아? 그래서 진리에 관한 논의보다도 '진리가 유용하다'는 것을 앞세우지. 이같은 진리를 추구하면서 속지 않아야 한다는 니체의 주장이 묘하다는 거야. 만약 학문과 진리가 이처럼 공리적 타산에서 출발했다면 진리가 순수하다고 주장하기 어렵겠지? 진리가 순수하다면 이런 계산을 해서는 안 되고, 속지 않아야 한다고 주장하는 것도 이상하지.

준영 정말 이상하게 됐군요. 진리를 앞세워서 속지 않고 이익을 추구해야 한다고 할 수도 없고, 그렇다고 속아야 한다고 할 수도 없으니 오도 가도 못 하게 되었군요.

나 그러면 이제 '속이지 않아야 한

데카르트의 의심하는 과정과 '나는 생각한다'의 확실성을 니체는 어떤 각도에서 이해하나요? 확실한 진리에 대해서 데카르트와 니체는 각각 어떤 점에 주목하나요? 니체가 확실한 진리와 그것을 찾는 태도를 문제 삼는 이유가 무엇일까요?

다'는 태도를 볼까?

준영 분위기상 이것도 문제가 있을 것 같은데요.

나 그럴지도 모르지. 자, 그러면 속이지 않으려는 의지는 어떤 것일까? "나는 나 자신을 포함해서 누구도 속이고 싶지 않다." 이에 대해서 니체는 이렇게 묻지. "왜 너는 속이고 싶어 하지 않는가?"

준영 진리를 찾는 사람이 착해서 그런가요? 속이는 것이 좋은 것은 아니니까요.

나 그런 점도 있지. 하지만 우리가 살아가면서 보듯이 많은 현상들이 오류, 기만, 위장, 현혹 들로 뒤섞여 있는데, 잘 살기 위한 전략으로 왜 속이지 않으려고 하냐는 거지.

준영 앞에서도 기만이나 위장 등이 사는 데 필요하고 힘-의지를 강화하는 방식일 수 있다고 했죠.

나 그래서 니체는 이런 진리 의지가 혹시 속이지 않으려고 하면서 삶을 무기력하게 받아들이거나 약화시키려는 의지(니체는 이것을 죽음 의지 또는 허무 의지라고 하는데)를 숨기고 있는 것은 아닌지 물어보지.

준영 그렇게 볼 수도 있겠군요. 전에 진리가 도덕적인 태도와 관련이 있다는 것은 이것과 연결되겠군요?

나 그렇지. 니체는 진리 밑에 도덕이 숨어 있음을 보여 주려고 하지. 그는 "삶, 자연, 역사가 비도덕적인데, 무엇 때문에 도덕이 있는가?"라고 묻지. 그래서 이런 도덕이 가능하려면 우리가 사는 삶, 자연, 역사와는 완전히 다른 세계, 곧 '피안'이 필요할 거라는 거지. 그러니 이런 도덕적 요구는 우리가 사는 현실세계를 부정할 수밖에 없다는 거야.

너도 이야기했듯이, 속이거나 속는 것은 자연에서는 소박한 형태로, 인간세계에서는 좀 더 교묘한 형태로 빈번하게 일어나는 것이고, 이것들은 힘-의지의 한 형태이지. 따라서 속이는 것은 진리 동네의 믿음과 달리, 삶을 풍성하게 하는 자원일 수도 있는 거지. 이 말이 믿어지지 않는다면 속지도, 속이지도 말고 오로지 진리만을 등불로 삼아 살아가면 될 거야. 지금까지 자기가 속았거나 속였던 경험은 깨끗하게 잊어버리고 말이야.

속고 싶은 충동과 가상의 기쁨

준영 니체는 이런 까닭에서 허구의 세계를 긍정적으로 보는군요. 그리고 허구는 예술세계와 관련이 있겠군요.

나 허구 자체가 좋은지 나쁜지는 더 자세하게 논의해야 할 거고, 여기에서는 예술에 허구나 가상이 왜 필요한지를 살피기로 하자.

준영 그러니까 '허구적 세계가 어떻게 삶을 풍요롭게 할 수 있는가'를 보는 것이겠군요.

나 속고 싶은 충동은 예술의 바탕이 되지. 예를 들어 서사시의 허구적 세계라든가, 연극의 세계에서 거짓말을 빼면 무엇이 남을까? 이런 세계를 부인하고 현실에 있는 것들만 이야기하고 모방하라고 해야 할까?

준영 그렇게 하면 현실과 그것을 모방, 복제한 그림자 세계가 있을 뿐이죠. 별로 재미가 없을 것 같은데요.

나 쉬운 예로 동화의 리얼리티는 어떤 것일까? '옛날 옛적에'라고 시작할 때, 이것은 사실을 이야기하는 것일까?

준영　꾸민 이야기죠. '옛날 옛적에'라고 시작한다고 옛날을 기록하는 것은 아니죠. 콩쥐와 팥쥐가 살았던 것도, 장화 신은 고양이가 주인공을 공작으로 만든 것도 아니고, 미녀와 야수가 살았던 궁전도 없었죠.

나　이런 이야기들은 현실과 다른 어떤 곳에서 일어날 법한 것들을 허구적으로 구성한 것이지. 이런 사정은 호메로스의 서사시나 연극 등에서도 마찬가지지. 예술이 주는 즐거움은 바로 가짜 세계에서 허구가 만드는 상상적 삶의 풍성함에 연결되지. 연극의 경우를 볼까? 어느 누가 왕의 역할을 한다고 해 보자. 실제 왕이 왕의 연기를 하면 어떻게 될까?

준영　그건 예술이나 연기가 아니죠. 그러니까 배우가 왕 연기를 한다면, 가짜 왕이 진짜 왕의 행동을 그럴듯하게 꾸며 내는 거죠.

나　그렇지. 예를 들어 어떤 배우가 오이디푸스 왕의 역할을 연기한다고 하자. 배우는 무대에서 마치 자기가 오이디푸스 왕인 것처럼 연기하지. 우리는 그를 보면서 오이디푸스 왕의 흉내를 내는 것이 아니라 그가 오이디푸스 왕이라고 생각하지.

배우들은 자기가 맡은 인물의 가면(persona)을 쓰고 그 사람이 되지. 하나의 성격을 창조하는 거야. 여기에서 가면은 그것이 그리는 인물과 구별되지 않지. 왕 연기를 하는 자는 무대에서만큼은 왕인 거지. 예술세계에서 관람객은 그를 오이디푸스로 보고 그와 같이 느끼고 환희와 고통에 동참하지.

준영　그래서 한 사람이 연기에 몰두하다가 실제로 상대방을 사랑하게 되었다는 이야기를 들은 적이 있어요. 연극은 철저한 가상세계지만 묘하게도 리얼리티가 있죠. 아픈 연기를 하는 배우도 사실은 멀쩡하지만 마치 아픈 사람처럼 보이죠.

나 그렇지. 사경을 헤매는 암 환자 연기를 할 때면 그렇게 보이기 위해서 머리를 깎고, 아픈 표정을 짓고, 분장을 하지. 이 모든 것들이 가면을 쓰는 작업이지. 이 가면 쓴 인물은 다른 사람이 되어서 실제 환자들이 보여 줄 수 있는 모습보다 더 사실적으로, 우리가 보고 싶어 하는 모습을 더 잘 보여 주지.

준영 그렇다면 연극 무대는 가장 정교하고 세련된 방식으로 허구를 만들어 내는 셈이군요.

나 바로 그거지. TV 드라마나 영화에서 주인공이 죽을 위기에 처하는 경우가 있지. 우리는 그것을 보고 놀라거나 어쩔 줄 몰라 하지. 그런데 옆에서 누군가 "야, 왜 그렇게 안타까워하냐? 저건 가짜야. 일부러 죽는 척하는 거야. 저 사람은 안 죽어. 아마 저 정도 연기면 나중에 상도 탈걸" 하고 분위기 깨면 어떻게 해야 할까?

준영 그렇다면 우리가 영화관에 갈 때나 TV를 볼 때나 소설책을 읽을 때 마치 진짜인 것처럼, 그 속에서 전개되는 것이 사실 같다고 착각하는 데 동의해야겠군요.

질문

1. 허구적 세계를 형상화한 것이 현실감을 주거나 형상화된 현실을 만드는 까닭을 어떻게 설명할 수 있을까요?
2. 시뮬레이션(simulation)을 통해서 가상 상황을 만들 수 있죠. 이런 상황을 참과 거짓의 기준으로 판단하는 것이 좋을까요? 이런 상황은 현실에 어떤 영향을 미칠까요?

궁핍한 현실에서 풍요로운 가상세계로

나　　가짜 왕이 진짜 왕처럼 연기하는 세계에서 가짜와 진짜를 구분하는 것이 무슨 도움이 될까? 이처럼 예술은 가장, 위장하는 것이지. 이런 속임을 통해서 하나의 놀이판을 만드는 거지.

준영　　그러면 앞에서 본 은유도 이것과 연결되겠군요. 예술적인 공간은 바로 은유의 세계를 만드는 거죠. 그래서 허구를 통해서 자유를 누리고, 현실의 힘든 삶에서 벗어나고, 자유분방한 축제를 벌이는 것이고요.

나　　이런 가상세계는 자유롭게 은유를 사용하지. 뛰어난 은유는 개념의 추상이 만든 경계를 흔들어 놓지.

준영　　그런데 이것이 '현실의 구속들에서 벗어난다'라는 것은 무슨 뜻일까요?

나　　현실에서 일상의 필요에 쫓기는 것을 구속된 상태로 보는 거지. 그래서 개체에 갇힌 세계에서 (노예든, 주인든) 예속된 상태로 있다가 예술의 상상세계로 그것을 벗어나지. 삶의 고난, 궁핍함, 의무들에서 벗어난 상태를 즐기는 것이지.

준영　　그래서 니체는 평상시에 지성이 항상 현실적인 필요에 매여 있다고 보는군요. 하지만 예술세계는 그런 구속에 매일 필요가 없죠.

나　　앞에서 잠깐 언급했지만, 예술세계에서 아폴론적인 것은 환상적인 아름다움을 형상으로 빚어내는 충동을 만족시키지. 비너스상을 조각하는 것처럼 아름다운 형상으로 꿈의 세계를 창조하는 거지. 그렇지만 그런 세계도 개별적 아름다움에 고정된 세계라고 할

이 점에 대한 니체의 논의를 더 보고 싶으면 초기 저작인 《비극의 탄생》을 참조하는 게 좋습니다. 그가 그리스 비극에서 왜 배우보다도 합창단을 중요하게 보는지, 연극이 만드는 환상적인 현실이 왜 사람들에게 감동을 주는지, 음악이 왜 삶을 충만하게 한다고 보는지 등을 알 수 있을 겁니다. 니체는 합창단의 춤과 노래가 현실 위에 가상세계를 만든다고 보고, 비극의 주인공이 아폴론적 요소를 나타내고, 이 개인의 파멸을 통해 디오니소스적 힘이 나타난다고 보죠. 또 니체는 비극에서 음악이 중심에 있다고 보죠. 이런 음악은 세계를 있는 그대로 그리는 것이 아니라 디오니소스적 생명력을 분출한다고 봅니다.

수 있지. 이 세계 밑바닥에서 우리를 격정에 사로잡히게 하는 거대한 충동, 도취의 충동이 넘실대지. 이 디오니소스의 세계는 모든 개별화를 뛰어넘고, 현실의 구분을 없애 버리고, 모든 것들을 한데 섞어서 충일(充溢)한 상태로 만드는 거지. 이런 세계에서 노예와 주인의 구별은 사라지고 모두가 예술 공동체의 주인공이 될 수 있다는 거야.

준영 니체는 "예술이 위장(Verstellung)한다"라고 말하네요.

나 이때 위장은 현실의 삶을 '있는 그대로 모사하지 않는다'는 것을 말하려는 거지. 있는 세계를 다시 한 번 보여 주려면 굳이 예술세계를 따로 만들 필요가 없으니까. 궁핍한 세계를 반영하는 궁핍한 예술이 아니라, 창조적이고 풍요로운 예술세계를 만드는 거야.

준영 계속해서 이런 예술적 방식이 개념의 단단한 건축물을 동요시키는 면을 지적하는군요. 예술적 건축물과 개념의 건축물이 어떻게 다른지는 앞에서 이야기했죠?

나 다시 정리해 볼까? 하나는 개념들의 정교한 체계로 빈틈없이 쌓고 맞추는 방식이지. 다른 하나는 은유를 만드는 경우처럼 고정된 개념의 질서와 분류를 뒤섞고 이리저리 옮겨 놓는 방식이지. 하늘을 떠다니고 바닷속에도 건축물을 짓지. 그것은 개념의 건축물을 예술적인 공간에 재배치하는 것이지.

준영 그래서 동등하지 않은 것을 동등한 것으로 만드는 은유나 부분과 전체를 자유롭게 대체하는 환유는 가장 낯선 것들을 짝 지우고, 가장 가까운 것들을 떼어 놓으면서 역설적인 결합을 자유자재로 만드는군요.

나 잘 이해하고 있네. 니체는 이런 자유로운 혼합, 창조를 개념이 아니라 직관이 주도한다고 보지. 그것은 개념으로 만든 유령 같은 도식과 추상적인 체계를 추구하지 않지.

준영 그래서 그것이 직관의 인상에 따라 창조적으로 형상화하고 금지된 은유들을 사용해서 낯선 개념들을 연결시킨다고 보는군요.

나 예술 작품에서 상투적인 것들이 나열되거나 사실을 단순히 기술하는 데 그친다면, 궁핍하다고 할 수밖에 없지. 그리고 이것은 앞에서 아폴론적으로 아름다운 가상을 만드는 것과 디오니소스적으로 도취의 유희를 벌이는 것을 생각하면 되겠지.

이성적 인간과 직관적 인간

준영 니체는 이성적인 인간과 직관적인 인간을 어떻게 구별하나요? 진리에 따라 사는 인간과 예술을 창조하는 인간으로 나눌 수 있나요?

나 그렇게 볼 수 있지. 좀 더 자세히 보자. 진리를 추구하는 자는 세계를 곧바로 감지하는 직관을 믿지 못하고, 그런 직관이 불확실하고 불안하다고 보지. 그는 어떤 사물이 보여 주는 직접적인 것들(색과 느낌 등)이 계속 바뀌기 때문에 이런 변화보다는 변화 너머에 있는 어떤 것을 찾고자 하지.

이와 달리 예술을 창조하는 자는 변하지 않는 보편적인 것을 생명 없는 추상적인 것일 뿐이라고 보지. 예술인은 구체적인 삶과 다양한 변화를 원하기 때문이야. 그는 삶의 원리보다는 삶 자체를 좋아하고, 변하지 않는 본질보다는 끊임없는 변화와 생성에 주목하지. 예를 들어 사랑의 본질이 하나라면 이러저러한 사랑들은 본질적으로 같은 것이지. 이 점을 중시하는 사람은 《사랑학》 한 권에 사랑의 모든 것이 담겨져 있다고 하고, 사랑 이야기는 한 편이면 충분하다고 할지도 모르지. 하지만 직관적인 인간은 이 사랑과 저 사랑의 차이에 관심이 많지. 똑같지도 않고 완전히 다르지도 않은 사랑 이야기는 마르지 않는 샘처럼 예술적 충동을 자극하지.

준영 그래서 이성적 인간은 상대를 보고 '비이성적'이라 하고, 직관적 인간은 상대를 보고 '비예술적'이라고 한다는군요.

나 그렇지. 서로 헐뜯으려고 한다면 말이야. 이성적 인간이 볼 때 직관에 따르는 자는 즉흥적으로 감정에 이끌리고 이성의 예리한 관찰과 통제력을 무시하지. 반대로 예술가가 볼 때 이성적 인간은 항상 개념적 추상으로 모든 것을 인식하려고 하니 삶의 생생함이나 구체성을 보지 못하지.

준영 그러면 이 두 유형 가운데 어느 쪽이 바람직하다고 보아야 하나요? 니체는 당연히 직관적 인간을 선호하겠죠?

나 감이 빠르구나. 예를 들어 설명해 보자. 한 학생이 내일 시험 준비로 눈코 뜰 새 없이 바쁜데, 이 친구의 사랑을 시험하려는지 여자 친구가 갑자기 심각한 고민을 호소하면서 당장 나오라고 불러낸다면 어떻게 할까? 직관적인 사람은 "시험이 대수냐" 하고 용감하게 사랑을 찾아가서 다음 날 시험을 망치겠지. 반면 이성적인 사람은 "사랑도 시험 후의 일이라, 나중 일을 미리 걱정하지 않고서는 살 수 없다"고 하면서 약간의 동요에도 불구하고 시험 공부를 하겠지. 그렇다면 두 유형은 어떻게 다를까?

준영 　니체에 따르면, 이성적인 유형은 예방책에 관심이 있어서 앞서 예측하고, 개념적으로 파악하죠. 또한 영리하게 굴고 규칙성을 알아서 현실적인 곤란에 대처하는 데 주로 관심을 쏟고요.

나 　그래, 이성적 유형은 필연적인 질서를 찾아서 확실한 삶의 방식을 마련하는 데 관심을 쏟겠지. 그러면 천방지축인 직관적인 유형은 어떻게 하지?

준영 　직관에 충실한 유형은 감성적이겠죠. 당연히 합리적 계산을 한 뒤에 현실에 대처하기보다는 가상과 아름다움으로 꾸민 세계에서 삶의 활력을 북돋우는 데 관심을 쏟겠죠.

나 　멋진 설명이구나. 그래서 삶의 변화무쌍한 활력을 즐기는 이런 유형을 '기뻐서 어쩔 줄 모르는 사람'이고 '궁핍을 모른다'라고 하는 건가? 어떤 의미지?

준영 　글쎄요. 직관적으로 산다고 그저 기쁘기만 한 것은 아니겠죠. 궁핍을 벗어나려면 합리적으로 대처해야 할 텐데요.

나 　현실을 대하는 방식이 서로 다른 거지. 한쪽은 현실에 대해서 더 나은 현실을, 다른 한쪽은 현실에 대해서 상상의 세계를 추구하지. 그런데 니체가 보기에 이처럼 다른 두 유형은 각자 나름의 방식으로 삶을 지배하려고 하지. 그러면 삶을 다르게 보는 이 두 유형의 차이를 좀 더 살펴보자.

일상적 사물도 달리 보인다

준영　니체는 두 유형이 집, 걸음, 옷, 그릇 등의 일상적인 것들까지도 다르게 본다고 하는 것 같던데요.

나　그 차이가 눈앞의 것들을 보는 데에서 잘 나타나지. 한쪽은 일상적인 것들을 삶의 현실적인 필요 때문에 만들어진 것으로 보지. 즉 현실적 궁핍에 대해서 안정된 생활 대책을 마련하기 위해서 삶을 합리적으로 계획하고 노동으로 필요한 것들을 만든다고 보지.

그리고 다른 쪽은 삶을 예술로 재구성하기 때문에 일상적인 물건들도 창조적 세계의 일부로 보지. 예컨대 일상적인 것을 은유적 직관의 광채로 다채롭게 꾸미지. 그래서 그것들은 환상(Täuschung)이 직접적으로 표현된 것들로 보지.

이처럼 한 유형은 현실을 합리적으로 재단하고 변화무쌍한 가상을 벗겨 내려고 하지만, 다른 유형은 가상을 창조적으로 형상화하는 데 관심이 있지. 그래서 앞쪽은 가상을 모조리 벗겨 내고 남은 진리에 관심이 있지만, 뒤쪽은 가상들의 다양한 모습을 보고 즐거워하지. 이 가운데 누가 삶을 앞세우고, 누가 진리를 앞세울까? 또 누가 삶을 예술로 만들고, 누가 삶의 이름으로 예술을 배제할까?

준영　두 번째 유형의 대표적인 예로 '고대 그리스'를 드네요.

나　니체는 이 태도가 일상적인 것들을 가상적으로 조합해서 상상적으로 창조하기 때문에 '숭고한 행복, 올림포스적 명랑함'을 지니고 있고, '진지함과 유희를 뒤섞는다'고 보지. 그러니까 천진난만한 놀이 감각과 예술적 형상화가 혼합된 것이라고 할 수 있지.

준영　자유로운 감각을 지닌 것은 앞에서 본 아폴론과 디오니소스에 연결되겠군요.

나 쉬운 예를 하나 볼까? 멀리 미술관이나 음악회 등에 갈 것도 없이 아이들이 노는 모습을 보면 될 것 같은데. 아이들은 주변의 것들을 모두 장난감으로 여기지.

준영 그렇죠. 장난감 말고도 주변에 있는 책상, 의자, 책, 드라이어, 옷, 화분, 청소기, 소파, 이불, 막대기 등이 다양하고 엉뚱하게 놀이에 사용되죠.

나 그런 것들이 어른에게는 현실적 필요에 따라 만들어진 것이고 그 용도가 정해져 있지만, 아이들은 놀이 공간에서 자기 식으로 그것을 해석하고 이리저리 의미를 만들어 붙이거나 바꾸면서 자유롭게 사용하지. 너도 어릴 때 이불을 뒤집어쓰고 온갖 장난을 쳤는데 이불을 잠잘 때만 써야 한다고 생각하는 단순한 어른이 너를 많이 혼냈지.

준영 아이들은 나름의 상상적 세계에서 어른들이 정해 놓은 용도와 필요를 무시하죠. 그 세계에서는 사물과 현실이 고정된 것이 아니라 자유로운 창조의 재료인 셈이죠.

나 그래, 아이들은 자기 나름대로 자유롭게 배치하고 의미를 부여하는 창조적인 놀이 공간을 만들지. 현실의 것들을 자기 식으로 놓고 던지고 껴안고 부수고 이어 붙이지.

준영 그 놀이의 맥락을 모르고 보면, 아이들은 제멋대로 엉뚱하게 구는 것 같아 보이죠. 막대기 하나로 말을 만들어 타고, 전화기로 천사와 대화하고, 책으로 성을 쌓고, 옷을 뒤집어쓰고 귀신이나 배트맨이 되기도 하고, 인형을 자기 아이나 친구인 듯이 껴안거나 미운 놈 대신에 집어던지기도 하죠.

나　　아이들은 그런 상상적 공간에서 꼬마 창조자처럼 노는 거지.

준영　　아이들이 놀 때 보면, 진지하게 놀잖아요? 그들에게는 그것이 의미 있는 현실이죠. 아끼는 인형이 망가지거나 강아지가 없어지면 비싼 물건을 잃는 것보다 더 슬퍼하죠.

두 유형은 어떤 표정을 할까?

나　　니체는 두 유형, 곧 개념인과 직관적인 인간의 두 유형이 추구하는 삶의 모습을 대비시키지.

준영　　개념과 추상을 좋아하는 사람들은 적극적으로 행복을 추구하기보다는 불행을 회피하고 고통을 벗어나는 데 주안점을 둔다고 지적하는군요.

나　　재미있는 지적이야. 개념인들은 현실을 향유하거나 쾌락을 추구하는 불안정하고 모험적인 태도보다는 안정된 평정심에 만족하지. 곧 즐거움을 추구하다가 괴로움에 빠질 위험이 많으므로 즐거움의 값(+)과 괴로움의 값(−)을 평균해서 0의 상태를 유지하는 것이 현명하다고 보지.

낙타를 생각해 보렴. 개념인은 자기를 얽매는 진리와 도덕의 명령들을 잔뜩 지고 힘겹게 사막을 건너는 낙타처럼 자신의 힘을 소진하기 때문에 긍정적인 행복을 추구할 여력이 남아 있지 않지. 도덕의 사막과 진리의 황야를 묵묵히 걸어가는 이들은 행복이라는 긍정적인 것들을 만들어 내기보다는 불행 탈출 전략에 골몰하지. 이를 위해서 사전에 대비하고 세심하게 궁리하지. 어떤 이들은 '세상은 불행과 고통으로 가득 차 있는데 내가 이렇게 행복해도 될까?' 하고 불행이 만연한 세계에서 행복을 누리는 것조차 부끄러운 것이라고 여기지.

준영 이들은 심각하고 진지한 표정을 짓겠군요.

나 행복을 어색해 하는 이들은 잘 웃지도 못하지. 이 사람들은 진지하고 엄숙한 표정으로 지내고, 천진난만하게 웃으면 가볍고 무책임하다고 생각하지. 그들이 안심하고 웃을 수 있으려면 진리와 도덕의 왕국이 건설된 이후일 거야. 물론 이 왕국이 세워지더라도 그들이 그 문에 들어서면서 과연 웃을지 궁금하긴 하지만. 그들은 진리와 도덕을 축복하고 찬송하느라고 자신의 순간적 행복을 추구하는 가벼운 태도를 경멸하지.

준영 그러면 직관적 인간은 어떻게 할까요?

나 이렇게 복잡하게 살지 않겠지. 아무것도 모르는 아이처럼 산다고 하면 될까? 이들은 미래의 완전한 행복을 위해서 오늘의 만족을 미루지 않고, 순간적인 즐거움에도 만족하므로 영원한 즐거움을 추구하며 인내하지 않지. 그들은 직관과 감각에 충실하면서 때로는 즐거워했다가, 때로는 화를 냈다가, 때로는 침울해 했다가, 또 더없이 기뻐하기도 하지. 이들의 상태는 가변적이고 기복이 심하지.

개념인이 별다른 변화 없이 안정을 추구하고 자신의 욕망과 필요에 진지하게 대처한다면, 직관인은 다양한 상태를 오가면서 다양한 세계를 경험하고, 다양한 욕망을 추구하고, 틀에 매이지 않는 다양한 세계를 만들지. 그들은 천진난만한 놀이를 즐기고 문화적 세계의 판에 박힌 틀을 위반하고, 그것이 강요하는 엄숙함에 명랑하고 가벼운 몸짓으로 응수하지.

준영 예술적 인간도 마냥 즐겁기만 한 것은 아니겠죠?

나 이들은 고통을 당할 때, 고통을 피할 줄 모르기 때문에 고통 속에 푹 빠지지. 하지만 즐거울 때는 더없이 즐거워하지. 사려 깊은 어른들은 웃기 위해서 미리 준비하고 상대방이 화내지 않게 미리 배려하고 표정을 잘 조절하지. 이처럼 합리적으로 계산하기 때문에 어린이같이 천진난만할 수 없지. 그들은 한 번의 고통을 피하기 위해 몇 번의 행복을 미루거나 기다리지.

니체는 삶을 그 자체로 긍정하기 때문에 삶에 고통이 있다고 해서 그것을 (원리적으로) 제거하려는 위험한 노력을 하지 않지. 고통과 행복이 짝을 이루니까, 고통을 완전하게 없애려면 행복, 즐거움도 같이 없애야지. 고통을 받지도, 즐거워하지도 않는 중립적인 상태가 바로 '평정심'이지.

그래서 현실의 고통에 맞서기 위해서 고통이 넘치는 삶을 비난하고, 고통을 영원히 없애기 위해서 이 세계 너머에 있는 천국을 추구하기보다는 고통스러운 세계 안에서도 삶을 긍정하고 신성한 것으로 받아들이지.

준영 니체는 직관적 인간들이 경험을 분석하고 계산하는 데 서투르기 때문에 경험을 통해서 잘 배울 줄 모른다고 지적하죠.

나 우리가 경험을 통해서 배우려면, 시행착오의 틀처럼 경험의 결과를 잘 계산해서 좀 더 안정된 결과가 보장되는 쪽을 고르는 영리함을 지녀야지. 하지만 직관적 인간은 이런 길을 가지 않지. 그는 한번 빠졌던 구덩이에 계속 빠지기 때문에 자주 고통을 당하지. 그는 이성적 고려에 의해서 행복과 고통을 제어하려는 데 온 힘을 쏟지는 않아.

하지만 그가 그런 고통 때문에 삶을 평가절하하거나 회의하지는 않지. 고통에서 벗어나기 위해서 자기 삶을 영원한 행복을 약속하는 쪽에 넘기지 않아. 그가 겪는 고통이 그의 삶의 의미를 빼앗지는 못하지.

준영　예를 들어 주시면 어떨까요?

나　직관적 인간은 사랑할 때 이성적 인간처럼 사랑의 경험을 분석하고 종합해서 일반화하기보다는 그때그때 사랑의 감정에 충실하지. 그는 안정된 사랑을 보장하는 '사랑의 과학'으로 무장하기보다는 '사랑의 예술'로 행복과 고통의 쌍곡선을 오가면서 격정에 몸을 맡기지.

소나기가 쏟아져도 천천히 걷는 여유

준영　마지막에 이런 유형에 대해서 스토아적 인간을 대비시키는군요. 이들은 항상 조용하고 진지하고 엄숙하겠군요.

나　그렇지. 이들은 정직과 진리를 추구하지. 그래서 속지도 속이지 않아. 착각에서 벗어나고자 허구적 세계를 멀리하지. 그들은 마음의 평정을 위해 자극적인 것들을 피하고, 사랑하기보다는 사랑받고자 하지.

그런데 재미있는 점은 이들이 불행을 당할 때 아무렇지도 않은 표정을 짓는다는 거지. 무표정한 가면이라고 할까? 행복과 불행은 서로 다르지만, 그들에게는 글자 하나의 차이에 지나지 않을 거야. 이들은 자신이 불행할 때 초라한 모습을 보이고 싶지 않아서 태연하게 보이려고 애쓰지. 이처럼 불행에 아무렇지도 않은 표정을 하려면, 행복할 때에도 별다른 기쁨을 표시하지 않아야 하겠지. 그래서 행복하든, 불행하든 무표정한 모습을 하기 때문에 항상 같은 표정과 변하지 않는 모습을 보이지.

준영　　겉으로 봐서는 도무지 알 수 없겠군요. 불행에 대비하기 위해 표정을 엄숙하게 짓다가 좋은 일이 있다 해서 웃어 버리면 균형이 안 맞겠군요.

나　　이들은 기쁘건 슬프건 아무런 표정 변화가 없지. 속에 들어가 보지 않고는 기쁜지 슬픈지 알 길이 없지. 또 도를 닦은 수준이 높은 경우에는 속에 들어가 본들 기쁨과 슬픔에 흔들리지 않는 평정심 때문에 어떤 상태인지 구별하기 어렵지.

준영　　'슬픔은 기쁨이고, 기쁨은 슬픔이다' 이런 식인가요?

나　　아니지, 기쁘지도 슬프지도 않은 상태가 바람직하다고 보는 거야. 아마 천국에 사는 사람들의 표정이 이렇지 않을까? 무엇이 그리 기쁘고, 또 무엇이 그리 슬프단 말인가. 자기 마음을 한껏 넓혀서 기쁨이나 슬픔을 마음의 그릇에 담으면 그것이 그것이고 기쁠 것도 슬플 것도 없다는 식이지.

준영　　니체의 비꼬는 표현이 재미있군요. 어떤 일을 당해도 소리 지르지 않고, 먹구름에서 소나기가 쏟아져도 아무렇지도 않게 비를 맞으면서 유유히 걷는 태도라는 거죠?

나　　마음이 급하지만 목소리가 격하지 않고, 비가 쏟아지지만 마치 비가 오지 않는 것처럼 천천히 여유 있게 걷는 모습이 멋있기도 하지. 니체는 "자네는 비 많이 맞으면서 천천히 걸어가게. 나는 점잖지 못해서 뛰어가서 비를 좀 피하겠네"라는 투야. 난 기쁠 때 기뻐하고, 슬플 때 슬퍼하겠다는 거지. 물론 소나기를 맞고 싶으면 천천히 걸어갈 수도 있지. 그런데 소나기를 피하고 싶으면서도 평소의 태연한 모습을 일관되게 보여 주기 위해서 억지로 소나기를 맞는 이상한 태도를 문제 삼는 거지.

직관적인 인간이 행복과 불행, 즐거움과 고통이 공존하는 세계에 살고 있다면, 스토아적 인간은 불행도 행복도 고통도 즐거움도 구별되지 않는 하나의 조용한 세계, 어떤 동요도 없는 세계, 진지하고 엄숙한 세계에서 살고 있지.

준영 아마 이 글 마지막에 한 줄을 더 쓴다면, "나는 이런 친구들하고는 같이 안 놀아"가 되지 않을까요? 하긴 서로 어울리기 힘들겠지요.

나 스토아적 도덕은 자연을 중시하고 자연의 흐름에 자기를 맞추려고 하지. 그런데 니체가 볼 때는 과연 자연이 이상적인 조화를 유지하는지, 기만도 없고 정직한 운행만을 보여 주냐고 물어보지. 사실은 그렇지 않은데 말이야.

참, 쿤데라(M. Kundera)의 《참을 수 없는 존재의 가벼움》이란 작품 알지?

준영 '존재가 참을 수 없을 만큼 가볍다'라는 제목이 재미있어요. 그런데 그리 쉬운 책은 아니던데요. 책 읽기가 견디기 힘들 만큼 무겁지는 않지만 또 그런 대로 재미가 있더군요.

나 쿤데라가 무거움과 가벼움을 구별하는 맥락은 니체의 경우와 달라. 하지만 제목만 가지고 이야기한다면, 니체는 존재가 참을 수 없을 만큼 가볍다는 것이 문제라고 보지 않아. 그는 존재가 가볍고, 우연의 놀이에 참여하고, 걷기보다는 춤추는 경쾌함이 좋다고 보지. 이런 면에서 니체는 직관적 인간들이 갖는 풍성함을 가상의 세계, 기만의 세계, 위장의 세계, 예술적 창조의 세계에서 찾고 있지.

예술은 허무주의와 싸운다

준영 드디어 이 글을 다 읽었군요. 마지막으로 니체의 예술관을 보면서 끝내는 게 어떨까요?

나 끝머리에 또 큰 문제를 내놓는구나. 간단하게 이야기하기 어려우니까 기본 태도만 보자. 니체는 예술이 허무주의와 싸우는 것이라고 보지.

준영 어떤 의미에서 허무주의와 싸운다는 건가요? 허무주의는 무엇을 가리키는 거죠?

나 니체는 철학, 도덕, 종교가 허무주의를 만든다고 보지. 철학적 진리, 도덕적 선, 종교적 신은 우리가 사는 세계를 무의미하다고 보지 않니?

준영 그런 점이 있죠. 하지만 좀 더 설명해 주세요.

나 그래서 철학, 도덕, 종교 등은 무의미한 이 세계를 넘어선 피안에 '참된 세계'를 만들지. 다시 말해, 이 세계 안에서 끊임없이 변하는 모든 것들 너머에 있는 '불변적 진리', 선과 악이 다투고 불완전한 도덕이 있을 뿐인 이 사악한 세계 너머에 있는 '완전한 선', 모든 불완전하고 유한한 것들만 존재하는 이 세계 너머에 있는 '완전하고 무한한 신'을 만들어 내지.

준영 그러면 이런 진리, 선, 신 앞에서 세계는 허무한 것에 지나지 않는다는 이야기인가요?

나 그래. 그런 초월적인 가치들 앞에서 이 세계는 허무하거나 아무것도 아닌 것일 뿐이지. 진리, 선, 신 앞에서 세계는 (가상, 악, 유한한 것이므로) 한 줌의 먼지에 지나지 않아.

준영 그런데 니체는 진리, 선, 신이 존재하지 않는다고 보잖아요?

나 그렇지. 그런 것들은 이 세계를 부정하기 위해서 만들어 낸 허구라고 보지. 바로 예술은 이런 허무주의에 맞서는 거야. 예술은 변하는 가상세계에서 가상을 긍정하면서 삶의 충동, 예술적 충동으로 아름다움과 도취의 세계를 만들지. 그래서 그렇게 꾸며진 세계에서 즐기고 춤추고 뛰놀 수 있지. 삶 자체를 긍정하는 태도라고 보면 되지.

전통적인 사고에서 본질을 추구하는 경우에 현상을 뚫고 심층으로, 지하로 파 내려가지. 이런 사고는 진지함과 무거움을 좋아하지. '경박하다' '얄팍하다' '뿌리를 내리지 못한다' 등의 표현은 비난이 섞인 것이지. 니체는 이런 태도를 '중력의 정령'으로 빗대어서 표현하지. 높이 오르려는 자를 지하로 끌어내리고, 하늘을 날아 오르려는 자의 발에 무거운 쇠공을 달아 주는 존재로 말이야. 이런 무거움, 진지함의 반대쪽에는 무엇이 있을까? 하늘을 향해서 솟아오르는 상승과 가벼움이 있지. 니체는 무거움 대신에 가벼움을, 걷고 도약하는 것 대신에 춤을, 진지함과 엄숙함 대신에 명랑함과 쾌활함을, 무거운 책임의 추를 다는 것 대신에 아이들의 천진난만함과 무구함을 좋아하지.

니체 강의에서는 여러분이 앞에서 공부한 내용들과 충돌하는 것이 꽤 많았을 겁니다. 니체는 진리를 도덕적 관점에서 보는 태도를 전면적으로 재검토합니다. 한마디로 진리를 거부하고, 진리가 도덕적 선을 바탕으로 현실 너머의 세계를 추구하는 태도를 바람직하지 않다고 보죠. 그런 태도가 현실과 삶을 부정하고 현실과 삶에 복수하려는 정신으로 가득 차 있다고 보기 때문이죠.

이 강의는 니체의 전모를 소개하려는 것이 아니고, 니체의 한 측면을 소개하고 니체에 관심을 갖도록 하기 위한 것일 뿐입니다. 아마 벌써 니체의 이야기에 귀를 막고 니체를 철학마을에서 내쫓아야겠다고 생각하는 사람들도 있을 겁니다. 지금까지 많은 철학자들이 니체와 상종하지 않으려고 온갖 비난을 퍼부었죠. 하지만 과연 우리가 니체에게서 배울 것이 전혀 없을까요?

니체의 진리와 도덕에 대한 전면적인 비판은 그 비판이 온당하지 않고 섬세하거나 논리적으로 치밀하지 않다고 하더라도, 진리와 도덕의 큰 틀을 비교적 잘 파악하고 있습니다. 이제 진리와 도덕을 옹호하려는 사람은 니체와 좀 더 진지하게 대화할 필요가 있습니다. 진리와 도덕이 지금까지 무엇을 주장해 왔고, 왜 자신을 정당하다고 보며, 그런 진리와 도덕이 현실에 사는 인간들에게 어떤 영향을 끼쳤는지, 진리의 배경에는 순수한 진리 추구가 있고, 도덕의 배후에는 선한 의도가 있는 것인지, 도덕적 가치는 어떤 가치를 갖는지 등을 다시 한 번 생각해 보면 어떨까요?

니체가 휘두르는 비판의 망치를 그저 미친 짓으로 여기기보다는 어떤 새로운 사고를 마련하기 위한 시도, 예술적 관점에서 진리와 도덕을 새롭게 보려는 작업, 현실에서 진리와 도덕의 무거운 짐을 지고 고통스러워하는 자들에게 현실을 그 자체로 받아들일 수 있는 힘과 강함을 보여 주는 천진난만한 아이의 놀이로 볼 수도 있지 않을까요? 어린이 같은 니체의 놀이판에서 어른들의 진리 놀이는 어떻게 보일까요?

열 번째 강의

나비의 날갯짓이 결정론의 성을 허물다

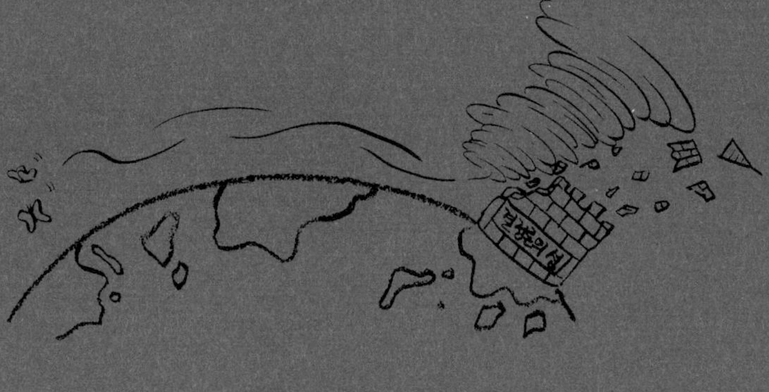

첫째 시간

내일 일을 오늘 알 수 있을까?

여러분은 미래를 알고 싶지 않나요? 내일, 일주일 뒤, 3년 뒤를 알면 좋겠죠? 그렇게 되려면 시간이 정해진 길을 가야 하겠죠? 과연 그런 정해진 길이 있을까요? 오늘 강의에서는 세계가 미리 결정되어 있고 예측할 수 있는지, 이런 세계가 주는 확실성이 어떤 것인지 살피기로 합시다.

오늘, 내일 신문을 배달해 주겠소

우리가 전에도 전능한 악마 때문에 어려움을 겪은 적이 있었는데, 오늘도 악마를 초대해야 할 것 같습니다. 오늘 등장할 악마는 모든 과학자들의 친구라고 자처하는 '라플라스의 악마'입니다. 이 악마는 '세계의 모든 것을 알고 싶다'는 과학자들의 꿈을 실현시키는 작업을 도와주기 위해서 불러온 것입니다.

악마 이야기는 조금 있다가 하기로 하고, 오늘 우리의 문제가 무엇인지를 보죠. 여러분은 가끔 내일을 알고 싶어 할 때가 있죠. 하루 먼저 미래를 알면 얼마나 좋을까요? 과연 그럴까요?

어떤 프랑스 영화를 보면 바로 그처럼 하루 먼저 다음 날의 모습을 알려 주는 악마가 나오죠. 주인공은 악마와 계약을 맺죠. 그것은 악마가 자신의 신통력으로 다음 날 신문을 하루 먼저 배달해 주는 거죠. 아니 내일 신문을 지금 인쇄한 것도 아니고, 내일이 온 것도 아닌데 어떻게 내일 신문이 오늘 배달된단 말입니까? 엉뚱한 반론일랑 접어 두고 그렇게 한번 상상해 보세요.

그래서 어떻게 되었을까요? 주인공은 신나겠죠. 하루 앞을 내다보니, 다음 날 주식 가격을 미리 알 수 있고, 무슨 사고가 일어났으며, 정부가 무슨 발표를 했는지, 누가 누구를 만나서 어떤 일이 벌어졌는지 등을 알 수 있겠죠. 프랑스 신문은 거짓 기사를 쓰지 않는지 신기하게도 오늘 신문에서 본 일이 그대로 내일 일어납니다. 주인공이 돈을 벌고 싶다면 얼마든지 벌 수 있고, 어떤 과학자의 발표도 하루 먼저 알 수 있죠. 그리고 자기가 유명인사라면 자신의 다음 날 모습도 미리 보고 그대로 따라 하면 되겠죠.

그런데 매사가 그렇게 좋은 것만은 아니죠. 어느 날 배달된 신문에 그렇게 잘나가던 주인공이 죽었다는 기사가 실려 있습니다. "아니 이럴 수가, 내가 이렇게 멀쩡하게 살아 있는데 내일 죽다니! 이건 악마의 장난일 거야. 아니면 오보든가."

그렇게 한참 정신없이 날뛰던 주인공은 이럴 때가 아니다 싶어, 죽지 않기 위해 여러 가지 대책을 강구하다가 바로 신문에 난 것과 똑같은 장소에서 똑같은 모습으로 죽고 맙니다. 어떻습니까? 끝이 약간 비극적이죠. 여러분이 미래를 미리 안다면 자신이 죽을 날도 앞서 아는 겁니다. 바로 이번 주제는 이렇게 미래를 예측할 수 있는가와 연결된 '결정론' 문제입니다.

뉴턴의 일기 예보

이런 미래 맞추기 문제는 어제오늘의 일도 아니고, 사람이 사는 곳이면 어디든 중요한 관심거리죠. 다른 경우를 볼까요? 여러분이 어디 다녀올 일이 있어서 아침에 집을 나섭니다. 그런데 비가 온다는 일기 예보를 듣고서 우산을 들고 나가야 했는데, 깜박 잊고 그냥 나갔다가 다시 돌아와서 우산을 챙깁니다.

경우를 조금 바꿔 봅시다. 위대한 물리학자인 뉴턴이 집을 나설 때는 어떻게 할까요? (물론 그 당시에는 일기 예보가 없었겠죠.) 비가 올 것을 확실하게 알 수 있다면 우산을 들고 나가겠죠. 그런데 이 물리학자는 과연 하루의 기상을 정확하게 예측하고 비가 올지 말지를 미리 알 수 있을까요?

왜 우리가 흐린 날 뉴턴 아저씨가 우산을 들고 나가는지에 관심이 있을까요? 여러분은 사과 떨어지는 이야기로 잘 알고 있겠지만, 뉴턴이 만유인력의 법칙을 발견한 덕에 우리는 하늘에 있는 천체들의 운동을 정확하게 계산할 수 있게 되었죠. 앞으로 몇 년 뒤에 무슨 혜성이 지구 옆을 아슬아슬하게 지나 갈 것인지, 해가 몇 시에 뜨고 달이 몇 시에 지는지, 몇 년 뒤에 일식이나 월식이 있을지를 모두 알 수 있죠. 100년 뒤에 달이 어디에 있을지도 계산할 수 있죠.

요즘 달이나 화성에 우주 로켓을 쏠 때도 이런 계산법 덕에 우주선을 발사한 지 몇 시간 뒤에 달에 도착하는지, 어떤 속도와 어떤 방향으로 다시 지구로 돌아올 수 있는지도 계산할 수 있죠. 이처럼 뉴턴은 하늘의 별들이 어떻게 움직이는지를 잘 알고 있는 사람이니, 오늘 비가 올지 말지를 알아맞히는 정도야 누워서 떡 먹기, 아니 사과나무에서 떨어지는 사과의 낙하운동 계산하기보다 훨씬 쉽지 않을까요?

그런데 그게 그렇지가 않답니다. 요즘 이야기로는 날씨를 정확하게 예측하는 것은 어렵거나 불가능하기 때문에 아무리 뉴턴이라고 해도 비 오는 날을 정확하게 예측해서 우산을 들고 나가지는 못할 거라는 겁니다. 일기 예보를 정확하게 하기 위해 기상청은 온갖 자료를 수집하고 슈퍼컴퓨터를 가동하지만 정확한 예측은 어렵다고 합니다.

컴퓨터의 아버지 폰 노이만(von Neumann)이 미국 국무성에 기상 예측과 관련된 프로젝트를 제안한 적이 있습니다. 그 계획은 세계 각지의 기상 자료를 컴퓨터에 입력해서 정확하게 기상을 예측하는 것이었죠. 그의 명성에 힘입어 이 계획이 실행되고 세계 각지의 기상 자료들이 입력되고 컴퓨터가 이 자료를 해석했습니다.

대기 속에 있는 공기입자의 움직임도 뉴턴의 운동법칙을 따릅니다. 그래서 기상학자들은 온도, 기압, 풍향, 습도 등의 자료가 정확하다면 거의 확실한 일기 예보를 할 수 있다고 생각했죠.

독일 기상학자 브란데스(H. Brandes)가 기상 관측 자료를 수집해서 1783년에 일기도를 처음 만들었습니다. 그래서 기압이 어떻게 변할 것이며, 날씨가 어떻게 달라질지를 예측할 수 있다고 보았죠.

이런저런 과정을 거쳐서 자연재해를 미리 막기 위한 노력의 하나로 일기 예보가 중요한 국가 업무가 되었고, 일기도는 매일 신문에 실리게 되었죠. 1922년 영국의 물리학자 리처드슨(O. Richardson)은 유체역학 이론을 배경으로 관측 지점을 3,200개로 나누고 6만 4,000명의 인원을 동원해서 관측 자료를 계산하는 작업을 제안했죠. 나중에 컴퓨터가 개발되자 방대한 자료를 신속하게 처리할 수 있어서 일기 예보가 보다 믿을 만해졌습니다.

이때 예측의 정확성은 관측 지점이 얼마나 많고, 측정 시간 간격을 어떻게 잡는가에 달려 있죠. 보통 관측 간격은 60마일 정도로 잡지만, 보다 완전하게 예측하려면 그 간격을 더 좁히면 되겠죠. 물론 지상의 모든 곳을 정확하게 측정할 수는 없습니다. 예를 들어 지상에서 대기 끝까지 50센티미터 간격으로 관측을 했다고 합시다. 그리고 매 분마다 측정한다고 할까요? 이 정도면 거의 정밀한 자료를 확보하는 셈이죠. 그래서 그 자료를 신속하게 컴퓨터에 입력하고 컴퓨터는 빛의 속도로 계산을 한다고 합시다. 그러면 일기 예보 같은 것은 식은 죽 먹기라고 할 수 있을까요? 그게 그렇지가 않습니다.

장기 예측은 불가능하고, 단기 예측의 경우에도 사소한 오차들이 쌓여서 예측할 수 없는 변화를 일으킬 수 있습니다. 아마 이처럼 엄청난 돈과 인력을 들여서 정확하게 기상을 예측하려는 것은 단순히 기상을 알고 싶어서가 아니라 기상을 통제하고 싶어서겠죠. 그런데 그게 마음대로 되지 않음을 알게 되죠. 그러면 무한한 수의 관측 지점을 두고 1초 간격으로 측정한다면 일기를 100퍼센트 예측할 수 있을까요?

폰 노이만이 아무리 훌륭한 수학자이고, 그의 슈퍼컴퓨터가 아무리 계산 능력이 뛰어나더라도 '대기의 수학' '날씨의 역학'을 완성할 수는 없습니다. 대기는 컴퓨터가 데리고 놀 수 있는 것이 아닙니다. 그것은 누가 원하는 대로 움직이지 않습니다. 이 문제는 나중에 '나비효과(betterfly effect)'를 다룰 때 자세하게 보기로 합시다.

라플라스가 상정한 악마

여러분은 '라플라스의 악마'에 대해서 들어 보셨나요? 당시 최고의 물리학자인 라플라스(P. S. M. de Laplace)는 나폴레옹 황제에게 《천체물리학》이란 책을 바쳤습니다. 황제는 이 책에 '창조자〔神〕'에 대해서 한마디도 언급되어 있지 않은 까닭을 물었습니다. 라플라스는 "폐하, 저에게는 그러한 가설은 필요가 없습니다. 신(臣)에게는 신(神)이 필요없나이다"라고 이야기합니다. 이 이야기는 신이 없더라도, 세계의 모든 것에 대해서 알 수 있다는 뜻인 것 같습니다.

라플라스는 "황제께서 저에게 충분한 시간을 주신다면, 지상에 존재하는 모든 물체가 어디에 있는지, 어떤 속도로 움직이고 있는지를 완벽하게 알 수 있나이다"라고 아룁니다. "놀라운 일이로다!" 황제는 입을 다물지를 못했죠. 그는 계속해서 지금뿐만 아니라 과거에 존재했던 물체들도 알 수 있고, 미래의 경우를 아는 것도 어렵지 않다고 말합니다. 한마디로 모든 물체의 운동을 완전하게 계산할 수 있다고 자부합니다.

라플라스 이야기를 직접 들어 보죠.

"어떤 주어진 시점에서 자연을 움직이는 모든 힘들과 자연을 구성하는 존재들 각각의 상황을 인식하고 있는 지성이 있고, 그것이 주어진 모든 것을 분석할 수 있을 정도로 강력하다면, 그 지성은 우주에서 가장 무거운 물체에서 가장 가벼운 원자에 이르기까지 모든 운동을 단 하나의 공식으로 표현할 수 있을 것이다. 그에게 불확실한 것이라고는 없을 것이며, 미래는 과거와 마찬가지로 그의 눈앞에 보일 것이다."

이렇게 라플라스는 '초인간적 지성을 지닌 존재'를 상정합니다. 이런 악마가 있었으면 하고 한 이야기겠지만, 요즘 이런 능력에 버금가는 계산 능력을 지닌 슈퍼컴퓨터가 있지 않나요?

이런 라플라스의 주장을 '결정론'이라고 합니다. 라플라스는 뛰어난 지성을 지닌 악마를 상정해서 결정론적인 세계에서 모든 물체의 운동을 완전하게 알 수 있다고 주장한 거죠. 이처럼 근대 과학자들과 철학자들은 우주를 완전하게 결정론적인 기계로 파악하기 위해 노력했습니다. 이 세계를 완전하게 결정론적인 기계라고 보고, 이런 결정론적 세계에서 인간의 지성으로 물체나 사건을 모두 파악할 수 있다고 주장합니다.

하나의 계(system)가 결정론적이라면, 그 미래 상태가 현재 상태와 그 역학적 운동법칙에 의해서 완전하게 결정되어 있습니다. 예를 들어, 태양계에 있는 9개 행성의 현재 위치와 속도를 안다면 천체의 운동법칙은 미래의 모든 시간에 대해서 각 행성의 위치와 속도를 정확하게 결정합니다.

다시 정리하면, 이런 물리학적 결정론은 과거에 존재했고, 현재에도 존재하고, 아직 없지만 미래에 나타날 모든 물체들의 운동(위치와 속도)을 정확하게 알 수 있다고 주장합니다. 이런 주장은 원리적으로 인간이 자연세계에 대해서 완전하게 알 수 있다고 보죠. 어떻게 보면 과학의 꿈이기도 하고, 나아가 완전한 인식을 꿈꾸는 인간의 이상일 수도 있습니다.

과학법칙, 결정론, 예측

과학은 현상들이 어떤 관계를 맺는지를 탐구하여 그것들 간의 법칙적 관계를 찾고자 합니다. 법칙은 현상들 간의 필연적인 관계를 말하죠. 근대과학은 현상들이 질서 있게, 규칙적으로 움직인다는 것을 천문학의 영역에서 처음 알게 됩니다.

갈릴레이는 이런 법칙 관념을 물리학에 도입합니다. 그는 피사의 사탑에서 물체를 낙하하는 실험을 하면서 물체를 떨어뜨린 순간 t_0와 얼마 후인 t_1의 낙하 속도가 어떤지를 계산하죠. 이때 법칙은 수학적인 관계, 현상들 간의 관계를 나타내는 함수, $y=f(x)$로 표현할 수 있는 관계들이죠.

현상들 간의 관계를 표현하는 어떤 함수가 있을 때, 만약 변수에 어떤 값을 주면 이 변수값에 따라서 함수값이 정해지죠. 예를 들어 $y=3x$인 경우 변수 x에 1, 2, 2.3, 333331을 주면 이 함수의 값은 3, 6, 6.9, 999993이 되겠죠. 변수 x의 값을 아무리 많이 주더라도 함수값을 아는 데는 아무 문제가 없죠.

이런 법칙은 현상들 사이에 작용하는 일정한 수학적 관계를 보여줍니다. 세계의 움직임은 법칙을 이용하면 예측할 수 있습니다. 즉 방금 든 예에서 x값의 변화는 항상 3배의 값으로 나타나므로 어떤 변수에 대해서도 항상 그 값을 예측할 수 있습니다.

우리는 여기에서 결정론의 원리를 볼 수 있습니다. 결정론은 어떤 현상이건 미리 결정되어 있는 존재 조건에 의해서 엄격하게 정해져서 나타난다는 거죠. 그래서 그 조건이 충족되면 그 현상은 반드시 나타납니다. 이러한 법칙에서 두 현상은 필연적으로 연결됩니다. 그래서 우연히 일치하는 것은 법칙이라고 할 수 없습니다.

그리고 과학자에게 결정론은 '예측 가능하다'라는 말과 통합니다. 관찰된 사실들에 대한 자연법칙을 알면 특정한 현상이 어떤 시기에 어떻게 될지를 엄밀하게 예측할 수 있습니다.

간단한 예를 하나 봅시다. 경부선 기차가 달리고 있습니다. 그 기차가 지금 어디에 있고 그 속도가 얼마인지 안다고 합시다. 그러면 그 기차가 지금부터 1분 뒤에 어디까지 갈지 쉽게 알 수 있죠. 기차의 속도가 시속 60킬로미터라면 1시간 뒤에는 어디에 있을까요? 기차 사고가 나지 않는 한, 우리 수업을 방해하기 위해 일부러 기차를 멈추지 않는 한, 그 기차는 60킬로미터 지점에 가 있어야 합니다. 이처럼 우리는 10분 뒤, 1시간 뒤, 5시간 뒤의 상황을 알 수 있죠. 그렇다면 거꾸로 그 기차가 1초 전, 1분 전, 1시간 전에 어디에 있었는지도 계산할 수 있겠죠. s(거리)=v(속도)×t(시간)이니까 t값을 −t로 잡으면 과거 시점의 위치와 속도를 계산할 수 있습니다.

이상적인 조건에서 지금으로부터 1달 뒤, 1년 뒤에 그 기차가 어디에서 어떤 속도로 달리고 있는지를 알 수 있죠. 마찬가지로 10년 뒤, 100년 뒤에도 그 위치와 속도를 정확하게 계산할 수 있죠.

이처럼 $y=f(t)$로 주어지는 운동 방정식에서 우리가 그 최초의 값, 즉 초기 조건인 t_0를 알 수 있다면 t_1, t_2, t_3 등의 값들을 알 수 있습니다. 즉 변수 t의 모든 경우에 대해서 그 값을 알 수 있죠. 그리고 더 신기한 것은 $-t_1$, $-t_2$, $-t_3$의 값도 알 수 있다는 점이죠. t_1, t_2, t_3 등은 다가올 시간이므로 미래의 시간이죠. 그것을 뒤집어 놓은 $-t_1$, $-t_2$, $-t_3$ 등은 과거의 시간입니다.

이 운동 함수는 미래나 과거에 대해서 똑같이 성립합니다. 이 함수가 미래를 향해서 가는 시간뿐만 아니라 거꾸로 뒤집어 과거를 향해 가는 시간에 대해서도 성립하기 때문에 시간에 대해서 가역적(可逆的)이죠. 이 함수에서 시간은 앞으로도, 뒤로도 갈 수 있습니다.

미래를 기억하는 여왕 이야기

이처럼 기차의 운동에서 현재, 과거, 미래의 운동을 아는 데에는 아무런 문제가 없습니다. 아, 중요한 문제를 그냥 넘어갈 뻔했네요. 방금 본 것처럼 이 운동이 시간에 대해 '가역적'이라는 점이 문제죠. 우리가 아는 보통 시간은 그렇지 않죠. 원래 시간은 한번 앞으로 가면 다시는 뒤로 가지 않습니다. 그래서 비가역적이죠.

그런데 이상하게도 위치와 속도를 계산하는 이 함수에서는 시간이 거꾸로 가더라도 아무 문제가 없는 것처럼 태연하게 답을 찾아내죠. 이런 함수에서 미래나 과거는 현재와 아무런 질적인 차이가 없죠. 우리가 과거로 가기 위해서 타임머신을 타지 않더라도 이런 함수에서 과거로 가는 일은 쉽죠. 그리고 방금 보았듯이 미래 여행도 별 문제가 없죠. 다시 정리하면, 결정론적인 뉴턴 법칙은 시간에 대해 가역적이어서 현재, 과거, 미래가 아무런 질적 차이가 없습니다.

그러면 이런 성격을 재미있는 역설로 만들어 놓은 예를 하나 볼까요? 《거울 나라의 앨리스》를 보면, 흰 여왕이 앨리스에게 어떤 기억을 갖고 있는지를 묻죠. 앨리스는 자기 기억이 한쪽 방향으로만 흐른다고 이야기합니다. 즉 어떤 일이 일어나기 전에는 그것을 기억할 수 없다는 거죠. 당연한 이야기죠. 우리 기억은 현재에서 과거로만 흐르죠.

그런데 여왕은 두 방향으로 흐르는 기억을 가지고 있다고 자랑합니다. 자기 기억은 앨리스처럼 뒤로만 흐르는 빈약한 것이 아니라는 거죠. 이게 무슨 소리입니까? 여왕은 다음 주에 일어날 모든 일까지도 기억하고 있죠. 가령 왕의 전령이 지금 감옥에 갇혀서 벌을 받고 있는데 재판은 다음 주 수요일에 열리고, 죄는 그 후에 짓는다는 거죠. 한마디로 여왕은 미래의 사건을 미리 알고 있는 것입니다. 그러고는 아직 핀에 찔리지도 않았는데 아프다고 소리를 지르죠. 조금 있다가 핀에 찔려서 피가 나지만 이제는 소리를 지르지 않습니다.

사과와 지구는 서로 끌어당긴다

우리가 물체의 위치와 운동을 계산할 수 있는 것은 힘의 법칙과 가속도 법칙 때문이죠. 뉴턴이 정식화한 힘의 법칙들을 이용하면 기차의 운동, 사과가 땅에 떨어지는 운동, 달과 지구의 운동, 빗방울의 운동, 포탄의 운동, 비행기의 운동 등을 정확하게 계산할 수 있습니다.

여러분은 만유인력(萬有引力)의 법칙을 잘 알고 있습니다. 위인전 작가들이 무책임하게 뉴턴이 사과나무 밑에서 떨어지는 사과를 보고 만유인력 법칙을 주운 것처럼 이야기하죠. 별 근거도 없는 이야기지만 익숙한 예니까 사과로 설명합시다. 뉴턴은 사과가 땅에 떨어지는 것을 보고서 사과와 지구라는 두 물체가 서로 끌어당긴다고 설명하죠. 우리 눈에는 사과가 떨어지는 것처럼 보이지만 물리학적으로 사과가 지구에 끌려가기 때문에, 즉 사과와 지구가 서로 끌어당기는 힘 때문에 그렇게 보이죠.

이때 두 물체 사이의 끌어당기는 힘은 물체의 질량의 곱에 비례하고, 그 거리의 제곱에 반비례하죠. (중력 상수 g를 여기에 곱해야 하죠.)

$$F = \frac{m_1 \times m_2}{r^2} \times g$$

그래서 사과의 질량과 지구의 질량을 알고 그 거리도 안다면 사과가 떨어지는 순간부터 땅에 떨어지는 순간까지 작용하는 힘의 크기를 알 수 있죠. 물론 사과가 낙하운동을 언제 시작할지를 정확하게 알기는 힘들죠. 이것은 바로 운동의 초기 조건을 아는 문제죠. 감나무 밑에서 감이 떨어지기를 기다리며 입을 벌리고 있으면 떨어지기 시작한 순간부터 감이 자기 입에 쏙 들어오는 순간까지의 감의 낙하운동을 정확하게 알 수 있지만, 정확하게 언제 떨어질지를 알기는 어렵죠.

갈릴레이는 피사의 사탑에서 비둘기의 깃털과 쇠공을 떨어뜨리는 실험을 했죠. 두 물체가 땅에 떨어지는 힘을 미리 알기 때문에 떨어지는 거리와 속도를 정확하게 계산할 수 있습니다. 이때 떨어지는 순간순간의 힘을 알고 싶으면 '미분법'을 사용해서 운동하는 물체의 순간 속도를 계산하면 되죠. 그래서 운동의 시작부터 끝까지, 모든 순간의 운동을 정확하게 계산할 수 있습니다.

이처럼 떨어지는 사과, 깃털, 쇠공의 위치와 속도를 정확하게 알 수 있고, 기차의 위치와 속도도 알 수 있다면, 하늘에 있는 물체의 운동에 대해서도 알 수 있지 않을까요? 물론 땅에 있는 것과 하늘에 있는 것이 본질적으로 다르다면, 지상의 물체를 설명하는 법칙으로 천체들을 설명할 수는 없겠죠. 그런데 물리학자는 땅에 있는 물체나 하늘에 떠 있는 물체가 모두 똑같은 힘의 법칙에 따라서 똑같이 운동한다고 봅니다.

사과와 달은 힘의 법칙 앞에 평등하다

우리가 지동설 때문에 시끄러웠던 이야기를 한 적이 있죠. 뉴턴의 역학법칙을 이용하면 간단한 공식으로 태양 주위를 돌고 있는 지구의 공전 속도를 정확하게 알 수 있습니다. 사과의 낙하운동을 계산할 수 있는 '힘의 법칙'이 태양과 지구 사이에서도 똑같이 작용한다면, 그리고 이것이 서로 끌어당기는 두 물체 간의 운동이라면, 태양과 지구가 서로 끌어당기는 힘이나 사과와 지구가 서로 끌어당기는 힘을 같은 운동법칙으로 설명할 수 있습니다.

그런데 아리스토텔레스는 지상의 물체와 하늘의 물체가 근본적으로 다르다고 보았습니다. 그래서 하늘의 세계를 '달 위 세계'라고 불렀습니다. 그러니 지상 세계는 '달 밑 세계'입니다. 그는 지상의 물체들이 불완전하게 운동한다고 보았죠. 공기, 불, 물, 흙은 원래 자기에게 주어진 위치가 있다고 보고, 물이 아래로 흐르는 까닭을 물이 원래 있어야 할 자리를 찾아가기 때문이라고 보았습니다. 마찬가지로 사과가 땅에 떨어지는 것도 사과가 원래 있어야 할 자리인 땅을 찾아가는 거죠. 사과가 떨어지는 것은 사과가 자기 고향을 찾아가는 것과 같죠. 사과는 땅에 있어야 안정되고, 나무에 달려 있으면 불안정하다는 거죠. 그래서 공기와 불은 위로 향하고, 물과 흙은 땅 쪽으로 움직입니다.

여러분은 과학적으로 사고하기 때문에 이 이야기가 이상하게 들리죠. 이것은 여러분이 벌써 근대과학을 신봉하기 때문이죠. 그래서 '경험적으로는' 사과가 떨어진다고 하지만, '이론적으로는' 지구가 사과를 끌어당긴다고 보지 않습니까? 물론 눈

달이 저 높은 곳에 떠 천천히 가고 있는 것도 달이 지구에 끌리는 구심력과 벗어나려는 원심력이 같기 때문이죠. 달이 그렇게 공전하기 때문에 우리에게는 천천히 가고 있는 것처럼 보이죠. "달아, 너는 어디로 가느냐?" "나는 내 갈 길을 간다. 이 길은 정해진 길이란다. 자세한 행로를 알고 싶으면 역학 공부를 해라. 물론 나를 물체로만 보지 말고 꿈과 상상력의 대상으로 보는 것도 잊지 말라. 천체 물리학자들 때문에 내가 시적인 존재로 보이지 않아서 안타깝구나."

으로만 보면 떨어지는 것으로 보이지만 과학의 눈, 수학의 눈으로 볼 때에는 서로 끌어당기는 것으로 보이죠. 여러분은 두 종류의 눈을 지니고 있는 것입니다.

지상의 물체들이 그렇게 운동한다면 하늘에 있는 신성하고 영원한 물체들은 어떻게 다르게 운동할까요? '달 위의 세계'에서 일어나는 운동은 완전한 것이어서 원운동을 하죠. 이런 원운동은 영원한 운동입니다. 그래서 태양이나 달, 별 들이 우리 주위를 영원히 회전하고 있고, 그런 운동은 자기의 정해진 궤도를 따른다고 봅니다.

이런 사고방식이 중세까지 계속 유지되었는데, 케플러, 갈릴레이, 뉴턴 시대에 오면 완전히 달라지죠. 천상의 존재와 지상의 존재는 다르게 운동하지 않습니다. 사과나 돌멩이의 운동이나 달과 혜성의 운동은 같은 종류의 운동입니다. 하늘의 달이 지상의 사과보다 더 위대한 것도 더 완전한 것도 아닙니다. 다만 달이 사과보다 더 크고 무겁다는 점이 다를 뿐이죠. 이런 차이는 양적 차이지 질적 차이가 아닙니다.

운동하는 물체가 따르는 힘의 법칙은 하늘에서나 지상에서나 하나뿐이죠. 결코 둘이 아닙니다. 그리고 이 하나의 법칙은 모든 물체에 예외 없이 적용되기 때문에 모든 운동하는 물체에 적용되는 법칙입니다. 만유인력은 모든 물체에 똑같이 적용되죠. 그리고 이 이야기를 하고 있는 저나 여러분도 이 법칙에 따라서 움직이죠. 어떤 사람이 피사의 사탑에서 깃털과 자신 중 어느 것이 먼저 떨어지는가 알고 싶어서 몸을 던지면 두 물체는 똑같은 힘의 법칙에 의해서 거의 같은 속도로 떨어지죠. 힘의 법칙 앞에 인간과 깃털은 평등합니다.

이런 힘의 법칙 때문에 이제 하늘과 지상의 물체는 동질적인 것이 되었죠. 두 종류의 물체는 힘의 법칙 앞에 평등합니다. 이렇게 모든 것이 기계적인 역학법칙으로 설명되면서 신성한 세계가 의미를 잃어버리는 상황을 두고, 파스칼은 '무한한 공간의 영원한 침묵'이 신앙심 깊은 자기를 두렵게 한다고 했죠. 이런 세계에서 신은 기계적인 법칙에 따라서 움직이는 모든 것을 관리하는 존재에 지나지 않습니다.

이런 사고방식에서 우리가 힘의 법칙을 이용하면 모든 물체의 운동을 정확하게 알 수 있고, 물체의 운동에는 어떤 비밀도 없다는 거죠. 우리가 힘의 법칙만 알고 있다면, 빗방울에서 태양까지 운동의 신상명세서를 한 치의 오차도 없이 정확하게 작성할 수 있습니다. 빗방울 345번이 땅에서 얼마 떨어진 지점에서 어떤 속도로 떨어지고 있는지, 달이 지금 어떤 궤도를 그리는지, 조수간만의 차이를 어느 정도 만드는지를 알 수 있죠. 빗방울과 달은 모두 힘의 법칙 안에 있습니다.

모든 순간의 운동을 알 수 있다

앞에서 잠깐 이야기했지만, 법칙의 세계, 결정론적 세계의 특성을 한 가지만 봅시다. 중학교 때 배운 일차방정식을 봅시다. 예를 들어, 서로 마주 보고 달리는 두 기차가 있다고 합시다. 이 기차는 시속 60킬로미터로, 저 기차는 시속 100킬로미터로 달립니다. 그러면 두 기차 사이의 거리가 160킬로미터라면 기차가 몇 시 몇 분에 어느 지점에서 마주칠까요? 너무 쉬운 문제죠. 계산하면 두 기차는 1시간 뒤에 특정한 지점에서 마주치게 되어 있죠.

우리는 1시간 뒤에 두 기차에게 일어날 상황을 예측할 수 있습니다. 달리 표현하면 기차의 1시간 뒤 상황이 결정되어 있죠. 이렇듯 1시간 뒤 상황이 결정되어 있다면 사실 그것은 두 기차가 출발하는 순간부터 이미 결정되어 있지 않나요?

근대 이전에는 운동을 포착할 때 그것을 모든 지점에서 관찰할 수 없었습니다. 우리 눈에는 운동을 시작할 때나 중간 과정에서 두드러진 장면이나 운동이 끝난 상태를 알 수 있었을 뿐이죠. 여러분이 그림이나 조각을 볼 때 운동하는 동물이나 사람의 '한 장면'으로 그 운동의 전체 모습을 요약하고, 그 역동성을 포착할 수 있죠.

한 예로 로마인들이 좋아하는 조각 〈라오콘 군상(群像)〉을 볼까요? 트로이 전쟁 때 트로이 목마를 남겨둔 채 그리스군이 사라지자, 트로이 쪽에서는 그 목마를 성 안으로 끌고 가자는 쪽과 그냥 두자는 쪽으로 나뉘어 다툼이 생기죠. 제사장인 라오콘은 목마를 절대로 성 안으로 옮겨서는 안 된다고 주장합니다. 그때 그리스를 돕던 해신 포세이돈이 크게 노하여 거대한 바다뱀 두 마리를 보내 라오콘과 그 두 아들을 죽게 만듭니다. 라오콘과 두 아들이 뱀에 휘감겨 고통스러워하는 조각을 보면 이 장면이 마치 살아 있는 듯한 느낌을 주죠. 이 한 장면은 뱀에게 물린 때부터 그 이후의 움직임을 적절하게 요약하고, 그 고통의 생생한 모습을 한 장면에 가장 집약적으로 포착합니다. 이 한 장면이 연속적인 운동의 모든 장면을 대표해서 그 상황의 움직임을 재현하고 있죠. 하지만 이 한 장면만으로 그 운동의 모든 순간을 연속적으로 파악할 수는 없습니다. 브뤼겔의 〈농부들의 춤〉이나 마티스의 〈춤〉에 나오는 장면도 한 순간에 운동의 전체를 담고 있어서 역동적인 모습이 잘 나타나죠.

그런데 근대역학이 이 문제를 해결하죠. 이제는 운동하는 물체에서 어떤 한 순간의 값만 알 수 있는 것이 아니라, '모든 순간' '임의의 순간' 값을 모두 알 수 있습니다. 물체의 운동을 함수로 표현해서 $y=f(t)$가 된다고 합시다. 이 경우에 임의의 값 t에 대해서 미분하면 그 '순간 속도'를 알 수 있습니다. 예를 들어 $y=a(t^2)$인 경우에 t^2을 t로 미분하면 2t가 되니까, t가 4.3456인 경우에 그 값은 $at\times2\times4.3456$이 되겠죠.

이것은 $y=3x$나 $y=ax^2+bx^2+cx+d$나 $y=a\sqrt{x}$의 어떤 경우라도 그 모든 x에 대해서 값을 알 수 있죠. 그래서 근대과학은 운동을 연속적으로 파악할 수 있죠. 이처럼 모든 지점에 대해서 빠짐없이 값을 알 수 있기 때문에 운동의 단편적인 모습이 아니라 그 연속적인 모습을 알 수 있습니다.

다르게 이야기하면 어떻게 되나요? 이렇게 운동하는 물체를 연속적으로 정확하게 계산할 수 있다면, 운동체의 모든 운동 상태를 완전하게 계산할 수 있으니까, 우리가 이 운동에 대해서 모르는 것은 없다는 게 되죠.

여기서 라플라스 악마의 주장을 다시 한 번 정리해 볼까요? 이 악마는 모든 운동을 알 수 있다고 했죠. 그는 운동하는 물체에 대해서, 그 장소가 어디건, 시간이 언제건 정확하게 알 수 있다고 했죠.

우리가 앞에서 '진리'에 관해 이야기할 때, 진리는 보편적이기 때문에 장소가 바뀌거나 시간이 달라진다고 해서 바뀌지 않는다고 했죠. 즉 시간과 장소에 대해서 불변적이어야 한다고 했습니다.

플라톤은 진리를 찾기 위해서 장소와 시간에 따라서 변하지 않는 존재를 문제 삼습니다. 그런데 라플라스는 운동과 변화 없이 항상 똑같이 존재하는 것보다는 운동하고 변하는 것이 어떤 관계를 맺는지를 알려고 하죠. 그래서 변하면서도 일정한 질서를 보여 주는 것을 찾습니다. 물체들이 운동하는 경우에 그것들은 제멋대로 움직이는 것이 아니라 일정한 힘의 법칙에 따라서 움직이죠. 근대과학은 고정된 것 대신에 운동하는 물체와 그 법칙을 찾습니다.

물론 이때 물체는 법칙에 따라서 움직이지만 법칙 자체는 움직이지 않죠. 그렇다면 그 법칙은 스스로 움직이지 않으면서 움직이는 물체들을 질서 있게 움직인다고 하면 어떨까요? 이처럼 근대과학은 '운동의 진리'를 설명하고자 합니다. 그리고 법칙으로 이 운동의 모든 상태를 완전하게 알 수 있다고 봅니다.

사주로 본 운명 방정식과 결정론

아직까지도 철학 공부를 한다고 하면 자기 사주를 봐 달라고 보채는 사람이 더러 있습니다. 이런 분들은 철학을 '운명철학'의 줄임말로 아는 거죠. 하기야 요즘처럼 철학이 땅바닥에 내팽개쳐진 시대에 그나마 철학이 인생에 도움이 된다고 생각하고 아껴 주시니 고맙기는 합니다.

운명론은 한 사람의 사주로 그 사람의 인생을 완전하게 알 수 있다고 보죠. 사주(四柱)는 말 그대로 4가지 기둥을 말합니다. 무슨 기둥인가요? 인생 함수를 읽을 수 있는 4가지 시간값을 말하죠. 바로 태어난 연월일시입니다. 이 가운데 가장 중요한 값이 뭘까요? 바로 태어난 시각이죠. 이 시각을 몰라서는 안 되죠. 같은 날 태어난 사람이라고 똑같은 운명을 타고났다고 할 수는 없으니까요.

시간 간격은 2시간 단위를 기본으로 하여 하루를 12단위로 나눕니다. 전날 밤 11시부터 다음 날 1시까지가 자시(子時, 쥐들이 활동하기 좋은 시각), 1시부터 3시까지가 축시(丑時, 부지런한 소들이 일어나는 시각)라고 보죠. 이렇게 시간을 구분하기 때문에 같은 시간대에 태어난 사람들은 같은 값(사주)을 가지고 있어서 같은 운명을 타고납니다.

그러면 한 사람의 운명 함수가 시간을 가장 중요한(유일한) 변수로 삼는다면 이렇게 표현할 수도 있지 않을까요?

$L = f(t)$

이때 태어나는 시점은 운명 함수의 출발점인 $f(t_0)$에 해당됩니다. 이 시점이 바로 초기 조건인 셈이죠. 우리나라에서는 아이가 태어나면 무조건 '한 살'이라고 하죠. 이것은 f(0)이면 계산이 안 되기 때문에 f(1)로 만들기 위해서 그런 것이 아닐까요? 그것은 시간축 t의 원점이기도 하고, f(t)의 모든 값을 정해 주는 가장 중요한 시점이죠. 그리고 인간의 운명 함수를 읽을 수 있는 신통력을 갖춘 사람이 있다면, 이 t의 각 값들에서 운명의 주인공이 어떤 삶의 모습일지를 미리 알 수 있을 겁니다.

예를 볼까요? 주인공을 '필지(必至)' 씨라고 합시다. 갓 태어난 필지의 두 살 3개월 때 모습을 살짝 엿볼까요? f(2.3)의 값을 보니까, 크게 아파서 고생하지만 위기를 무사히 넘길 수 있답니다. 계속 f(5)의 값을 보니, 아주 고집이 세고 말썽을 많이 부려 부모의 속을 조금 썩이지만 그 외에는 별다른 탈이 없군요. f(10)은 초등학교 3학년인데 공부를 아주 잘해서 부모를 기쁘게 할 것이고, f(20)을 보니 대학에서 기계를 다루는 분야를 전공하는데 손재주가 뛰어나고 머리가 비상한지라 주위의 눈길을 끄는군요. 다만 부모와 떨어져서 사는 것

이런 사정 때문에 시인 블레이크는 "모래 한 알에서 세계를 보고 / 들꽃 한 송이에서 천국을 본다. / 그대의 손바닥에 무한을 쥐고서 / 순간 속에서 영원을 잡으라"라고 하지 않았을까요? 존재하는 사물과 사람은 서로서로 일정한 영향을 주고받습니다.

으로 보아서 어디로 유학을 간 모양이네요. f(25)를 보면 결혼 상대자가 나타나긴 하지만 별로 어울리지 않는 편이니 다음 기회를 기다리는 것이 좋겠고, f(35)를 보니 결혼해서 아이가 둘 있고, 다른 사람 밑에 있는 것을 견디지 못하는 성미라서 독립해서 자기 사업체를 경영하고, 이때 사업은 순조로울 것이고…… 이처럼 태어난 시각만 주어지면, 운명 함수에서 알고 싶은 시기의 값(주인공의 구체적인 삶의 모습)을 알 수 있을 겁니다.

그런데 운명 함수에서는 필지 씨에게 25세에 결혼하지 말고 더 기다리라고 했는데, 결혼하고 아이 낳는 것은 혼자 하는 일이 아니니 적절한 상대를 찾아야 하고, 그 상대방과 궁합이 맞아야 할 것 아닙니까? 필지 씨가 만약 남자아이 둘과 여자아이 하나를 낳을 운이라면 상대방도 같은 수의 아이 운을 지녀야 궁합이 맞겠지요. 그런데 만약 상대방이 여자아이 둘을 낳을 운명이고, 결혼한 후에 서로 합의해서 아이를 둘만 낳았다면 이는 천명(天命)을 거역하는 일이 되죠. 운명에 예정된 아이 하나는 어디로 간 거죠? 게다가 아이가 없는 운을 가진 상대와 결혼한다면 더 큰일이죠. 세 명의 아이들은 그저 가능성으로만 존재할 뿐, 세상 구경을 못 할 테니까요.

한 사람의 운명은 그 사람 혼자만의 문제가 아닌 거죠. 그 사람이 외부 영향과 무관하게 독립적일 수 없기 때문이죠. 그러니 운명 함수를 제대로 알려면, 방금 보았듯이 한 사람의 운명이 가깝게는 가족, 멀리는 인류 전체와 연결되어 있듯이 맞물려 있는 모든 사람의 함수까지 한꺼번에 알아야 할 겁니다.

운명 함수에 약간의 오차라도 생긴다면

개인의 운명 함수를 좀 더 살펴볼까요? 필지 씨가 25세에 결혼하려고 하는데 말려야 된다고 했죠. 그런데 굳이 결혼을 말릴 필요가 있을까요? 주인공 운명의 길이 이미 정해져 있다면 굳이 말리고 말고 할 것도 없죠. 운명 함수가 부모의 반대까지 이미 포함하고 있어서 결혼이 성사되지 않는 것으로 나와 있을 수도 있으니까요. 운명이 25세에 결혼하는 것을 허락하지 않기 때문에 일이 이루어지지 않는 것이라고 보면 마음이 편하겠죠.

만약 그들이 운명의 충고를 무시하고 결혼한다면 어떻게 될까요? 운명 함수에는 그런 경우가 나와 있지 않으니까, 그들은 이제 운명을 개척하면서 창조적으로 산다고 해야 할까요? 사정이 그렇게 바뀐다면 이후의 운명 함수 값도 바뀔지 모르죠. 그러면 두 종류의 운명이 뒤죽박죽되지 않을까요?

두 사람이 운명의 조용한 나라를 뒤집어 놓았으니, 원래 이들과 결혼하기로 되어 있던 두 천생연분은 각기 운명에 없는 또 다른 사람과 엉뚱하게 결혼하겠죠. 이렇듯 단 두 사람의 어긋난 만남으로 다른 모든 천생연분이 어울리지 않는 짝과 결혼을 할지도 모르죠.

그리고 두 사람의 어긋난 결혼으로 그들이 점지 받은 아이들도 이상하게 될 수 있죠. 하늘의 정기를 타고날 아이들의 얼굴도 볼 수 없으니 맹랑한 노릇이죠. 게다가 새로 태어날 아이들은 사주팔자에도 없는 아이들이거나 운명을 급조해야 할 텐데 이 일을 어쩌죠? 운명의 나라가 이렇게 한두 사람의 철없는 짓으로 무너질 수 있다면 참 어이없는 일입니다. 운명의 나라도 나름대로 자구책을 만들어야 하한 사람의 초기 조건만 알면 이 사람의 운명 함수가 담고 있는 모든 순간의 값을 다 알 수 있는 것과 사과가 땅에 떨어지는 운동 함수, 기차가 움직이는 운동 함수, 달이 지구 주위를 움직이는 운동 함수, 지구에서 로켓을 발사해 언제 로켓이 달에 착륙할지를 계산하는 것과 전혀 다른 문제는 아닌 거죠.

지 않을까요?

어쨌든 우리의 이런 고민을 아는지 모르는지 운명 함수는 계속해서 중년 이후의 삶의 값들을 보여 줄 것이고, 자식들이 잘되니 못 되니, 늦복이 있느니 없느니, 말년이 좋으니 나쁘니, 그렇게 얼마쯤 살다가 운명 함수에 더 이상 값이 없는 마지막 날이 오겠죠.

밝은 강의실에서 이런 이야기를 하면 젊은 친구들은 코웃음을 치죠. "아니, 이렇게 과학이 발달한 시대에……." "어떻게 사람이 태어난 시간만 가지고 그 사람에게 일어날 모든 일들을 미리, 그것도 정확하게 알 수가 있단 말입니까?" "우리 둘이 이렇게 사랑하는데 궁합이 상극이라니……." 한마디로 사주는 비과학적이라는 거죠.

그런데 제가 보기엔 꼭 그렇지도 않은 것 같습니다. 뉴턴 역학과 사주풀이는 그 내용이 같은 것은 아니지만, 그 사고방식은 유사합니다. 사주풀이가 주장하는 운명론은 서양 근대과학이 주장하는 결정론적 세계관을 아주 알기 쉽게 번역해 놓은 것이 아닐까요?

뉴턴의 역학법칙을 구사하는 라플라스의 악마가 사람의 운동을 계산할 수는 없을까요? 그래서 사람의 삶이 시간에 따라서 변하니까 사람이 보여 줄 삶의 궤도를 시간 함수로 나타낼 수는 없을까요?

이처럼 사주로 확인할 수 있는 운명 방정식의 결정론적인 세계를 잘 알고 있는 초인적 지성이 바로 라플라스의 악마가 아닐까요? 우주와 인생의 심오한 비밀을 알고 있는 도사들은 라플라스의 악마가 미처 계산하지 못했던 것들까지 훤히 알고 있는 것이 아닐까요? 라플라스가 이 사실을 알았더라면 황제에게 악마의 현신(現身)을 보여 줄 수 있었을 겁니다.

미래의 나를 만나러 가는 여행

결정론은 정도의 차이에 따라 강한 결정론과 약한 결정론으로 나눌 수 있습니다.

가령 한 아이가 정해진 날에 태어났다고 합시다. 주인공이 태어나자마자 두 살 때의 운명을 미리 알 수 있다고 했죠. 그렇다면 두 살 때의 모습은 미래지만, 가능성으로 이미 주어져 있어야 합니다. 그렇지 않다면 운명을 미리 알 길이 없을 테니까요. 그리고 열 살 때의 상황도 알 수 있으니 9년 뒤의 모습도 미래 속에서 때를 기다리고 있다가 그 시간이 되면 어김없이 현실로 바뀐다는 이야기죠. 이상하지 않나요? 어떻게 미래의 모습이 미리 만들어져서 시간의 그 어딘가에서 기다리고 있단 말입니까?

사정이 이러하다면 사주 풀이에는 어떤 재미있고도 기묘한 생각이 숨어 있는 것일까요? 한 살짜리 아이가 앞으로 살아갈 모습을 미리 알 수 있다고 한다면, 그 아이의 미래는 태어날 때부터 이미 만들어져 있어야 하죠. 그러면 시간 속에 숨어 있는 미래 존재는 그 아이 대신에 미리 그 아이 삶을 살고 있어야 하죠. (한 아이가 태어난 시점에 이미 아이의 인생이 다 만들어져 있다고 하니, 그는 살아가면서 그렇게 주어진 미래의 모습이 바로 예정된 자기임을 하나하나 보여 줄 뿐입니다.)

저는 이것을 '시간의 기차 여행'에 비유하고 싶습니다. 내가 지금 다섯 살이라면, 기차 앞쪽의 9번 칸에는 아홉 살의 내가, 더 앞쪽에는 열여섯 살의 내가, 그 앞에는 또 미래의 내가 살고 있고, 나는 한 칸, 또 한 칸 앞쪽으로 가고 있는 거죠. 내가 그 칸으로 가면 거기에 있던 '미래의 나'는 '현실의 나'로 바뀌죠. 참 재미있는 기차 여행 아닌가요? 내가 바로 나를 찾아가는 여행인 셈이죠.

그래서 갓 태어난 '지금의 나'는 기어 다니지도 못하지만 '10년 뒤의 나'는 초등학교를 다니고 있고, '18년 뒤의 나'는 수능시험을 치르고 있고, '28년 뒤의 나'는 사랑하는 그녀와 함께 결혼식장에 서 있고, '35년 뒤의 나'는 두 아이의 손을 잡고 놀이터에서 놀고 있습니다. 이런 '미래의 나'들은 내가 갈 때까지 나를 대신해 열심히 살고 있을 겁니다.

이처럼 내가 현재 살고 있는 세계, 경험하는 세계 옆에는 수많은 미래의 세계들이 이미 있습니다. 이 미래 세계들이 지금 내가 살고 있는 세계와 함께 동시에 존재하는 거죠. 다만 이 미래 세계들은 보이지 않는 가능성으로 있는 점이 다를 뿐입니다. 그렇다면 이 세계에는 '현재의 세계'와 수많은 '미래 세계들'이 다른 시간들에서 공존하고 있습니다. 그리고 나는 지금 세계에서 다음 세계로 차례차례 옮겨 가고 있는 거죠.

태어나는 시간이 바뀌면 운명도 바뀐다

그런데 재미있는 점은 나의 운명이 오직 나만을 위해서 있는 것이 아니라 '그 누군가를 위해서' 있다는 거죠. 벌써 무슨 뜻인지 알아들은 사람도 있겠지만 조금만 이야기해 볼까요?

내가 태어난 그 시간에 나의 미래 모습이 이미 주어져 있다면 그 미래들은 한꺼번에 모두 만들어져 있어야 하죠. 그리고 만약 그 시간에 내가 아닌 다른 사람이 태어나더라도 그 운명의 내용은 바뀌지 않죠.

예를 들어, 같은 날 세 사람이 태어났다고 합시다. 명수가 밤 12시(자시)에 태어나서 A라는 운명 함수를, 희진은 새벽 2시(축시)에 태어나서 B라는 운명 함수를, 희원이는 새벽 4시(인시)에 태어나서 C라는 운명 함수를 갖게 되었다고 합시다. 이때 명수가 12시가 아닌 2시에 태어났다면 운명 함수 A가 아니라 B여야 할 겁니다.

이것이 무엇을 뜻할까요? 함수 A는 원래 명수 것이 아니라 '그 시간에 태어난 사람의 것'이라는 이야기죠. 즉 명수가 12시에 태어났기 때문에 함수 A를 배당 받은 것이지, 명수가 원래 타고난 운에 따라 12시에 태어나서 함수 A를 배당 받은 것은 아니라는 겁니다.

이처럼 한 사람이 태어날 때 이미 시간대별로 운명 함수가 모두 마련되어 있습니다. 그가 누구든 자기가 태어난 시간대에 정해져 있는 함수를 하나 배당 받는다는 거죠. 여기에서 중요한 것은 시간이지 그 시간에 태어난 사람이 아닙니다. 왜냐하면 사람은 바뀌어도 그 시간의 운명은 바뀌지 않으니까요.

누가 그 시간에 태어나건 그 시간에 배당된 함수가 정해져 있으니, 그 시간에 태어난 사람은 그 함수의 내용에 따라 살게 되겠죠. 그래서 사주팔자는 '시간' 문제지 '사람' 문제가 아닌 것입니다.

모든 것은 처음부터 미리 주어져 있다

이런 예를 통해 결정론의 특징적인 사고방식을 잘 볼 수 있습니다.

우리는 운명 함수가 각 개인에게 하나씩 배당된다고 보았죠. 그런데 그런 개별적인 '작은 함수'(각 개인들의 함수)가 있다면, 모든 개인들의 운명 전체를 담고 있는 보편적인 '큰 함수'(인류 전체의 함수)도 있겠죠. 그리고 모든 사람의 운명이 다 들어 있는 이 큰 함수를 만드는 원리, 법칙이 있을 겁니다.

이 큰 함수에는 과거, 현재, 미래의 각 시간대별로 이미 태어난 사람, 지금 태어나는 사람, 앞으로 태어날 사람 모두에게 줄 작은 함수들이 모두 들어 있겠죠. 물론 이 함수는 사람들이 태어나기 전에 미리 준비된 것이죠. 그래서 누군가가 태어나면 이 큰 함수는 기다렸다는 듯이 그 사람의 시간에 따라서 운명 예정표를 나누어 줍니다. 모두의 운명을 담고 있는 이 큰 함수는 처음부터 이미 만들어져 있습니다. 즉 개인들의 운명은 예정된 것이죠.

더 간단하게 이야기해 봅시다. 한 아이가 태어나는 시점에 그의 미래가 이미 다 주어지죠. 그러면 그 아이가 태어나는 시점도 사실은 우연이 아닐지도 모르죠. 그 아이는 아버지, 어머니의 운명 함수가 교묘하게 겹쳐서 그날 그때 태어나도록 정해져 있는 것이 아닐까요? 아버지와 어머니의 공동 운명 함수에 아들 둘과 딸 하나를 낳게 되어 있는데, 우리 주인공이 정해진 날의 정해진 시간에 우렁찬 울음소리와 함께 태어났던 것은 아닐까요?

만약 그렇다면 조금 거슬러 올라가서 주인공 아버지의 탄생도 그런 운명이 선택한 날에 태어났을지도 모르죠. 그러면 아버지의 아버지, 아버지의 어머니의 경우도 같을지 모르죠. 이렇게 거슬러 올라가다 보면 주인공의 족보에 나오는 아버지들, 어머니들, 또 그들과 관련된 선조들도 그들이 태어나는 시점에 그렇게 인연을 맺도록 미리 정해 놓지 않으면 중간에 어긋나서 계획표에 이상에 생길 겁니다.

앞에서 '동양의 라플라스 악마'가 모든 사람의 위치와 속도를 완전하게 알 수 있다고 자랑한 것이 바로 이런 것이었나 봅니다. 대단한 능력이죠. 그것을 아는 악마도 신기하지만, 그렇게 되도록 조화를 부리는 존재는 정말 대단합니다.

만약 신이 있다면 어떻게 될까요? 신이 그런 운명 함수들을 모르고, 인간 한 사람 한 사람이 앞으로 10년 뒤에 어떻게 될지 모른다면 이상하죠. 신은 말씀은 없으시지만 모든 것을 이미 다 알고 계시겠죠? 기독교에서 말하는 인간 세상의 마지막 날도 이 세상이 창조되는 날에 이미 정해져 있는 거죠. 인간 역사가 어떤 행로를 거쳐서 그 끝에 이를지가 창조의 첫날에 이미 결정되어 있는 거죠.

그래서 시간을 거슬러 올라가는 여행에서 내가 태어나는 날짜에 내 모든 미래의 운명이 정해지는 데 그치는 정도가 아니라, 지구가 생겨난 시점에 앞으로 지구에서 살아갈 인간들의 그 많고 많은 삶들의 모습 전부가 미리 완벽하게 예정되어 있다고 해야겠죠. 그래서 지구가 생긴 날, 인간이 처음 나타난 날부터 인간들의 운명은 정해져 있나 봅니다. 그러니 하늘 아래 새로운 것이 있을 턱이 있나요?

이름을 잘 지어야 자기답게 살 수 있다

그런데 이렇게 이야기하면 너무 어렵고 겁나기도 하죠. 이런 완전하고 강한 결정론은 아마 가능하지 않을 겁니다.

그래서 한 사람의 운명에 그 사람이 겪을 미래의 사건 하나하나가 빠짐없이 정해져 있다기보다는 그 사람이 살아갈 기본 프로그램, 성격, 행동양식 정도가 미리 주어진다고 보는 거죠. 즉 세부 내용이 아니라 기존 윤곽, 틀만 주어진다는 거죠. 물론 이런 주장도 결정론을 포기하지는 않습니다. 입력된 프로그램은 상황에 따라서 적절하게 반응하고, 필요한 경우에 수정하기도 하지만 프로그램 자체는 바뀌지 않죠.

이를테면 A는 학문에, B는 사업에 맞는 성격과 능력이 부여되었다고 합시다. 이때 어떤 사업, 어떤 학문인지가 정해져 있는 것은 아니라는 거죠. 다만 그런 방향이 그들에게 어울린다는 거죠. 그래서 세부적 내용은 각자가 알아서 채우면 됩니다. 사정이 이렇다면 운명에도 약간의 가변성이나 선택의 여지가 있고, 나름대로 노력해야 할 틈도 있는 거죠. 물론 노력한다고 해서 자신의 성격이나 행위 유형이 바뀌지는 않습니다. 머리가 비상한 사람은 자기에게 어울리지 않는 곳에 있다 하더라도 여전히 머리가 비상할 수밖에 없죠.

이처럼 약한 운명론자들은 한 걸음 물러섭니다. 그래서 좀 더 부드러운 결정론을 내세우죠. "사람의 운명을 사주만으로 알 수는 없고 관상도 봐야 한다." "얼굴 생김이 운명에 딱 맞는 것이 아닐 수도 있으니 수상, 족상도 필요하고 무엇보다도 골상(骨相)이 중요하다고 합니다."

이렇게 따지면 얼굴 생김새보다는 몸 생김새가, 또 그보다는 마음 생김새[心相]가 더 중요하다고 하겠죠. 여러분은 자기 마음이 어떤 모양인지 본 적이 있나요? 심상을 읽을 수 있으려면 해석 능력이 훨씬 뛰어나야 할 겁니다.

또 사주만 좋아서는 안 되고 '이름'도 잘 지어야 한다고 하겠죠. 이름 짓기는 그저 예쁜 이름이나 멋있는 이름을 짓는 것이 아니라 이름에는 '뜻'이 들어가야 한다는 거죠. 그리고 제대로 된 작명은 사주에 맞추어야 합니다. 예를 들어, 사주에 불[火] 기운이 강해서 고집이 세고 기가 강한데 이를 적절하게 누그러뜨리고 싶으면 이름에

물(水) 기운을 넣어서 지어야겠죠. 아니면 약하고 부족한 점을 보충해서 이름을 지어야 합니다.

이런 사정에 의하면 좋은 이름과 나쁜 이름이 있습니다. 좋은 이름은 자기의 운명과 잘 어울리는 이름이고, 사주의 부족한 부분을 보완하고 넘치는 부분을 다듬어서 이름의 기운으로 운명의 길을 잘 가도록 돕는 것입니다. 즉 자신의 운명 함수에 걸맞은 이름을 지어야겠죠.

앞에서 살펴본 강한 결정론자에 따르면 이름이 운명의 방향을 바꾸어서는 안 되겠죠. 그런데 '이름이 중요하다'는 입장에서는 이름을 선택할 수 있고, 자신의 운명 함수에 걸맞은 이름을 선택한다는 것은 운명을 약간이나마 수정할 수 있는 자유의 폭이 있다는 겁니다. 그런데 이처럼 좋은 이름을 지으려면 먼저 운명을 알아야 하고, 거꾸로 그 운명이 이름에 의해 더하거나 뺄 수 있다고 했으니, 서로 물고 물리는 악순환의 고리가 있군요. 이상하지 않나요?

또 어떤 사람들은 이런 복잡한 사정을 고려해서 좀 더 교묘하게 이야기하죠. 아마 확률 공부를 했는지, 사람의 운명은 '사주가 70퍼센트, 자기 노력이 30퍼센트'라고 이야기합니다. 물론 이때 각 퍼센트는 사람에 따라서 달리 배합될 수 있습니다. 그런데 운명이 주어져 있는데도 그 운명을 만드는 데 자기 노력이 몇 퍼센트 필요하다는 이야기가 이상하지 않나요?

예를 들어 전체 100퍼센트 가운데 자기 노력이 10퍼센트라면 그 10퍼센트는 중요한 것인가요, 아니면 대수롭지 않은 것인가요? 아마 좋은 운명을 타고났는데도 잘

우리는 앞에서 결정론적 과학이 물체의 운동을 다루는 것을 보았죠. 이제 그런 사고를 잇는 과학과 철학에서 인간을 어떻게 보는지 살펴볼까요? 과연 물체가 아닌 인간도 인과법칙에 충실하게 따를까요?

풀리지 않는다면 "자기 노력이 몇 퍼센트 부족했기 때문이다"라고 하겠죠. 운명도 알 수 없는 구석이 있군요. 인간의 운명을 알 수 있다고 하면서도 '관상 몇 퍼센트, 골상 몇 퍼센트, 심상 몇 퍼센트'라고 한다면 사실상 '잘 모르겠다'라는 이야기나 마찬가지죠. 100퍼센트 아니면 0퍼센트가 있지, 99퍼센트는 알고 1퍼센트를 모른다고 해도 될까요?

운명 함수를 가지고 살아 움직이는 사람의 미래 행로를 아는 것은 이처럼 쉬운 일이 아니죠. 그리고 설명할 수 없는 가정도 많이 숨기고 있습니다. 이 문제는 결정론이 주장하듯이 인간이 정해진 운명의 길을 가는 것인지, 아니면 인간에게 그런 정해진 길은 없고 어느 정도 자유의 몫이 있는지 하는 문제와도 연결되겠죠. 극단적인 경우에 '모든 것이 결정되어 있어 꼼짝할 수 없다'는 이야기와 '아무것도 결정되어 있지 않기 때문에 전적으로 자유롭다'는 이야기가 서로 대립하면서 상대를 비난하겠죠. 그런데 우리는 이처럼 극단적인 결정론과 극단적인 자유 중 하나를 골라야 할까요?

이제는 생물학에서 인간의 DNA 정보가 밝혀지면서 저장된 유전 정보가 사람의 모든 것을 결정한다는 이야기도 있는데, 이런 생물학적 결정론으로 우리를 기죽이려고 하는 것은 아닌지 모르겠군요.

인간의 행동은 결정되어 있는가?

먼저 인간을 우주의 한 요소로 보고 전체에 의해서 결정된 자연의 작은 부분, 혹은 세계라는 거대한 기계의 단순한 톱니바퀴로 보는 사고방식을 '보편적인 결정론'이라고 할 수 있습니다.

현대과학도 이런 결정론을 지지합니다. 생물학, 정신분석학, 사회학은 인간 행동에서 우연성을 제거하려고 하죠. 생물학은 인간의 행동을 생리화학적 작용이나 호르몬 작용에 의해서 설명하려고 합니다. 정신분석학은 인간의 욕망과 행동을 어린 시절의 환경에서 만들어진 무의식적 심리 구조로 설명합니다. 사회학에서는 우리가 받은 교육, 우리가 속한 사회 계층 등이 우리 행동의 원인이 된다고 주장하죠.

이런 주장을 조금 더 볼까요? 동성애를 정당하다고 보는 주장에는 동성애자가 선천적으로 동성에 이끌리도록 되어 있다는 생물학적인 정당화가 있죠. 원래 그렇게 태어났다니 어쩔 수 없다는 건가요? 만약 그/그녀가 동성애를 혐오하는 문화에서 살아야 한다면 비난을 피해서 몰래 사랑하는 수밖에 없죠. 과연 동성애자가 모두 선천적으로 결정되어 있기 때문에 그런 비난을 무릅쓰고라도 동성애를 하게 마련이라면 다른 요인들은 중요하지 않을까요?

또 여성들이 중년 이후에 성격이 활달하고 대범해지는 현상에 대해 남성 호르몬이 많이 나오기 때문이라고 설명하죠. 반면 그 시기의 남성들은 여성 호르몬이 증가해서 잘 삐치고 우울하거나 의기소침해진다고 하죠. 이 시기의 남성성, 여성성은 호르몬 양에 의해서 결정되는 거죠. 이런 방식으로 정신분열증이나 신경증 환자에 대해서도 '원래부터 그렇게 생겼다'라고 설명하기도 하죠. 원래 두뇌에 이상이 있어서 그렇다는 거죠. 과연 그런지 잘 모르겠지만 모든 인간 행동을 이런 생물학적 요인으로만 설명하는 것은 어색하죠.

그리고 사회학에서는 인간을 둘러싼 환경이 인간의 행동을 결정한다고 봅니다. 인간에게 선천적인 본성(nature)이 있는 것이 아니라, 어떤 환경에서 어떻게 교육 받는가에 따라서 특정한 성격과 행동양식을 갖게 된다고 봅니다. 그래서 인간이 바람직하게 태어나는 것보다는 환경을 바람직하게 만드는 것에 중점을 두죠. 이것은 '맹모삼천지교(孟母三遷之敎)'에서도 그 예를 찾아볼 수 있습니다. 또 인간임에도 늑대들 사이에서 키워진 늑대인간의 예도 환경, 교육의 중요성을 잘 보여 주죠.

하지만 이런 '환경결정론'이 지나치면, 인간은 원래 백지상태이기 때문에 거기에 어떤 내용을 쓰는가에 따라서 얼마든지 다르게, 원하는 대로 만들 수 있다는 '인간제조론'으로 갈 수 있습니다. 인간과 환경의 관계는 그리 단순하지 않습니다. (역사적으로 인간의 본성만 강조하거나 환경결정론만 강조했던 경우들이 보여 주는 어리석음이 너무나 많습니다.)

원인 없는 결과는 없다

정신분석학의 경우를 살펴보기로 하죠. 이 가운데 '무의식 이론'을 조금만 살펴봅시다. 이 틀은 인간의 욕망이나 행동을 의식의 측면에서 볼 때는 이해할 수 없지만, 무의식을 안다면 잘 이해할 수 있다고 보죠. 그래서 의식적인 동기나 의도가 없는 경우에도 무의식적인 원인이 있다고 봅니다. 어떤 행동의 이유, 동기 뒤에는 은밀한 동기가 숨어 있습니다. 하지만 이 은밀한 동기 뒤에는 더욱 은밀한 (무의식적인) 동기가 숨어 있죠. 그래서 일상적인 행동들은 의식적으로 관찰할 수 없는 숨어 있는 동기들과 관련되죠.

프로이트(S. Freud)가 '실수'를 분석한 경우를 본 적 있나요? 한 예로, 회식 자리에서 어떤 사람이 "우리 모두 건배합시다"라고 해야 할 때에 자기도 모르게 "우리 모두 토해 버립시다"라고 한 경우가 있습니다. 우리말에서는 이런 실수를 할 리가 없지만, 독일어에서 '건배하다(an-stossen)'와 '토하다(auf-stossen)'라는 단어는 비슷해서 실수할 만하죠. 아마 이 사람은 우리가 잘 모르는 어떤 이유 때문에 이런 의도하지 않은 실수를 했을지도 모릅니다.

별다른 이유 없이 물건을 훔쳤을 때 의식적인 동기가 없다고 해서 그냥 한 행위이거나 천성적인 도벽 때문인 것은 아니죠. 어떤 사람이 필요하지도 않은데도 '반짝이는' 것을 갖고 싶어서 금시계를 훔친 경우에, 이때 금시계는 그 사람에게 반짝이는 물건에 대한 무의식적인 욕망일 수 있죠. 이를테면, 떠나버린 엄마 때문에 생긴 애정의 욕구불만을 보상 받으려고 하는 욕망 때문일 수 있는 거죠.

우리는 보통 실수에는 '이유가 없다'고 생각하죠. 그런데 사실은 이유가 없는 것이 아니라 이유를 모르는 거죠. 따지고 보면 이유 없이 실수할 리는 없습니다. 그러면 왜 의도하지 않은 실수를 하게 될까요?

프로이트에 따르면, 실수는 우연한 것이 아니고 진지한 심리적 행위이며. 무의미한 것이 아니라 독특한 의미를 숨기고 있죠. 즉 실수에는 자기가 숨기고 싶은 어떤 의미가 들어 있다는 거죠. 그래서 실수는 나름의 목표를 추구하는 심리적 행위라고 봅니다. 즉 실수하면서 어떤 무의식적 의도를 드러낸다는 거죠.

> 프로이트는 실수를 두 개의 다른 의도가 서로 맞섬으로써 생긴다고 봅니다. 의식적 의도와 무의식적 의도가 갈등을 일으키면서 묘하게 겹쳐서 실수로 나타난다고 보는 거죠. 무의식적 의도가 의식에 의해서 방해받거나 억압당하고 있다가 실수로 나타난다는 겁니다. 요컨대 실수에는 의미와 의도가 들어 있다는 거죠. 의식과 무

> 의식에서 맞선 두 의도가 서로 간섭하거나 타협한 까닭에, 겉으로는 잘못된 것처럼 보이지만 실제로는 의도가 제대로 표현된 것이라는 거죠.

우리는 이런 프로이트의 설명에서 그 내용보다는 실수를 보는 관점에 주목할 필요가 있습니다. 분명히 의식의 측면에서 실수의 원인을 찾을 수는 없죠. 그렇다면 실수는 원인, 동기가 없다고 할 수밖에 없죠. 그런데 실수의 원인이 무의식에 있다면, 실수는 원인을 숨기고 있다고 볼 수 있죠.

이런 사고방식은 "이유 없는 행위가 없다" "원인 없는 결과란 없다"라는 믿음을 철저하게 추구합니다. 그래서 실수라는 결과의 원인을 찾아서 인과관계를 완전하게 연결 짓는 거죠.

프로이트의 무의식 이론은 실수 외에도 꿈, 신경증 등을 설명하죠. 이 경우에도 꿈의 내용과 신경증의 증상을 당사자가 원인을 모르는, 또는 원인을 기억하지 못하는 현상으로 보죠. 그래서 무의식에 숨겨진 욕망의 동학을 설명함으로써 꿈 내용의 원인, 증상의 원인을 찾습니다.

프로이트는 당사자에게 인과관계가 끊어져서 결과만 남아 있는 심리 영역을 수사하는 탐정처럼 의식의 기억에서 밀려난 무의식적 욕망이란 범인을 찾아내죠. 이 무의식을 찾는 탐정은 틈이 벌어진 인과관계를 제대로 이어 줍니다.

프로이트는 신경증을 치료하면서 무의식에 숨겨진 원인, 원장면(Urszene)에 고착된 억압된 욕망을 찾아내어 잃어버린 욕망의 기억을 되찾습니다. 그는 원인 없는 증상이 아니라 다시 찾은 원인과 증상-결과를 연결시켜서 심리적 인과관계를 되찾죠.

카이사르는 루비콘 강을 건널 수밖에 없었는가?

프로이트의 분석은 엄격한 인과법칙의 틀을 중시하는 사고방식의 한 예입니다. 잘 알고 있듯이 세계의 모든 사건들은 엄격한 인과관계에 따라서 일어납니다. 어떤 것도 인과관계를 벗어날 수 없죠. a가 원인이고 b가 결과라면, 그래서 a라는 원인이 반드시 b라는 결과를 일으킨다면, a와 b사이에는 '뗄 수 없는 결합(necessary connection)'이 있습니다. 그래서 어떤 조건에서 a가 나타나면 반드시 b가 나타나야 합니다. 이처럼 세계 안에 있는 모든 것은 인과관계로 철저하게 얽혀 있습니다.

인과율은 자연 안에서 일어나는 모든 것이 하나의 법칙에 따라서 일어난 결과로 보죠. 물론 이 결과에는 반드시 원인이 있죠. 이런 (기계적) 결정론에서 모든 사건은 시간상 앞선 원인에서 나온 결과입니다. 이 결과는 피할 수 없는 것이죠.

이것을 더욱 분명하게 주장하는 라이프니츠의 이야기를 들어 볼까요? 그는 일어나는 모든 사건이 (마치 원의 성질이 원의 정의에서 나오는 것처럼) 그 자체의 '개념' 속에 포함되어 있다고 보죠.

"왜냐하면 카이사르(J. Caesar)가 공화국의 독재자며 주인이고, 로마인의 자유를 부정하는 행위는 그의 개념 속에 들어 있기 때문이다. 그 이유는 한 주어의 완전한 개념의 본성이 (그로부터 나올 수 있는) 술어가 그것에 포함되도록 (술어의) 모든 것을 (이미) 포함하고 있기 때문이다. 즉 그것은 실제로 카이사르의 독재가 그의 개념, 또는 본성에 바탕을 두고 있으며, 왜 그가 루비콘 강에서 멈추기보다는 그 강을 건넜는지, 그리고 왜 파르잘의 하루를 잃기보다는 얻었

는지, 그 이유를 알 수 있도록 증명하기 때문이다."(라이프니츠)

이것은 개념이나 이름에 잘 접혀 있는(implicated) 미래의 모습들이 시간 속에서 부채를 펴는 것처럼 전개되고(explicated), 시간표에 따라 기차가 출발하는 것처럼 개념이 현실에 펼쳐진다고 생각하는 것입니다. 현실에 펼쳐지는 것들은 개념 속에 접혀 있던 것들이 현실화된 것이라고 보죠. 개념 안에 잠재적으로 있던 것 가운데 현실의 조건에 맞는 것들(실현 가능한 것들)이 현실적인 것으로 옷을 갈아입습니다.

나의 선택을 미리 알고 있는 신

그런데 궁금한 것이 있습니다. 도대체 누가 그 사람의 개념 속에 그 사람의 미래의 모습을 차곡차곡 접어 놓았을까요? 그래서 미래가 하나도 빠짐없이 개념 속에 들어 있을까요? 분명한 것은 당사자가 그렇게 할 수는 없다는 거죠. 아마 그 사람의 탄생시, 아니 그 사람이 정자로 있을 때에 모든 것을 환하게 알고 있는 신이 개념을 '종이 접기 하듯이' 완전하게 접어 놓았겠죠. 신의 눈에는 그 사람의 행위가 정해진 순서에 따라서 정해진 행위를 하나하나 펼치는 것으로 보일 겁니다.

이런 사고방식은 현대 생물학에서 DNA에 유전 정보가 저장되어 있다가 하나둘 그 정보를 현실화하는 것과 다를 바가 없죠. 유전 코드에는 한 생명체가 보여 줄 미래의 모든 모습이 이미 다 들어 있죠. 몇 살이 되면 어떤 세포에 병이 들고, 몇 살이 되면 어떤 암세포가 작용하기 시작하는 식으로 생명체의 '미래 명세서'가 염기의 복잡한 배열 속에 암호로 씌어 있다고 하죠. 그렇다면 생명체가 살아가는 과정은 이렇게 프로그램화된 유전 정보가 차례대로 실행되는 과정이라고 할 수 있겠죠. 우리는 이런 과학적 설명 앞에서 그저 신기한 눈으로 넋을 잃은 채 보고 있지만, 이런 사고방식은 철저하게 결정론적이죠.

이처럼 인간의 행위들이 모두 결정론적 개념에서 나온다고 보는 것은 인간의 다양한 행위가 무질서한 것이 아니라 일정한 질서에 따른다고 봄으로써 필연성을 부여하려는 것이죠. 이 필연성 앞에서 예측할 수 없거나 제멋대로인 것은 없다고 보죠.

그러면 인간이 자기 의지대로 선택할 때는 어떻게 될까요? 이러저러한 선택들 앞에서 망설이다가 눈 딱 감고 하나를 선택하는 경우에도 그 선택은 자유로운 것이 아니죠. 그것은 자기 안에 접혀 있던 것이 펼쳐져 나오는 것에 지나지 않습니다. 즉 선택은 겉모습일 뿐이죠.

이렇게 본다면 우리의 자유로운 선택도 원인 없이 그저 생기는 것이 아니라 미리 주어진 조건들에 의해서 결정됩니다. 그래서 모든 것이 시간 안에서 결정되는 한, 시간 속에서 나타나는 모든 것은 필연적으로 과거에 의해서 조건 지어져 있다고 해야 합니다. 시간 안에서 이유 없이 생겨난 것은 없고, 시간 안에 있는 것들은 나름의 이유를 갖고 있으며, 그런 이유 하나하나는 모두 '충분한 이유(sufficient reason)'라고 할 수 있습니다.

이런 틀에 따르면 모든 행위는 필연성 안에서 펼쳐지고, 고정된 과거의 조건에 의해서 결정됩니다. 여러분의 지금 모습이 과거 속의 어떤 원인과 연결되는지를 한번

이런 세계관을 비웃고 싶은 분은 볼테르가 쓴 《캉디드》를 읽어 보기 바랍니다. 이 세계를 가능한 세계 가운데 가장 좋은 세계라고 믿는 팡글로스 박사가 과연 어떤 세계에서 운명에 휩쓸려 험한 꼴로 살고 있을까요?

찾아보세요. 여러분 안에 여러분의 미래가 숨어 있답니다. 궁금하더라도 참고 기다리면, 알맞은 때에 그 모습이 나타날 테니 그리 궁금해 할 필요도 없습니다. 그 모습들을 미리 알면 싱겁지 않을까요?

우연에는 원인이 없는가, 아니면 모르는 것인가?

이제 결정론의 문제와 짝을 이루는 우연의 문제를 잠깐 살펴보기로 합시다. 모든 것이 결정되어 있다는 주장은 결정되지 않은 우연, 우발성을 인정하지 않습니다. 그런데 과연 우연이 없거나 우연을 무시할 수 있는 것일까요? 철학마을에서는 우연의 문제를 어떻게 설명하는지 보기로 합시다.

우연(偶然, chance)은 예측할 수 없는 것, 미리 결정할 수 없는 것이죠. 하지만 그것이 '원인이 없다'는 뜻은 아닙니다. 원인이 없는 경우란 없죠. 나무에 올라간 적도 없는데 떨어지거나, 사귀는 사람도 없는데 실연당하거나, 태어나지도 않았는데 죽거나, 시험도 안 보고 합격할 수는 없죠.

예를 들어, 내가 돼지 세 마리가 나오는 꿈을 꾸고 거액을 투자해서 복권을 샀습니다. 그런데 돼지꿈이 뭐가 잘못된 건지 복권에 당첨되지 않았습니다. 그 괘씸한 추첨 기계가 나를 떨어뜨리려고 자연법칙을 어기고 제멋대로 움직였을까요? 그 기계의 움직임에는 여러 요인들이 복잡하게 얽혀 있지만, 자연법칙을 엄격하게 지키면서 추첨한 끝에 그런 결과가 나온 거죠. 누구를 탓하겠습니까? 내가 추첨에서 떨어진 것은 우연하게 떨어진 거죠. 물론 우연하게 당첨될 수도 있겠지만 운명의 여신은 그 길을 가로막았죠. "야속한 여신이시여. 평소에 제가 당신을 얼마나 존경하는지 모르시나이까? 제 간절한 소망을 다음에는 꼭 들어 주소서."

이런 우연 놀이에서는 아무도 결과를 예측할 수 없습니다. 이처럼 원하거나 원치 않는 '뜻밖의' 현상은 그것을 결정하는 원인이 없는 것이 아니라 너무 많고 복잡해서 예견할 수 있는 범위를 벗어나는 거죠. 조금만 덜 복잡하거나 원인의 수가 적다면 혹시 알 수 있을지도 모르죠. 윷이나 주사위를 던졌을 때 어떤 결과가 나올지를 알려면 엄청나게 많은 요인들을 계산해야 합니다. 던질 때의 위치, 떨어질 때의 위치, 떨어지는 장소의 상태, 공기의 흐름 등을 고려해야 하죠. 물론 이때에도 낙하법칙, 운동법칙은 똑같이 작용하겠죠.

그래서 어떤 결과가 나오든 우연적이라고 할 수밖에 없죠. 내가 원하는 숫자나 결과가 나올 때는 필연이고, 원치 않는 결과가 나오면 우연이라고 할 수는 없죠. 이처럼 예측할 수 없는 결과에는 그 원인이 없지 않습니다. 다만 그 원인을 모릅니다. 결정론이 작용하지만 그것을 알 수 없기 때문에 '우연'이라고 하죠. 필연성이 없는 것이 아니라 그 필연성을 모르는 겁니다.

여기에서 우발적(contingence)인 것은 없죠. 우발성은 그 사실을 일으킬 모든 선행 조건들이 주어졌는데도 그 사실이 생겨날 수도 있고, 생겨나지 않을 수도 있는 것을 말합니다. 말이 어렵나요? 그러면 아리스토텔레스의 유명한 설명을 봅시다. 이론은 필연적인 것을 다루지만 실천적 행위는 우발적인 것과 관계 맺고, 행위가 아직 존재하지 않는 것과 관계 맺어서 우발적인 미래가 문제되기 때문이죠. 해전(海戰)을 예로 들어, 내일 해전이 벌어지거나 벌어지지 않을 것이라는 점은 분명하죠. 다른 가능성은 없으니까요. 그러나 내일 해전이 벌어지는 것이 필연이 아닌 것처럼, 내일 해전이 벌어지지 않을 것도 필연은 아니죠.

뒤퐁 씨와 기와의 우연하고 불운한 만남

잠깐 프랑스의 경제학자 쿠르노(A. Cournot)의 설명을 들어 볼까요? 재미있고 유명한 예죠. 뒤퐁 씨가 아침에 치과로 갑니다. 그는 이가 아파서 예약을 했고, 특히 신뢰하는 치과의사였기에 약속시간을 지키려고 했죠. 여기에는 병리학적, 심리학적, 사회학적 결정론이 작용합니다. 그런데 하필 그날 폭풍우가 심하게 칩니다. 폭풍우로 몰아치던 바람이 역학법칙에 의해 지붕에 제대로 붙어 있지 않은 기와를 쳐서 낙하법칙에 따라 떨어지게 되었죠. 그리고 그것이 뒤퐁 씨의 머리를 강타했습니다. 이제 그는 이빨보다 머리가 더 아픈 처지가 되었고, 치과 대신에 외과 응급실로 가야 합니다. 쿠르노는 이 기와가 뒤퐁 씨의 머리를 다치게 한 것을 '우연'이라고 부릅니다.

어떤 이유에서 그렇게 부를까요? 그는 우연이 서로 다른 현상의 계열이 만나는 지점, 곧 따로 연결되어서 독립적인 두 계열의 현상이 교차하는 지점에서 생긴다고 봅니다.

한편에는 뒤퐁 씨가 외출하게 되는 일련의 사건이 있고(치통, 의사와 약속), 다른 한편에는 그 순간에 기와를 떨어지게 한 일련의 사건이 있습니다. 이때 우연은 병리학적, 심리학적, 사회학적 결정론과 기상학적, 역학적 결정론이 만난 것이죠. 이처럼 쿠르노는 결정론을 부정하지 않으면서도 우연을 인정할 수 있게 했습니다.

만약 친구와 만나기로 약속한 날에 눈이 온다면 그것은 우연이라고 할 수 있죠. 눈이 오는 자연적 대기의 결정론과 친구와 약속한 사회학적 결정론이 각각 독립적으로 작용했지만, 마치 만남을 축복하는 것처럼 우연히 눈이 내려서 분위기를 돋우는 거죠.

이처럼 우연을 긍정하는 것은 인과 계열들 상호 간의 의존관계, 유대를 부정하는 것입니다. 물론 이때 서로 다른 인과 계열이 사실은 서로 연결되어 있다고 주장한다면 우연은 부정되겠죠. 달의 움직임과 조수간만의 차이가 서로 연결되어 있다고 하는 경우가 그 예죠.

라플라스의 악마도 모든 것이 서로 연결되어 있어서 우연이란 있을 수 없다고 할 겁니다. 우주의 물체들이 서로서로 맞물려서 상호 의존적인 '하나의 관계'를 만든다면 우주는 예측할 수 있는 것이고, 우연은 눈가림에 지나지 않겠죠. 바로 보편적인 결정론이죠. 이런 주장에 따르면 황소의 뒷걸음질과 개구리의 불행한 죽음이란 사건도 예측할 수 있는 것이라고 하겠죠. "개구리는 그렇게 죽을 수밖에 없고, 황소는 그렇게 밟을 수밖에 없었다. 너희들이 돌멩이를 던지다가 개구리를 죽이는 경우도 사정은 마찬가지지." 라플라스의 악마는 개구리 가족의 수난사도 필연의 틀로 설명합니다.

우연을 만드는 심리

베르그송(H. L. Bergson)도 재미있는 주장을 합니다. 서로 독립된 두 계열이 예상하지 않게 만나는 것만으로 '우연'을 주장할 수는 없다는 거죠. 만약 바람에 날려서 떨어지는 기와가 뒤퐁 씨의 머리 위에 떨어지지 않고 보도블록에 떨어진 경우는 어떻게 될까요? 그래서 뒤퐁 씨가 다치지 않은 경우에는 어떻게 될까요?

그러면 누구도 이것을 우연이라고 하지 않을 겁니다. 그 길에 보도블록이 있게 된 원인들은 기와를 떨어뜨리는 원인들과 독립적이죠. 앞에서 우연을 문제 삼은 사람은 기와가 보도블록이 아니라 바로 뒤퐁 씨에게 떨어졌기 때문이죠. 이를테면 뒤퐁 씨와 조금 떨어진 곳에 기와가 떨어졌으면 '다행'이라고 하겠죠. 이처럼 기와와 뒤퐁 씨의 불운한 만남을 우연이라고 한다면 여기에는 인간적인 관심, 관점이 개입되었기 때문이죠. 이때의 우연은 심리학과 관련됩니다.

만일 뒤퐁 씨가 기와에 다친 것을 우연이라고 한다면, 우리는 자연의 의도나 신의 뜻을 생각하는 거죠. 이때 우리가 거부한 것은 결정론이 아니라 목적론이죠. 달리 말하면, 마치 뒤퐁 씨와 기와의 어색한 만남이 의도적으로 계획된 것처럼 기와가 뒤퐁 씨에게 덮쳤다고 생각하는 것입니다.

"결과가 인간적인 의미를 지니면, 이 의미는 원인으로 파급되고 원인을 인간성으로 채색한다. 따라서 우연이란 결정이 마치 의도를 지닌 것처럼 행동한다는 결정론이다." (베르그송)

이처럼 우연은 의지가 없는 것이 의지가 있는 것처럼 위장된 것입니다. 프랑스의 사회학자 레비브륄(L. Lévy-Bruhl)은 "원시적 정신은 모든 것에 의도를 투사하기 때문에 우연을 인정하지 않는다"라고 합니다. 기와가 떨어져서 사람을 다치게 했다면 어떤 신비한 존재가 개입한 것이고, 그 사람을 벌준 것으로 봅니다.

우리가 행운, 불운이라고 말할 때에도 암암리에 자연에 어떤 의도가 있다고 생각하죠. 행운과 불운은 나 자신의 희망이나 고뇌를 현실적인 것에 투영한 거죠. 그런데 과연 사건 속에 미리 원하는 것, 미리 계획된 것이 있을까요?

어제의 그릇과 오늘의 그릇이 같아야 하는 까닭

베르그송이 인과관계를 신봉하는 과학자들과 다른 각도에서 문제를 제기하는 것을 볼까요? 인과관계는 귀납적 일반화의 한 예입니다. 즉 어떤 원인과 어떤 결과가 서로 연결된 것을 무수하게 관찰한 뒤 그것을 바탕으로 삼아서 많은 경우에 그렇게 되는 것을 모든 경우에 그렇게 되어야만 한다고 일반화하죠.

그는 이런 귀납법을 지성의 조작이라고 봅니다. 지성은 모든 것에 원인과 결과가 있고, 같은 결과는 같은 원인을 따른다고 믿죠. 지성이 어떤 방식으로 사고하는지 봅시다. 이것은 서로 연관된 사실들을 일정한 집합으로 만들죠.

예를 들어, 냄비에 물을 붓고 가스레인지에 올려 끓이는 경우를 봅시다. 배고픔 때문에 정신을 다른 곳에 팔지 말고 잠깐만 인과관계를 생각해 봅시다. 이때 냄비, 물, 가스레인지 등과 물 끓이는 행위는 다른 많은 것들과 일정하게 연결되어 있죠. 하지만 자기의 관심과 목적에 알맞게 '냄비-물-가스레인지의 불'로 된 집합을 '독립된 소우주'로 보고, 이 소우주는 그 바깥의 다른 것들과 무관하다고 봅니다. 이렇게 고립된 소우주를 상정하면 이것은 항상 일정하게 작용하죠. 게다가 이 소우주의 양적 측면만을 볼 때 이 안에서 절대적으로 확실한 관계가 만들어진다고 봅니다. 그래서 이 사물들 간에 일정한 인과관계가 나타날 수밖에 없다고 보죠.

그런데 이런 인과관계를 믿기 위해서는 재미있는 사고방식이 필요합니다. 열을 가하면 물이 끓는다는 인과관계가 가능하려면, 냄비의 물이 어제 끓었던 것처럼 오늘도 끓을 것이고, 오늘 끓는다면 내일도 마찬가지로 끓을 것이라고 생각해야 하죠.

이런 상상으로 오늘의 레인지를 어제의 레인지로, 오늘의 냄비를 어제의 냄비로, 오늘의 물을 어제의 물로, 오늘의 시간적 지속을 어제의 시간적 지속으로 옮겨 놓아야 합니다. 그런데 오늘의 체계가 어제의 체계와 겹칠 수 있기 위해서는 어제의 체계가 (시간 속에서 흐르지 않은 채로) 오늘의 체계를 가만히 기다리고 있어야 하죠. 시간이 멈추어 서서 (시간 속의) 한 체계가 (다른 시간 속의) 다른 체계와 동시적이 되어야 합니다. 우리가 인과법칙을 만들려고 이렇게 시계 바늘을 붙잡고 있는 모습이 재미있지 않나요?

따라서 인과법칙을 믿는 것은 시간의 흐름을 무시하고 (기하학의 경우처럼) 서로 다른 시간 속에 있는 것들을 겹쳐 놓은 작업을 해야 하죠. 이처럼 인과법칙을 만들기 위해서는 기억이 필요합니다. 그리고 인과법칙을 설정한 뒤에는 이 기억을 지워 버리고 인과법칙이 시간과 무관하게 성립한다고 보죠. 그다음에는 인과법칙이 미래에 대해서도 유효하다고 믿죠. 그렇다면 이 법칙은 시간을 뛰어넘는 것이고, 예측한다는 것은 과거의 것을 미래에 투사하는 거죠. 그래서 인과법칙은 사물의 세계에서 '반복의 질서'를 주장합니다. 과연 사물은 무한하게 반복될까요? 그리고 우리 자신도 그렇게 똑같이 반복하면서 살까요?

오늘의 기쁨과 어제의 기쁨이 다르다

우리는 시간 안에서 달라지고, 서로 다른 시간 안에서 다른 우리로 바뀌죠. 어느 누구도 시간을 뛰어넘어서 자기를 똑같이 유지할 수는 없죠. 우리는 일상이 지루하고 하루하루가 똑같이 반복된다고 불평할 때가 많지만, 사실은 그렇지도 않습니다. 2+3=5라든가, 물이 높은 곳에서 낮은 곳으로 떨어지는 현상, DNA가 유전 정보를 복제하는 과정이 무수하게 반복될지 모르지만, 우리 일상의 순간순간은 똑같이 반복되지는 않습니다.

그런데 지루한 반복 속에도 '차이'가 있습니다. 간단한 예를 보죠. 어떤 친구가 "그래, 너는 참 똑똑해"라고 했다고 합시다. 이어서 "그래, 너는 똑똑하고 말고"라고 한 번 더 되풀이합니다. 그것도 모자라서 "그래, 너는 정말 똑똑하지"라고 하면 어떨까요? 그 말을 듣고 있는 나는 기분이 어떨까요? 처음 들었을 때는 기분이 좀 좋을지 모르겠지만 같은 이야기를 여러 번 하는 것으로 봐서는 뭔가 이상한 느낌을 주지 않나요? 이런 반복은 우리에게 매번 다른 느낌을 줍니다. 같은 말이라고 하더라도 시간 안에서는 같은 뜻을 갖는 것도, 같은 느낌을 주는 것도 아니죠. 그 말들은 다른 말들이죠. 이처럼 같은 말을 반복할 때 그 뜻이 바뀌는 것은 물론이고 항상 달라집니다.

같은 음악을 여러 번 반복해서 듣는다고 하더라도, 그 음악은 서로 다른 시간 안에서 우리에게 다르게 들리고, 다르게 느껴집니다. 그때그때 기분에 따라서 음악이 다르게 들리기도 하겠지만 그 음악은 다른 시간에서 다르게 작용합니다. 내가 이미 들은 음악을 다시 한 번 듣는다고 하더라도 그것은 똑같은 음악을 듣는 것이 아니죠.

같은 사람을 여러 번 볼 때 우리는 항상 같은 얼굴을 보고 있는 것이 아니죠. 그 사람을 처음 볼 때, 세 번째 볼 때, 이제 지겨워서 그만 보고 싶지만 또 볼 때 각각 다른 느낌을 주죠. 이 경우에 시간 안에서 바뀌고 있는 사람을 바뀌고 있는 내가 보고 있는 거죠.

우리가 기뻐할 때마다 '기쁨'이라는 추상명사를 반복적으로 똑같이 되풀이하고 있는 것이 아니죠. 기뻐할 때 기쁨은 나눌 수 없는 '하나의 지속'이죠. (3분 기쁜 것을 1분 30초 기뻤다가 잠깐 쉬고 다시 기뻐할 수는 없죠. 그때는 이미 기쁘지 않거나 다른 상태인 거죠. 기쁜 상태는 나누면 다른 것이 되고 말죠. 이 말이 믿어지지 않으면 화를 내다가 잠깐 멈춘 후에 다시 화를 내 보세요. 쉽지 않을 겁니다.)

그런데 기쁜 상태는 처음부터 끝까지 똑같은 상태가 아니라 계속 달라집니다. 하나의 연속적 흐름을 갖지만 끊임없이 차이를 만들죠. 이를테면 기쁘기 시작한 순간과 기쁜 중간 상태와 기쁨이 덤덤함으로 바뀌는 순간마다 우리는 똑같은 상태로 머물지 않습니다. 기쁜 상태는 계속 달라지면서 지속되죠. 그 순간들이 기쁨이라는 하나의 본질을 똑같이 반복하지 않죠. 기쁜 상태, 기쁜 체험은 지속되면서 계속 차이를 만들어 냅니다.

어제의 기쁨과 오늘의 기쁨, 내일의 기쁨도 똑같지 않습니다. 그때마다 다르죠. 기쁨은 똑같이 반복되는 것이 아니라 항상 다릅니다. 이런 차이는 바로 시간의 흐름과 관련 있죠. 시간은 기쁨들을 다르게 만들고, 기쁨 안에 차이를 만들죠.

이처럼 어제의 기쁨과 오늘의 기쁨이 다르다면, 그리고 내일의 기쁨이 아직 경험하지 않은 새로운 것이라면 우리는 서로 다른 시간에 있는 기쁨들을 항상 새롭고 항상 다른 상태, 다른 강도로 체험하죠. 물론 이렇게 다른 기쁨들은 반복되고, 그렇게 다른 기쁨들을 하나로 묶어서 '기쁨'이라고 하죠. 그런데 이런 '기쁨'이 반복되더라도 이것은 동일성에 얽매인 반복이 아니라 '차이를 지닌 반복'입니다.

우리는 시간이 차이를 만드는 면과 반복을 만드는 면을 볼 수 있습니다. 하지만 시간 안의 반복은 다른 반복이고, 반복하면서 달라지는 것이죠. 작년의 생일 잔치와 올해의 생일 잔치가 같다고 보나요? 그것은 생일 잔치라는 이름으로 불리기 때문에 같아 보이지만 항상 다르게 반복되죠.

어쨌든 반복과 차이의 이상한 관계가 신기하죠. 반복이 없으면 차이는 어떻게 되고, 차이가 없으면 반복은 어떻게 될까요? 이런 시간, 차이, 반복의 문제에 대해서는 나중에 제대로 다루는 게 좋겠군요.

처음의 사소한 오차가 걷잡을 수 없는 결과를 만들 수 있다

법칙의 세계에 존재하는 모든 물체들은 힘의 법칙에 따라서만 움직이죠. 그래서 이 세계가 법칙에 따르는 '완전한 질서'를 이루고 있다고 믿습니다. 라플라스의 악마가 모든 물체의 운동을 완전하게 알 수 있다고 한 것은 물체들의 혼란스러워 보이는 운동들이 사실은 완전한 질서에 따르고, 과학적 지성은 이것을 완벽하게 알 수 있다고 하는 거죠. 이처럼 모든 물체의 운동을 인식할 수 있다면 전능한 인식자의 위치에 오를 수 있을 겁니다. 이런 인식자는 법칙을 앞세워 모든 존재의 운동을 관찰하는 저 높은 자리에서 지상의 세계를 흥미롭게 내려다보고 있습니다.

그런데 근래에 와서 이런 믿음이 조금씩 흔들리기 시작합니다. 자세한 이야기는 차차 하겠지만, 간단한 예를 하나 들어 보죠. 수학자 푸앵카레(H. J. Poincaré)가 오스카 국왕이 낸 문제를 풀다가 밝힌 것이죠.

1887년 스웨덴 국왕 오스카 2세는 태양계가 안정된 체계인지를 알고 싶어서 이 문제를 푸는 사람에게 2,500크라운의 상금을 주겠다고 제의합니다. 국왕은 "혹시 하늘이 무너지지 않을까, 땅이 꺼지지는 않겠지?" 하면서 걱정이 태산이었다고 합니다. 이 문제 때문에 카오스(chaos)가 등장하죠.

뉴턴의 법칙은 힘과 질량을 알면 물체의 운동을 예측할 수 있습니다. 그런데 푸앵카레는 태양계의 안정성을 연구하다가 기묘한 문제를 알게 됩니다. 보통 태양계를 '닫힌계(closed system)'로 보죠. 닫힌계는 외부로부터 물질과 에너지의 영향을 받지 않는 체계입니다. 그래서 이런 계는 완전하게 규칙적이어서 모든 운동을 예측할 수 있습니다. 이런 태양계의 운동은 엉뚱한 별이 날아와서 부딪치는 등 외부의 영향이 없다면 영원하죠. 이 계를 뒤흔드는 불규칙성이나 혼돈은 '우연적으로' 주어집니다.

푸앵카레가 보기에 두 개의 물체로만 이루어진 운동의 경우, 예를 들어서 태양과 지구, 지구와 달과 같은 계에 대해서는 뉴턴의 공식이 유효합니다. 이런 이체(二體, two body) 문제에서 그 궤도는 안정되어 있죠. 그래서 달의 운동으로 생기는 조석력(潮汐力)을 무시한다면 달은 세상 끝나는 날까지 지구를 공전할 겁니다. (물론 이런 이체 문제가 이상적이려면 태양과 다른 행성의 영향을 모두 무시해야 합니다.)

여기까지는 그럭저럭 문제가 없었죠. 그런데 진짜 문제는 '삼체 문제'죠. 예를 들어 지구와 달의 궤도에 태양의 중력 효과를 더하는 경우에, 그것은 뉴턴의 공식으로 풀리지 않습니다. 삼체 문제의 해법은 없습니다. 만약 해답을 구하려면 일련의 근사치를 사용해야 합니다.

그런데 이 근사 방법이 처음 몇 번은 맞지만 그 뒤에 나오는 무한 개의 근사치가 애매함을 더 합니다. 이것들 때문에 태양계가 수만년 후에 흩어져 버릴지도 모릅니다. 이처럼 다체(多體, many body) 문제는 답이 없는 비선형 방정식이죠.

처음에는 이 제3물체의 운동이 이체 운동의 궤도를 조금 변화시킬 뿐이어서 섭동(攝動, perturbation) 효과가 작고 궤도는 안정을 유지합니다. 그런데 곧이어 어떤 궤도는 매우 작은 섭동 때문에 무질서하게 움직인다는 사실을 발견합니다. 그래서 제3물체의 작은 중력 효과가 행성을 궤도상에서 흔들리게 해서 행성이 술 취한 듯이 비틀거리다가 태양계를 이탈할 수도 있다는 거죠.

실제로 궤도가 이런 혼돈에 빠진다면 태양계 전체는 불안정해질 수 있습니다. 행성들이 상호 중력을 미치면서 공전할 때 오랜 시간 후에 괴상한 궤도를 걸을지도 모르죠. 사정이 이렇다면 오스카 국왕의 기우(杞憂)는 헛된 걱정이 아니죠. 어느 날 하늘이 꺼지고 땅이 무너질지도 모릅니다.

푸앵카레는 이런 혼돈이 (공전하는 행성계와 같이) 완전한 결정론적계 안에도 있음을 알게 된 거죠. 모든 운동이 결정된 상태에서도 어떤 예측할 수 없는 결과가 계 안에 숨어 있는 거죠. 이런 점 때문에 뉴턴의 완전한 체계가 위협받죠. 하지만 카오스 이론이 나오기 전까지 과학자들이 이런 위험을 못 본 체했습니다.

지금 한 이야기가 이해되지 않는다면 푸앵카레의 다음 이야기를 한번 들어 보세요.

"우리 눈에 거의 띄지 않을 정도의 작은 원인이 도저히 무시할 수 없는 중대한 결과를 일으킬 때가 있다. 이런 경우에 우리는 그 결과가 우연하게 일어난 것이라고 생각한다…… 처음에 가볍게 여긴 작은 오차가 그 후에 중대한 오차로 나타난다. 그래서 예측은 불가능하고 우연한 현상이 나타난다." (푸앵카레)

이런 이야기는 앞으로 카오스 이론가들이 애용하게 됩니다. 이제 뉴턴과 라플라스가 꿈꾸듯이 완전하게 결정되어 있는 세계가 위태로울 수 있다는 경각심을 갖고 계속 결정론의 마을에 가 봅시다. 이 마을은 질서 안에 숨어 있는 혼돈의 가능성을 소홀히 하고 완전한 질서와 예측 가능성만을 굳게 믿죠.

완전한 체계를 만들 수 없다

강의를 마무리하기 전에 수학계의 소식을 하나 전하려고 합니다. 그 뉴스의 핵심만 전하면, 수학이 완전한 체계가 아님이 증명되었다는 것입니다.

아니 이게 무슨 소리인가요? 수학이 불완전하다면 어떻게 됩니까? 지금까지 수학이야말로 가장 완전하고 엄밀하고 가장 믿을 만한 진리들의 체계였죠. 그런데 어떤 젊은 천재 수학자가 바로 수학이 불완전할 수밖에 없음을 증명했다고 합니다. 그는 '수학의 불완전성'을 증명함으로써 인간 지성의 꽃이던 수학의 한계, 나아가 인간 지성이 모든 것을 할 수 없음을 밝혀 인간 지성의 한계를 가장 분명하게 증명하고 말았습니다.

결정론을 주장하고 그 틀로 완전한 앎이 가능하다고 소리를 높이시는 분들에게 내단히 미안한 소식입니다. 한마디로 이제 인간 지성은 완전성을 넘볼 수 없게 되었답니다.

좀 더 자세한 내용을 알고 싶은 분들은 집합론이나 역설에 관한 수학책을 꼼꼼하게 보시고, 그것이 귀찮은 분들은 다음에 제가 얼렁뚱땅 정리해 놓은 내용을 참조하든가, 그것도 싫다면 그냥 건너뛰세요. 물론 건너뛰더라도 수학이 불완전하고, 모순 없는 체계를 만들 수 없다는 이야기를 까먹으면 안 되겠죠.

러셀(B. Russell)이 발견한 유명한 역설을 한 가지 볼까요? 그는 수학의 집합론과 논리학에서 역설이 생기는 것을 보여 주려고 '이발사의 역설'을 만들었죠. 한 이발사가 다음과 같은 안내문을 이발소에 써 붙였습니다. "나는 스스로 면도하지 않는 사람들만을 면도해 줍니다." 그러면 과연 이 이발사는 누가 면도를 해 주나요?

만일 자신이 면도를 한다면 이발사는 스스로 면도하는 사람들의 집합(이것을 우리는 A라고 합시다.)에 속하죠. 그러나 그가 써 놓은 글에 따라서 그런 사람에게 면도를 해 주면 안 되므로 그는 스스로 면도할 수 없죠. 그래서 만약 다른 사람이 이발사를 면도해 준다면 그는 스스로 면도하지 않는 사람의 집합(not-A)에 속하게 됩니다. 그런데 이발사는 바로 그런 사람들을 면도해 준다고 붙여 놓지 않았나요? 그러니 다른 사람이 그를 면도해 주면 안 되는 거죠. 이렇게 되면 아무도 이 이발사를 면도해 줄 수 없게 됩니다.

여기에는 두 개의 모순되는 명제가 한데 얽혀 있습니다. 역설은 한 명제가 참인 동시에 거짓이 되는 모순을 보여 줍니다. 만약 한 논리 체계에 이런 역설이 발견된다면 그 논리 체계는 거짓이 되고 말죠. 그래서 수학자들은 수학 체계에 이런 역설이 발견될까 봐 수학을 재검토합니다.

예를 들면, 러셀은 논리주의를 통해서, 힐베르트(D. Hilbert)는 형식주의를 통해서 역설 추방운동을 벌입니다. 역설이 원칙적으로 나타날 수 없도록 원천 봉쇄할 길을 찾습니다. 한마디로 이 기회에 수학 체계에 어떠한 모순도 없음을 보여 주려고 한 거죠.

힐베르트는 수학을 공리(axiom)에 바탕을 둔 연역 체계로 봅니다. 이때 공리는 (1=1처럼) 증명할 필요 없이 참이라고 생각되는 것을 말하죠. 이러한 공리만으로 이루어진 집합을 형식적 수학 체계라고 부르죠. 그래서 공리에 바탕을 두고 그로부터 이끌어 낸 명제들로만 체계를 구성하면 완전한 체계가 되겠죠. (어떤 명제가 참인지 알려면 그것을 공리에 귀결시키면 되는데 이런 절차가 증명이죠. 이런 체계에서 증명된 명제가 정리죠.) 힐베르트는 모든 수학자들이 꿈꾸어 온 것처럼 유한 개의 공리로 수학을 완성시킬 수 있다고 믿었죠. 즉 그는 수학의 모든 명제를 몇 개의 공리를 바탕으로 증명할 수 있다고 생각한 거죠.

그는 수학 체계에 모순이 없음을 밝히려고 논리 체계를 비롯해서 자연수 체계, 집합론, 실수론 등의 공리계에 대해서 재검토하죠. 그는 모순 없는 공리계를 세워서 수학의 '완전성'을 보여 주려고 한 거죠. 이때 완전성은 어떤 공리계를 바탕으로 수학 체계가 다루는 명제가 참이나 거짓임을 증명할 수 있는 것을 말합니다.

형식 체계의 무모순성(consistency)은 그 체계에서 만들어지는 모든 정리가 해석되었을 때 참된 명제가 되는 것입니다. 만일 해석된 정리 가운데 논리적으로 거짓인 명제가 하나라도 들어 있다면 그 형식 체계에는 모순이 생깁니다. 이런 공리계가 공리에서 출발하여 모든 참인 명제를 증명할 수 있을 때 이 계를 완전하다고 하죠.

그런데 사건이 생겼습니다. 힐베르트 프로그램이 그의 젊은 제자 괴델(K. Gögel)에 의해 불가능함이 밝혀짐으로써 수학자들을 놀라게 하죠. 괴델은 힐베르트 프로그램이 실현 가능한지를 알아보려고 수학의 완전성을 증명하려고 시도했죠. 수학자들은 어떤 문제의 해답을 찾기에 앞서서 그러한 해답이 있을 수 있는지를 확인해 봅니다. 답이 있을 수 없다면 답을 찾을 필요가 없으니까요.

그런데 이상한 결과가 나왔습니다. 그는 수학의 완전성을 찾다가 엉뚱하게 수학의 불완전성을 증명하고 말았습니다. 그 내용은 이런 것이죠. (간단하게 표현해 볼까요? '자연수를 무모순의 공리계로 형식화할 때 결정 불가능한 명제가 포함될 수밖에 없다.' 그러면 이것을 조금 더 풀어보죠.)

자연수의 이론을 형식화하여 얻은 공리계가 무모순일 때, 다음과 같은 논리식 A가 존재한다.

1) 논리식 A는 이 공리계로부터 증명될 수 없다.

2) 논리식 not-A도 이 공리계로부터 증명될 수 없다.

이것은 가장 간단한 수학 체계(예를 들면 자연수 체계)도 완전할 수 없음을 보여 주죠. (이때 완전성은 모든 정리가 주어진 공리계 안에서 증명되는 것을 말합니다.) 다르게 표현하면, 이것은 한 공리계 안에서 결정 불가능한 명제, 즉 참이지만 참이라고 증명할 수 없는 명제가 반드시 존재한다는 이야기죠.

지금까지 가장 완전한 체계라고 자부했던 수학이 불완전한 것임이 증명되고 말았으니 어디에서 확실한 진리를 얻을 수 있단 말입니까? 그리고 수학처럼 엄밀하거나 체계적이지 못한 다른 학문들은 또 어떻게 해야 할까요? 괴델의 증명은 인간 지성의 한계를 분명하게 밝힌 것이죠. 인간은 모든 것을 알 수도 없고, 인간의 사고체계는 완전할 수 없음을 증명한 것입니다. 완전한 지식의 꿈은 이렇게 해서 산산조각이 나고 맙니다.

결정론을 신봉하면서 인간이 세계를 완전하게 알 수 있을 것이라고 믿는 이들에게 괴델의 증명은 큰 충격을 안겨 줍니다. 화가 난 악마가 괴델의 머릿속을 뒤집어 놓았는지 괴델은 자살로 생을 마감합니다.

여러분은 방금 수학계에서 날아온 비보를 들으셨죠. 그런데 그와 비슷한 소식이 다른 곳에도 있습니다. 저쪽 물리학 마을이 시끄럽군요. 왜 소란스러운지 보러 갑시다. 저쪽에서 아인슈타인(A. Einstein) 할아버지가 언성을 높이며 젊은 물리학자들과 다투고 있나 봅니다. 누가 감히 아인슈타인 할아버지를 화나게 했을까요? "아니, 당신들은 신이 주사위놀이를 한다고 생각한단 말이오? 말도 안 되는 소리!" 이런 이야기가 들리는군요.

물리학 마을로 떠나기에 앞서 이번 시간을 정리하고 넘어가 볼까요?

우리는 결정론에 대해 단순하게 찬성이나 반대로 결정하기 어려운 사정이 있다는 것을 알았습니다. 그래서 물리학을 비롯한 자연과학에서 이런 결정론 문제에 대해 어떻게 새로운 접근법을 마련하고 있는지를 보면서 문제의 실상을 조금이라도 알 필요가 있습니다. 다음 시간에 라플라스의 악마는 최근 자연과학 마을에서 결정론에 도전하는 틀 때문에 쩔쩔매는 꼴을 보여 줄 겁니다.

이런 우회로를 거친 뒤에 결정론을 역사의 영역에 적용할 때 어떤 문제가 생기는지를 보면서 결정론을 보는 태도를 재고하기로 합시다. 혹시 수식이나 물리학을 체질적으로 싫어하는 사람이 있다면, 둘째 시간 강의를 건너뛰고 셋째 시간에서 다룬 역사 문제를 먼저 본 뒤에 다시 두 번째 강의를 봐도 좋을 겁니다. 하지만 최근의 자연과학 논의가 그렇게 재미없는 것도 아니고, 인간을 이해하기 위해서는 자연에 대한 이해가 필요하다는 점을 결코 무시해서는 안 되죠.

둘째 시간

나비의 날갯짓이 결정론의 성을 허물까?

라플라스의 악마가 원래 활약하던 고향이 천체물리학 마을이었죠. 그런데 최근에 물리학 마을의 사정이 많이 달라져서 고향에 돌아온 악마가 난처한 일이 좀 생겼습니다. 바로 결정론에 대한 다양한 도전들 때문에 결정론을 더 이상 예전처럼 주장하기가 어렵게 된 거죠. 이번 시간에는 나비의 날갯짓이 엉뚱하게 태풍을 일으키는 경우처럼, 예측할 수 없는 세계의 다양한 모습들을 볼 겁니다. 결정론이 통하지 않는 미시세계와 혼돈계의 경우를 보면서 질서가 지배하는 세계 대신 혼돈이 곳곳에 숨어 있는 세계를 보려고 합니다.

광자총에 맞아서 비틀거리는 전자

이제부터는 최근 자연과학에서 결정론을 어떻게 보는지 살펴보기로 합시다. 혹시 자연과학이란 말 때문에 얼굴을 찡그린다면 전혀 그럴 필요가 없습니다. 사실 어려운 이야기도 별로 없고, 요즘은 자연과학에도 재미난 이야기가 많답니다. 이 마을에서는 결정론을 믿는 아인슈타인 할아버지가 새로운 자연과학의 흐름에 화를 내는 장면을 많이 볼 수 있을 겁니다. 할아버지는 왜 그렇게 기분 나쁠까요?

이제 결정론이 벽에 부딪치는 경우를 보기로 할까요? 미시물리학의 세계로 가 봅시다. 원자 이하의 단위에서 어떤 운동이 일어나고 있는지 볼까요? 가장 간단한 수소 원자를 봅시다. 원자핵이 있고 그 주위를 돌고 있는 전자가 딱 하나뿐인 모델입니다.

그런데 문제는 보기보다 간단하지 않습니다. 이 전자의 운동을 정확하게 계산할 수 없기 때문이죠. 즉 운동하는 전자의 위치와 속도를 동시에 정확하게 알 수 없다는 겁니다. 이것이 바로 하이젠베르크(W. K. Heisenberg)의 '불확정성 원리'입니다.

우리가 앞에서 본 사과나 달 같은 거시세계의 운동을 다루는 고전역학에서는 원자 이하 단위인 미시세계의 운동을 설명할 수 없습니다. 고전물리학에서는 운동하는 물체의 위치와 속도를 정확하게 측정할 수 있었죠. 즉 운동하는 물체의 초기 조건을 알면 미래 시점에서 그 물체의 위치와 속도를 정확하게 계산할 수 있었죠. 그런데 안타깝게도 미시물리학에서는 사정이 다릅니다. 소립자의 위치와 운동량(속도)을 동시에 측정할 수 없죠. 달리 말해 소립자의 위치나 속도를 따로따로 알 수는 있지만, 이 둘을 동시에 정확하게 알 수는 없다는 거죠. 위치를 알려고 하면 속도가 불확실해지고, 속도를 정확하게 측정하면 위치를 정확하게 알 수 없다는 거죠.

소립자의 '위치의 오차'가 dx이고, '운동량(속도)의 오차'가 dp라고 하면 다음 식이 성립합니다.

$dx \times dp \geqq h$ (h는 플랑크 상수: $\frac{6.626}{10^{34}}$ J.sec)

즉 위치의 오차와 운동량의 오차를 곱한 것이 플랑크 상수의 값보다 크거나 같다는 거죠. 플랑크 상수값이 6.626×10^{-34}이니까 이것이 매우 작기는 하지만 0보다는 분명히 큽니다. 그래서 위치의 오차와 속도의 오차가 가장 작을 때에도 플랑크 상수값과 같으니까 항상 일정한 크기의 오차가 남죠.

고전적 사고방식에 따르면 전자의 위치와 속도는 왼쪽 그림처럼 하나의 점으로 나타나야 합니다. 이처럼 값이 하나의 점으로 주어지면 위치와 속도를 정확하게 계산할 수 있죠.

그런데 실제로는 오른쪽 그림처럼 위치와 속도의 값이 하나의 점이 아니라 일정한 범위로 주어집니다. 전자는 이 범위 안의 그 어딘가에 있는 것은 확실하지만 정확하게 알 수는 없죠. 위치와 속도가 일정한 확률값으로만 주어지니까요. 우리가 찾는 전자는 '하나'지만 그 값은 '무수하게 많죠'. 이런 범위 안에 있는 값들 가운데 어느 값인지 꼭 집어서 이야기할 수 없습니다. 만약 그 범위 안에 가능한 값이 100개라면 100개 모두가 값이 될 수 있죠. 전자는 일정한 범위에 분포되어 있고, 이 범위에서 전자가 발견될 확률을 알 수 있을 뿐이죠.

이것을 다르게 정리해 볼까요? 실험적으로 어떤 곳에서 전자를 발견할 확률은 0이나 1이 아니고, 0과 1 사이에 있습니다. 예를 들어, 어떤 크기의 반지름에서 전자를 발견할 확률이 0.4라면 그곳에서 전자를 찾을 확률이 40퍼센트죠. 물리학자들은 전자의 가능한 위치를 계산할 때 슈뢰딩거(E. Schrödinger)의 파동 방정식을 이용합니다. 이때 이 방정식은 전자가 어느 순간에 어디에서 발견될 것인가를 알려 주지 않고, 다만 그곳에서 발견될 가능성만 알려 주죠. 또는 많은 실험을 했을 때 그 실험 가운데 몇 번쯤 그곳에서 전자를 발견할지를 알려 줍니다.

보어(N. Bohr)가 계산한 수소 전자의 위치를 계속 측정해서 그 결과를 그리면 앞의 전자구름과 비슷하죠. 전자 한 개가 여러 시간에 걸쳐 전자구름 속 어느 부분에 감지될 것이고, 아주 낮은 확률로 잠시 핵 속에도 존재할 수 있습니다. 그러나 대부분의 전자는 핵에서 가까운 일정한 거리(궤도 반지름)에서 발견되죠.

왜 이런 일이 생길까요? 관찰을 제대로 하지 않은 것이 아닐까요? 좀 더 정밀한 관찰 기구를 사용하면 해결되지 않을까요? 우리가 소립자를 찾기 위해서는 맨눈으로 볼 수는 없죠. 싱크로트론 같은 어마어마하게 큰 입자가속기를 이용해서 아주 빠른 속도로 운동하는 하전(荷電) 입자를 만들어서 전자가 있을 만한 곳에 총처럼 쏘는 겁니다. 이때 소립자로 빛의 입자인 광자(光子, photon)를 사용하죠.

그러면 전자는 '광자총'에 맞아서 비틀거리면서 움직이는 모습이 나타납니다. 물론 이때 전자가 이 총을 맞고 죽으면 곤란합니다. 어쨌든 우리가 광자총을 쏘는 이상 전자는 그 총에 맞기 전의 모습을 그대로 보여 주지는 못하죠. 이처럼 관찰 행위가 관찰 대상을 변화시킵니다.

비유적으로 이야기하면, 누가 야구공 대신에 전자공을 던진다면 그 공을 보기만 해도 그 공이 제대로 가지 못하고 비틀거리며 방향과 속도가 바뀐다는 거죠. 물론 현실의 야구공은 전자에 비해서 엄청나게 크기 때문에 (플랑크 상수값이 너무 적기 때문에 야구공의 경우에는 값이 사실상 0이나 마찬가지죠.) 아무리 쏘아본들 그것이 날아가는 데 영향을 거의 미치지 않죠. 하지만 전자의 경우에는 그렇게 보는 것 자

소립자의 위치를 정확하게 알려면 빛의 파장을 가능한 한 짧게 하고, 또는 주파수를 크게 해야 합니다. 그런데 파장이 짧을수록, 주파수가 클수록 가하는 에너지는 더 커지고 운동량도 더 커지죠. 즉 더 큰 영향을 주는 거죠. 그래서 소립자의 속도는 더 불확실해집니다.

체가 큰 영향을 미치죠.

이런 사정으로 광자를 쏘아서 소립자를 측정하는 물리학자가 소립자의 위치를 정확하게 알려고 하면 할수록 속도가 더 부정확해질 수밖에 없고, 반대로 속도(운동량)를 정확하게 알려고 하면 할수록 그 위치가 더 불확정해질 수밖에 없습니다. 그러니 이러지도 저러지도 못하는 상황이죠.

따라서 미시물리학에서는 개별적인 소립자의 궤적을 결정할 수 없습니다. 이것은 미시세계에서 어떤 현상의 운동을 정확하게 측정하거나 예측할 수 없음을 보여 줍니다. 또 '결정 불가능성'이 물질의 핵심에 자리 잡고 있음도 보여 주는 것입니다. 한마디로 소립자의 운동은 불확실하게 (확률적으로) 알 수밖에 없습니다.

물론 이 불확실성의 범위가 우리가 생활하는 거시세계에서 볼 때는 너무나 작지만, 아주 작은 값이나마 불확실성이 있다는 사실 자체를 부정할 수는 없습니다. 그러니까 거시세계에서 고전역학이 유효한 까닭은 이런 불확실성이 너무 작아서 문제가 되지 않기 때문이죠. 하지만 고전역학은 미시세계에서는 큰소리칠 수 없습니다. 라플라스의 악마라고 하더라도 미시세계에서는 확률적으로 주어지는 값에 만족해야 합니다.

신은 주사위놀이를 하는가?

이런 미시세계의 불확정성을 두고 물리학 마을은 지금도 소란스럽습니다. 이 소란의 주인공이 바로 그 유명한 아인슈타인이죠. 그는 양자역학을 믿을 수 없다고 합니다. 그래서 양자역학이 확률을 앞세우는 것을 못마땅하게 여겨서 "신은 절대로 세계를 가지고 주사위놀이 같은 것을 하지 않는다"라는 유명한 이야기를 합니다. 그는 미시세계가 불확정적인 것은 원래 소립자가 불확실한 존재여서가 아니라 아직 우리가 제대로 아는 능력이 없기 때문이라는 거죠.

결정론 원리를 믿는 과학자들은 현상들이 나타나는 데에는 필연적인 조건들, 충분한 이유들이 있다는 것을 끝까지 지키려고 하죠. 그래서 소립자의 운동을 결정하는 원인이 반드시 있어야 한다고 주장합니다. 물론 과학적으로 검증할 길은 없습니다. 아인슈타인은 끝까지 자기주장을 굽히지 않고, 결정론적 원리가 확률론을 내세우는 사이비 과학을 물리치길 기다리고 또 기다렸습니다.

> 아인슈타인이 인도의 시인 타고르(R. Tagore)에게 보낸 편지의 한 부분을 보죠.
>
> "만약 지구 주위의 궤도를 영원하게 돌고 있는 달이 자기의식을 지니고 있다면 자신이 영원한 법칙에 따라 정해진 길로 움직인다는 점을 완벽하게 확신할 것입니다. 마찬가지로 더 깊은 통찰력과 더 완전한 지혜를 지니고 인간과 인간의 행동을 관찰하는 존재(신)도 인간이 자신의 자유의지에 따라 행동한다고 믿는 환상을 보고 웃을 것입니다. 나는 완전하게 증명할 수 없음을 잘 알긴 하지만, 그렇게 믿습니다. 자신이 정확하게 알고 이해하는 것이 무엇인지를 충분히 깊이 생각해 보면…… 누구라도 이런 내 의견에 동의할 것입니다. 사람은 자신이 우주의 운명에 대해 아무 말도 할 수 없다고 여기는 것을 좋아하지 않습니다. 그러나 무기적(無機的)인 자연에서 어느 정도 명백하게 나타나는 사건들의 법칙적 성격이 우리의 두뇌 활동에서 검증되지 않는다고 해야만 할까요?"

그렇지만 대부분의 물리학자들은 양자역학을 인정하죠. 이들은 주사위놀이를 하는 신, 세계에 확률을 도입하는 신을 인정해야 한다고 봅니다. 소립자 세계에서는 확률 함수에 의하지 않고는 소립자의 운동을 설명할 길이 없기 때문이죠.

이런 사정이 알려지면서부터 과학 바깥 동네에서도 '불확실성'이란 말이 유행하기 시작합니다. 그런 사용이 적절한 것인지는 여기에서 문제 삼지 않기로 합시다. 하지만 하이젠베르크의 불확정성 원리가 설득력이 있다면, 우리는 뉴턴 식의 고전역학이 적용되지 않는 괴상한 세계를 인정해야 합니다.

양자역학에 따르면 미시세계는 예측 가능하지 않고, 항상 일정한 오차를 지닌 불확정한 세계입니다. 물론 이런 이야기를 오해해서 "우리는 아무것도 모른다"라고 하면 안 되죠. "서양 과학이 위기를 맞았다. 이제 동양적 방식으로 전환해야 한다"라고 하면서 신비주의 비슷한 것을 퍼뜨려서도 안 되죠. 이 사람들은 어디까지 모르는지를 정확하게 알고 있죠.

빛의 두 얼굴, 입자인가 파동인가?

고전물리학에서 말썽이 많은 문제 가운데 하나가 빛의 본성에 관한 논의입니다. 바로 '빛은 입자처럼 움직이는가, 아니면 파동처럼 움직이는가'라는 논의죠.

뉴턴은 빛이 직진하고 반사하고 굴절하기 때문에 입자의 성질을 갖는다고 주장합니다. 나중에 하위헌스(C. Huygens)는 빛의 파동설을 주장합니다. 이 주장은 19세기에 와서 널리 인정을 받습니다. 빛

영국의 과학자 영(T. Young)의 실험에서 알려진 것처럼 빛의 간섭 현상은 두 줄기의 강한 빛이 서로 만나면 두 빛이 만나는 부분에는 빛이 더 강해지지 않고 오히려 검은 띠가 생기죠. 빛에 빛을 더하면 어두워지는 이상한 결과가 나온 거죠.

이 파동에만 있는 회절(回折), 간섭(干涉) 현상을 일으키는 점 때문에 소란스러워집니다.

이후에 맥스웰(J. C. Maxwell)이 빛과 전기의 관계를 밝히는 연구를 하면서 빛이 '전자파'임을 밝히죠. 물론 이 주장 때문에 빛의 입자설이 사라진 것은 아니죠. 여러분은 아인슈타인이 유명한 상대성원리로 노벨상을 탔다고 알고 있지는 않나요? 사실은 그게 아니죠. 그는 '광전 효과'를 발표한 까닭에 노벨상을 탔죠. 이것은 빛이 입자의 성질을 지님을 보여 주는 예입니다.

물론 나중에 양자역학에서 드브로이(L. V. de Broglie)가 '물질파' 개념을 제시하죠. 그는 전자 궤도를 해석하면서 모든 소립자가 파동이라는 가설을 내놓죠. 이런 물질파는 반사, 굴절하면서 동시에 회절, 간섭 현상을 일으키죠. 이처럼 전자 같은 소립자, 즉 입자가 파동이라면 문제는 단순히 '빛의 이중성'뿐만 아니라 더 확대될 수밖에 없죠.

이것은 물질을 이루는 소립자가 작고 단단한 알맹이가 아니라 파동이라는 이야기가 되지 않습니까? 저 앞에 보이는 책상과 지금 보고 있는 책에서 넘실거리는 파동들의 흐름이 느껴지나요?

모든 곳에 있으면서 어디에도 없는 소립자

미시세계의 소립자들은 이상하게 움직인다고 합니다. 비유적으로 표현하면, 우리가 사는 세계에서는 집에 들어갈 때 문이나 창문 가운데 한 곳으로만 들어가죠. 어쨌든 '동시에' 문과 창문으로 들어갈 수는 없습니다. 몸을 쪼갤 수 없기 때문이죠. 그런데 소립자들은 그렇지가 않답니다. 이 친구들은 동시에 문과 창문으로 들어갈 수 있습니다. 이게 말이 되나요? 그런데 어리둥절해하는 우리를 비웃기라도 하듯 소립자는 문과 창문을 동시에 넘나들죠.

광전 효과는 한 다발의 광속(光束)이나 자외선 다발이 금속 표면에 닿으면 그 금속에서 전자가 방출되는 것을 말하죠. 이때 튀어나오는 전자들은 마치 총탄에 의해서 흩어지는 것처럼 분산되죠. 이때 금속에 발사되는 방사선의 진동수가 일정한 한계치를 넘어설 때에만 광전 효과가 생기죠. 그런데 일단 이 한계치를 넘어서면 발사되는 빛의 강도가 아무리 약하더라도 광전 효과가 생깁니다. 빛은 입자의 성질을 지니고 있습니다.

이런 소립자의 성질 때문에 얼마나 많은 물리학자들이 잠을 이루지 못했겠습니까? 보통 물체는 한곳에 있으면 동시에 다른 곳에 있을 수 없는데, 소립자들은 동시에 두 곳에 있을 수 있습니다.

만약 이런 소립자 도둑이 있다면 문과 창문을 동시에 드나들겠죠. 그래서 도둑 수사에 어려움이 많을 겁니다. 이런 소립자의 특성을 잘 모르는 수사관이라면 아무리 추리소설을 능가하는 추리력을 지녔다 해도 도둑의 행로를 파악하지 못할 겁니다. 설령 도둑을 잡아놓고 현장검증을 한다고 하면 어떻게 될까요?

"너는 이 문으로 들어온 것이 맞지."

"예. 하지만 꼭 맞는 것은 아닙니다. 저는 문으로 들어오면서 동시에 창문으로 들어왔습니다."

"뭐라고? 지금 나를 놀리는 거야, 뭐야!"

흥분을 가라앉히세요. 소립자 도둑의 말이 맞습니다. 자세한 이야기는 양자물리학자들에게 물어보세요.

나비의 날갯짓이 폭풍을 일으킬 수도 있다

이제 분위기를 바꿔서 카오스(혼돈) 이론으로 이야기로 옮겨 볼까요? 먼저 유명한 '나비효과(butterfly effect)'를 봅시다. 나비가 제멋대로 날갯짓을 하는 것 같은 사소한 원인이 쌓여서 예측할 수 없는 결과를 낳는다면 어떻게 될까요?

미국의 기상학자 로렌츠(E. Lorenz)는 복잡하게 움직이는 대기의 흐름을 단순화한 방정식을 고안해서 대기 모델을 연구했습니다. 그는 기온과 기압에 관한 방정식, 기압과 풍속에 관한 방정식 등 12개의 결정론적인 방정식을 프로그래밍해서 바람의 경로를 그래프로 나타내 보았습니다. 그러다가 그래프를 간단하게 출력하고 싶어서 처음에 입력한 수 0.506127보다 간단하게 0.506만 입력했습니다. 이때 입력하지 않은 0.000127은 사소한 크기죠. 로렌츠가 무시한 차이는 0.0001, 즉 1/1000에 지나지 않습니다.

그런데 한 시간 후에 커피를 맛있게 마시고 컴퓨터 앞에 앉았을 때 깜짝 놀랍니다. 출력된 그래프가 처음의 것과 큰 차이가 났기 때문이죠. 바로 0.0001의 사소한 차이가 쌓여서 증폭되더니 완전히 다른 그래프가 된 거죠. 즉 사소한 차이가 예측할 수 없는 엉뚱한 결과를 만든 겁니다. 이렇게 해서 혼돈계, 카오스가 과학의 역사에 등장하게 된 거죠. 로렌츠는 학술지에 다음과 같이 보고합니다.

"그 순간에 나는 실제 대기가 이런 수학 모델같이 반응한다면, 초기 조건에 민감하다면 장기 예보는 불가능함을 알게 되었다."

로렌츠는 이런 사소한 점이 기후 변화의 본래 모습이라고 보았습니다. 기후는 초기 조건에 민감하죠. (결정론적인 역학계에는 예측할 수 없는 혼돈이 숨어 있습니다. 이 계에 우연적인 요소가 거의 없더라도 시간이 지나면서 무작위 상태의 혼돈이 나타날 수 있습니다.) 초기 조건의 아주 작은 차이가 크게 증폭되면서 예측할 수 없는 결과를 낳는 것을 '나비효과'라고 부릅니다. 농담처럼 이야기하면, 홍콩에서 나비들이 날갯짓을 하면 그로 인해 미국에서 예기치 않은 태풍이 생길 수 있다는 거죠.

'나비효과'는 은유적인 표현이죠. 나비의 날갯짓 같은 아주 사소한 공기의 움직임도 일정한 인과관계에 따라서 대기의 흐름을 예측할 수 없는 상태로 변화시킬 수 있다는 말입니다.

우리가 기상 현상을 예측할 수 없다고 하는 것은 예보에 필요한 세부 사항을 모르거나 잘못된 방정식 때문이 아닙니다. 나비의 날갯짓 같은 미세한 사항만 추가되더라도 완전한 예보는 불가능하죠. 그러니까 문제는 나비가 아니라 대기 자체죠. 그렇다고 대기가 법칙에 제대로 따르지 않는다고 야단을 칠 수도 없습니다.

"대기 씨, 당신은 왜 그렇게 예측할 수 없도록 움직여서 기상 예보를 못 하게 하고, 많은 사람들의 예측 가능한 삶을 빼앗습니까?"

"아니 무슨 말씀을! 저는 법칙에 어긋나게 움직인 적이 한 번도 없습니다. 제가 운동법칙을 어긴 적이 없다는 것은 당신도 잘 알 겁니다. 그래서 저는 인간들이 저의 세세한 움직임과 사소한 변화까지 정확하게 파악하지 못하는 점이 문제라고 보는데요."

"우리도 나름대로 관측 가능한 정보를 모조리 입력하고 있습니다."

"그런가요? 저는 분명히 규칙에 따라 움직이고 자연의 인과관계를 존중하고 있습니다. 그러면 도대체 이게 어찌된 일일까요? 저는 그동안 인간의 관찰이 불충분하기 때문에 저의 움직임을 제대로 모른다고 생각하고 있었는데요. 그것도 아닌가 보죠. 그렇다면 저도 저를 잘 모르겠군요."

우리도 노력하고 있다는 것을 보여 주기 위해 대기의 예측 불가능한 움직임을 나타내는 '이상한 끌개(strange attractor)'를 만들긴 했습니다. 나비 같은 모양을 하고 있는 이 아름다운 그림의 움직임을 따라가면 눈이 어지럽습니다. 이것을 '이상하다'고 하는 것은 처음 값이 주어지면 이후의 진행에서 매번 궤도가 달라져서 우연히 바뀌는 것처럼 보이기 때문이죠. 여기에서는 이후의 진행을 예측할 수 없으니, 서로 가까이 손을 잡고 있던 A, B가 나중에는 아주 떨어진 곳에서 남남이 될 수 있다는 이야기죠.

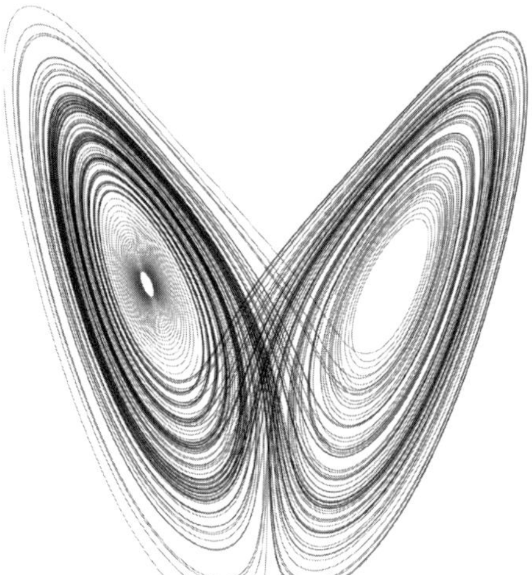

이상한 끌개

카오스 안에 있는 질서

다시 카오스 마을로 가 봅시다. 앞에서 우리는 나비효과처럼 초기 조건에 민감해서 혼돈을 일으키는 경우를 보았죠. 그런데 이런 예가 아주 많습니다.

겨울에 수도꼭지가 얼지 않게 하려고 물을 조금 틀어 놓는데, 신기의 테크닉을 발휘해 물도 아끼고 수도꼭지도 얼지 않게 3초 간격으로 한 방울씩 떨어지게 합니다. 그런데 아침에 일어나서 보면, 3초 간격은 어디론지 가고 없고 계속해서 몇 방울씩 불규칙하게 마구 떨어지는 경우를 볼 수 있죠. 이게 바로 난류(亂流)에서 나타나는 혼돈의 예죠.

조용히 공기를 타고 위로 올라가는 담배 연기도 그런 예죠.

"연기 기둥이 어떤 높이에 이르면 진동이 나타나고 도저히 이해할 수 없을 정도로 아주 복잡해 보인다. 시간에 따른 진행은 엄격한 결정론적 법칙에 복종하지만, 계는 자기 의지대로 움직이는 것처럼 보인다."(뤼엘)

혈관 속 피의 흐름에서 작은 와류가 도달하는 마지막 위치는 초기 위치에 민감해서 서로 이웃한 것들이 한동안 나란히 흐르다가 마지막에는 아주 다른 위치에 가 있을 수 있습니다. 또 비행기는 날개 표면에 붙은 얼음 알갱이 때문에 생기는 공기 흐름의 흔들림이 급격히 증폭되어서 날개 뒤쪽에 난류가 생겨 추락하는 경우도 있습니다. 반면 어떤 날개는 얼음이 붙은 같은 조건에서 별다른 영향을 받지 않습니다.

이 밖에 주식 시장의 주가 변동도 카오스의 대표적 사례입니다.

주식 투자를 할 때 시세를 완벽하게 예측할 수 있다고 주장하는 라플라스의 악마족들이 있는데, 그들을 지나치게 믿다가 단번에 모든 것을 날려 버릴 수도 있습니다. 그 외에도 심장의 고동, 사람의 생각, 구름, 폭풍, 생태계의 변화, 산불의 확산, 해안선, 경기 변동, 생명의 진화, 은하계 등에서 많은 카오스의 예들을 찾을 수 있습니다.

이런 카오스 상태에서는 미래를 정확하게 예측할 수 없을 겁니다. 우리는 앞에서 운동법칙이 작용하는 결정론적 세계를 살펴보았는데, 이런 세계에서는 법칙과 초기 조건만 알면 그 계 안에 있는 모든 것의 운동을 정확하게 예측할 수 있었죠. 그런데 문제는 이런 믿음과 달리 결정론적인 계에서도 예측이 불가능하다는 것이죠. 방금 본 예처럼 초기 조건에 민감한 경우 계에는 혼돈이 숨어 있기 때문에 예측이 가능하지 않습니다. 재미있지 않나요? 제멋대로 움직이는 것이 아니라 일정한 법칙에 따라 움직이는 결정론적인 세계에 혼돈이 있다는 점, 그리고 법칙과 초기 조건을 알아도 운동을 예측할 수 없다는 점 말입니다.

그런데 카오스 이야기를 할 때 오해해서는 안 될 것이 있죠. 카오스 이론은 그 이름처럼 카오스를 내세우는 이론이 아니라 '카오스 안에 있는 질서'를 찾으려고 합니다. 다시 말해 카오스 이론은 카오스가 아니라 질서를 찾는 이론이죠. 이 기회에 이름을 '카오스모시스(chaos+ cosmos=chaosmosis)' 이론으로 바꾸면 어떨까요?

잉크가 물에 떨어져서 퍼지는 운동, 커피에 설탕을 넣고 저었을 때의 움직임, 살랑거리면서 떨어지는 나뭇잎의 운동 등에 어떤 규칙이나 질서가 있을까요? 잉크 분자나 나뭇잎이 힘의 법칙을 어기지는 않겠지만, 그 오묘한 움직임을 정확하게 알기는 쉽지 않습니다.

선형과 비선형

이번에는 진자(振子) 운동의 예를 봅시다. 하나의 진자가 정지한 상태에서 어느 한쪽으로 밀면 일정한 주기로 흔들리죠. 시계추가 규칙적으로 흔들리는 것을 아시죠? 이때 진자의 흔들림은 진자의 속도, 진폭과 관련이 있습니다. 이 진자는 한 방향으로만 움직이기 때문에 그 위치와 속도를 정확하게 알 수 있죠.

그런데 웬 장난꾸러기가 물리학자를 골탕 먹이려고 조용하게 흔들리는 진자를 톡 친다면 어떻게 될까요? 그리고 심심할 때마다 한 번씩 건드리면 어떻게 될까요? 그 진자는 일정한 방향을 잃고 앞뒤, 좌우로 혼란스럽게 움직이겠죠. 이런 진자의 운동 방정식을 만들 수 있을까요? 자유롭게 움직이는 진자의 운동 궤도를 나타내는 식을 만들려면 꽤 오랜 시간이 걸리겠죠.

이런 예에서 알 수 있듯이, 종래의 물리학에서는 얌전하게 움직이는 진자만을 다루어 이를 선형(線型) 방정식으로 나타냈죠. 선형은 두 양 사이의 정비례 관계에 바탕을 두고 그래프에서 직선으로 표시할 수 있는 운동을 다루죠. 이런 선형적인 계의 작용은 계를 이루는 각 부분들의 운동의 합으로 나타낼 수 있죠. 하지만 비선형(非線型)의 경우는 이런 합으로 나타낼 수 없습니다.

가정에서 전기난로를 두 대 사용하면 두 배의 열을 얻을 수 있죠. 열의 세기와 난로 수 사이에 선형적인 관계가 있죠. 하지만 원자로의 경우는 다르죠. 원자로 중심부의 과열이 핵 연쇄반응을 증가시키고, 이것이 다시 열 발생을 증폭시킵니다. 원래의 온도 증가와 비례하지 않는 폭발적인 열이 생기죠. 과열된 원자로가 '꽝' 하고 터지면서 생긴 끔찍한 사건들은 환경 문제의 중요성을 정면에 부각시켰죠.

이처럼 선형 방정식은 단순해서 하나의 원인이 하나의 결과를 만들기 때문에 그 원인에서 결과를 정확하게 알 수 있습니다. 하지만 비선형인 경우에는 그렇지 않습니다. 불규칙한 난류의 흐름처럼 다양한 혼돈 현상을 선형 방정식만으로 설명하기는 어렵죠. 지금까지 물리학에서 당구공이나 행성의 운동 같은 예쁘고 착한 진자가 규칙적으로 움직이는 것만을 다루어 왔다면, 사실 이런 규칙적인 운동은 특수하고 예외적인 경우죠. 즉 선형 방정식의 세계는 그보다 일반적인 비선형 방정식의 일부에 지나지 않습니다.

우리가 앞에서 살펴본 뉴턴 모델은 운동법칙을 이용한 선형(미분) 방정식을 사용해서 포탄의 궤도, 식물의 성장, 기계의 반복적인 동작 등 다양한 현상을 정확하게 기술하고 예측할 수 있었습니다.

그러나 우리가 보통 배우는 직선이나 매끄러운 곡선을 그리는 선형 방정식과 달리 비선형 방정식의 해(解)는 불규칙하게 움직이죠. 그래서 이런 비선형 세계에서는 예측이 가능하지 않습니다. 비선형 방정식에서는 어떤 변수의 작은 변화가 큰 충격을 줄 수 있습니다. 계를 이루는 요소들이 변수가 변할 때 비교적 일정한 상호관계를 유지할 때에도, 어떤 임계점(臨界點, critical point)에서 작은 값이 변한 까닭에 완전히 새로운 상태가 나타나는 경우가 있습니다. 그리고 이런 비선형 방정식은 '되먹임(feedback)'의 성질을 갖습니다.

결과가 원인에 다시 작용하는 되먹임

'되먹임'은 어떤 결과가 나온 경우에 그 결과를 다시 같은 원인에 투입하는 경우죠. 그래서 되먹임이 계속되면 상황이 복잡하게 바뀝니다. 방정식은 하나지만 그 결과가 계속 바뀌기 때문에 예측하기 어렵습니다.

이런 되먹임은 전통적인 원인-결과의 직선적 모델이 원인과 결과의 관계를 지나치게 단순화한 것임을 보여 주죠. 원인은 원인이고, 결과는 결과인 것이 아니죠. 결과가 다시 원인이 되고 그것이 원인을 변화시켜서 다른 결과를 만들죠. 이렇게 원인에 더해진 결과가 다시 원인이 된다면 원인과 결과는 한 부분으로서가 아니라 하나의 전체처럼 움직이고, 서로 맞물립니다.

이런 되먹임을 사이버네틱스(cybernetics, 인공두뇌학)에서는 제어장치로 이용하죠. 전자밥솥이나 자동온도 조절기에서 보듯이 일정한 상태를 유지하는 데 쓰이죠. 이 경우에 되먹임은 결과가 원인에 작용할 때 그 값을 일정하게 빼 주는 것이어서 '−되먹임(음의 피드백, negative feedback)'이라고 하죠. 이와 달리 확성기의 경우에 가끔 "삐-이-익, 삑, 삑" 하는 괴상한 고음이 들릴 때가 있죠. 이 날카로운 소리는 출력이 다시 입력되면서 증폭되는 과정에서 나타나죠. 이것은 결과가 원인에 그 값을 더해 주는 것이어서 '+되먹임(양의 피드백, positive feedback)'이라고 합니다.

이처럼 '되먹임'은 자신이 만든 결과가 다시 자신의 상태를 조절하는 예입니다. 앞에서 살핀 대기의 불안정한 움직임도 이런 '+되먹임' 효과 때문이죠. 이런 되먹임 현상은 다양한 생명체, 생태계의 진화, 정신 활동, 비선형 방정식 등에서 나타납니다.

교사가 학생을 가르칠 때, 교사가 일방적으로 영향을 미치기만 하는 것이 아니라 교사 자신도 학생에 의해 영향을 받고 스스로 새롭게 배웁니다. 교육 체계는 교사와 학생을 규정하지만 교사와 학생도 교육 체계에 일정한 영향을 미칠 수 있습니다. 또 부모와 자녀의 관계에서도 부모가 자녀를 이끌지만 자녀 역시 부모에게 거꾸로 영향을 미칩니다.

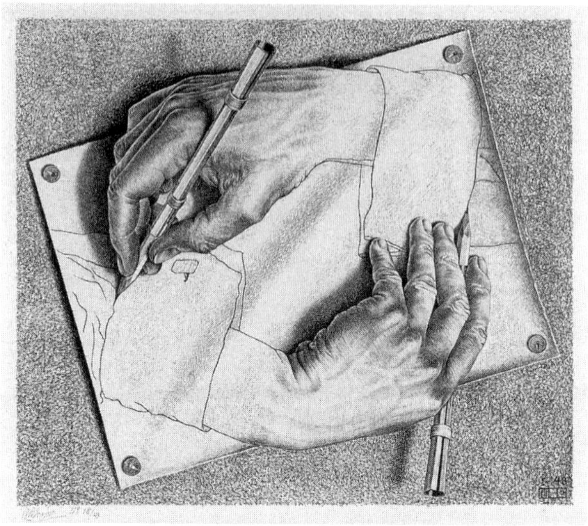

에셔, 〈그리는 손들〉

되먹임 이야기가 나온 김에 잠깐 다른 길로 가 볼까요? 이런 되먹임 현상과 비슷한 것으로 에셔(M. C. Escher)의 작품 〈그리는 손들〉을 떠올릴 수 있습니다. 그림에서 보듯이 위쪽의 손이 아래쪽의 손을 그리는데, 이 그려진 손이 또한 자기를 그리는 손을 그리고 있어서 서로 맞물려 있습니다.

영국의 동화작가 캐럴(L. Carroll)의 《거울 나라의 앨리스》에 보면 앨리스가 잠자고 있는 붉은 여왕을 보죠. 그래서 여왕을 깨우려고 하자 친구들이 여왕을 깨우지 못하게 하죠. 왜일까요? 여왕이 바로 앨리스를 꿈꾸고 있기 때문이죠. 여왕이 깨어나면 꿈속에 있던 앨리스는 사라진다는 거죠. 그러면 앨리스는 어디에 있나요?

앨리스는 자신이 지금 있는 바로 "여기에 있다"라고 하죠.

"너는 어디에도 없어. 너는 그의 꿈속에서만 존재할 뿐이야. 넌,

네가 진짜가 아니라는 것을 알고 있니?"

"나는 진짜야."

그런데 더 재미있는 것은 자면서 앨리스를 꿈꾸고 있는 이 붉은 여왕도 앨리스의 꿈속에 있다는 점이죠. 앨리스는 붉은 여왕을 꿈꾸고, 여왕은 앨리스를 꿈꾸고, 앨리스가 깨어 있을 때 여왕은 자고 있고, 여왕이 깨어 나면 앨리스는 사라지지만, 그 여왕이 앨리스의 꿈속에 있습니다. 서로 맞물려서 어느 쪽에서 시작하고 끝나는지 알 길이 없죠. 마치 두 거울을 마주 세운 것처럼 서로가 서로를 비추고 있는 형상입니다. 이런 기묘한 맞물림에 대해서 재미있는 생각을 할 수 있는 여지가 많을 겁니다.

"내 말은 거짓말이다"라는 말은 참말인가?

이런 기묘한 맞물림을 불쾌하게 여기는 사람들이 많은데, 이것이 역설을 만들기 때문입니다. 유명한 '거짓말쟁이 역설'도 이것과 관련이 있죠. 에피메니데스는 크레타 섬에 살던 사람인데, 이렇게 이야기했죠.

"모든 크레타인은 거짓말쟁이다."

이 말이 참말이라고 하거나 거짓말이라고 하거나 서로 맞물려 있습니다. 이를테면 이 말이 참말이라면 모든 크레타인은 거짓말쟁이고, 이 말을 크레타인이 했으므로 그 말도 거짓말이 되는 거죠. 반대로 이 말이 거짓말이라면 모든 크레타인은 거짓말쟁이는 아니어서 처음 한 말이 거짓말이 되죠. 이 말이 참말인지, 거짓말인지를 결정할 수 없습니다.

우리가 앞에서 본 괴델의 '불완전성 증명'도 이것과 관련이 있습니다. "나는 증명될 수 없다"와 같은 논리식도 이런 결정할 수 없는 성격을 지닙니다. 이것은 자기가 자기를 지시하는 역설 때문이죠. 자기가 자기를 지시, 언급하는(refer) 경우에 나의 대상이 바로 나이기 때문에 서로 맞물리죠. 그래서 괴델이 지적하듯이, 자기를 지시하는 명제는 가장 기본적인 논리에서도 역설을 만들 수 있고, 나아가 수학도 불완전할 수밖에 없습니다.

동화작가 캐럴도 《거북이가 아킬레스에게 한 말》에서 이런 현상을 지적하죠. 인간의 추론은 (아무리 간단한 것이라고 해도) 그것이 정당함을 보여 주기 위해서 더 높은 수준의 추론 규칙을 필요로 한다는 거죠. 또 그 높은 수준의 추론을 정당화하기 위해 좀 더 높은 수준의 추론이 필요하고, 이렇게 사다리를 타고 올라가는 것은 계속됩니다. 이것을 무한퇴행(無限退行)이라고 하죠.

이것을 간단하게 이야기할 수 있습니다. 회의주의자 아그리파(M. V. Agrippa)가 말하듯이, 어떤 것도 증명될 수 없습니다. 왜냐하면 모든 증명은 그것에 앞선 증명을 필요로 하기 때문이죠. 또 섹스투스 엠피리쿠스(Sextus Empiricus)도 정의는 헛된 것이라고 했는데, 왜냐하면 사용된 낱말들 각각을 정의하고 나서 정의를 정의해야 하기 때문이죠.

그리면서 그려지는 손

이런 자기 지시의 문제를 재미있게 해석하는 예가 있습니다. 호프스태터(D. Hofstadter)가 《괴델, 에셔, 바흐》에서 이것을 '이상한 고리'

로 설명하죠. 그는 바흐(J. S. Bach)의 카논, 에셔의 그림들, 괴델의 수학 등에서 이상한 고리가 만들어진다고 봅니다. 바흐의 작품집 〈음악적 헌정〉에 수록된 카논은 전체 키가 C단조에서 시작해서 D단조로 끝나는 것으로 조바꿈이 일어납니다. 보통 이 조바꿈을 연속적으로 몇 번 반복하면 처음의 키로부터 멀어지게 되는데, 이 카논은 6번의 조바꿈으로 그 끝이 처음으로 다시 연결되어서 C단조로 되돌아갑니다. 이것은 C단조에서 시작해서 키의 계층(hierarchy)을 따라 더 높은 곳으로 올라가서 다시 처음의 키로 돌아오는 것처럼, 계층을 지닌 체계가 어떤 수준을 따라 위쪽이나 아래쪽으로 이동하다가 신기하게도 다시 원래의 곳으로 돌아오는 '이상한 고리'가 만들어진 거죠.

에셔의 작품 〈폭포〉에서 보듯이 물을 따라 내려가다 보면 그 밑의 물이 바로 위의 물로 이어지고 있습니다. 에셔의 판화들에는 올라가다 보면 내려가는 계단과 이어지고, 회랑에서 바깥으로 이어지는데 그 끝에서 다시 회랑으로 돌아오고, 그림에서 나온 도마뱀이 다시

에셔, 〈폭포〉

에셔, 〈도마뱀〉

그림으로 들어가는 등등 신기한 예가 많죠.

호프스태터는 이상한 고리를 "서로 다른 수준에서 상호작용이 일어나는 것인데, 위쪽 수준이 아래쪽 수준으로 내려가서 아래 수준에 영향을 미치고, 동시에 위쪽 수준은 아래 수준으로부터 영향을 받는 상호작용"이라고 독특하게 해석합니다. 그래서 그는 에셔의 〈그리는 손들〉을 다음과 같이 해석하죠.

"위쪽의 뒤얽힌 수준에서는 왼손이 오른손을 그리고 오른손이 왼손을 그립니다. 그리는 수준과 그려지는 수준이 얽혀 고리를 이루고 있죠. 이 수준 밑에는 눈에 보이지 않는 에셔의 손이 있습니다. 에셔의 손은 이 두 손을 그리고 있고. 이 손은 그림 바깥에 있습니다." 이런 방식으로 그림 바깥을 통해서 그림 안을 설명하는 방식(메타 수준을 도입함) 외에도 여러 가지 해석 방식이 있을 겁니다.

어쨌든 이런 '이상한 고리'와 '되먹임'은 문제를 재미있게 만들죠. 내가 한 손으로 다른 손을 만질 때 어떤 현상이 일어날까요? 어느 쪽이 만지는 손이고, 어느 쪽이 만져지는 손일까요? 한 손은 만지면서 (다른 손에 의해서) 만져지고, 다른 손은 만져지면서 만질까요? 손을 씻을 때 오른손으로 왼손을 씻고, 왼손으로 오른손을 씻는 경우를 생각할 수 있죠. 이런 현상과 〈그리는 손들〉은 어떻게 다른가요?

내가 다른 사람이 아닌 나 자신과 혼자 말을 하거나 내가 일기를 쓰면서 나를 쓰고 있을 때 어떤 이상한 일이 일어납니까? 머리가 좀 어지럽나요? 좀 어지러운 것이 복잡한 세계를 단순하게 이해해서 말끔해진 상태보다 더 좋은 것이 아닐까요? 그런 혼돈에서 어떤 질서를 찾을 수 있을지 잘 모르지만, 창조적인 사고와 혼돈은 가까운 곳에 있습니다.

춤추는 진자는 결국 제자리로 돌아온다

앞에서 춤추는 진자의 궤도가 불규칙해서 말썽을 부린 일이 있었죠. 그런데 진자의 운동을 설명하는 길을 찾아볼까요? 규칙적인 체계에서 혼돈이 생기는 현상을 설명하는 방식인 '끌개(attractor)'를 보죠. 끌개는 위상공간에 나타나는 기하학적 존재입니다. 끌개가 어떻게 혼돈을 요리하는지 볼까요?

우리는 진자가 운동하는 계를 위상공간에 나타낼 수 있습니다. 위상공간(또는 상태공간)은 역학계의 변화 상태를 나타내는 것입니다. 이것은 움직이는 물체의 계로부터 본질적인 모든 정보를 추상화하여 숫자를 그림으로 바꾼 것이죠. 이것은 계가 취할 수 있는 모든 가능 상태를 그립니다.

어느 순간의 동역학계(動力學系)에 대한 모든 정보는 위상공간의 한 점으로 나타납니다. 그 점은 그 순간의 동역학계죠. 물론 다음 순간에 운동이 계속되면, 그 계는 변하므로 그 점도 움직이죠. 그래서 시간 변화에 따라서 변하는 계의 역사를 위상공간 안에서 궤도를 그리며 움직이는 점으로 나타낼 수 있습니다.

그러면 계에 관한 복잡한 정보를 어떻게 한 점으로 나타낼 수 있을까요? 만약 계가 두 변수를 갖는다면 그 움직임을 두 축 위에 표시할 수 있죠. 흔들리는 진자의 위치 변수와 속도 변수를 각각 두 축에 표시할 수 있죠. 이것을 표시하는 점은 끊임없이 변하며 (마찰이 없으므로) 영원히 일정한 궤도를 되풀이하면서 둥근 원을 그립니다.

보통 진자는 마찰이나 공기 저항 때문에 운동이 서서히 느려지다가 결국 멈추게 되죠. 이처럼 마찰력이 작용하는 진자의 운동을 알

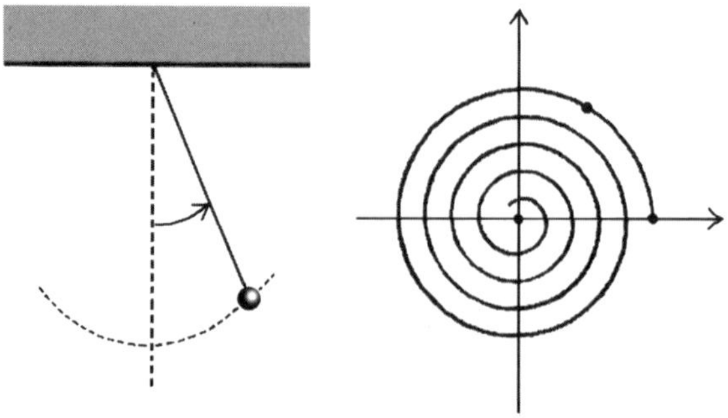

진자의 운동과 위상공간 그래프

려고 운동 방정식을 만들 필요는 없습니다. 이 진자는 한동안 움직이다가 결국 마지막에는 위치와 속도가 0인 위상공간의 중심점에서 멈출 겁니다. 그래서 이 위상공간은 '고정된 점(fixed point)'을 향해 안쪽으로 감겨 들어가는 모양을 이루죠. 그래서 이 점이 마치 모든 궤도를 끌어당기는 것처럼 보이기 때문에 이것을 끌개, 특히 '고정점 끌개(fixed point attractor)'라고 부르죠. 이처럼 주기적인 운동이 에너지를 잃는 과정도 위상공간에 나타낼 수 있죠.

만약 진자가 마찰이나 공기 저항으로 느리게 운동하는 경우에 주기적으로 진자를 밀어 주면 진자는 규칙적으로 운동할 수 있죠. 이때 진자는 어떤 한 점에 이끌리는 것이 아니라 원의 궤도를 그리죠. 이것이 '한계 순환 끌개(limit circle attractor)'죠.

이 끌개를 사용하는 예를 봅시다. 이 끌개는 호수에 다수의 송어와 그것을 잡아먹는 몇 마리의 창꼬치가 있는 경우에 생태계가 어떻게 변하는가를 보여 줍니다. 첫해에는 창꼬치가 송어를 닥치는 대로 먹어서 송어 수가 줄고 창꼬치 수는 엄청나게 늘죠. 그러면 늘어난 창꼬치는 먹이가 모자라서 죽어 나가죠. 몇 년 후에 송어들이 번식해서 수가 불어나면 창꼬치들은 먹이가 충분하므로 다시 수가 불어나죠. 이런 식으로 천적-먹이 관계, 먹는 것과 먹히는 것의 상관관계도 일정하게 진동하면서 몇 년 주기로 변합니다. 송어들의 수는 한계순환을 따르고, 이 계는 각각 독립적으로 서로 무관하게 행동하는 개체들로 이루어졌지만 안정되고 조직적인 계를 이룹니다.

그렇다면 앞에서 말씀을 부렸던 자유롭게 '춤추는 진자'도 이런 위상공간에 표시할 수 있을 겁니다. 춤추는 진자는 전후, 좌우로 마음껏 움직이다가 이윽고 점점 힘이 약해져서 끌개에 이끌려 규칙적으로 운동하다가 마침내 멈추겠죠. 춤추는 진자가 운동하는 역사, 춤의 자취는 위상공간에 나타나고 이 혼란스러운 운동의 '얼마 후의 상태'를 알 수 있습니다. 춤추는 것도 한동안이고 춤을 춘다고 해도 일정한 범위를 벗어나지 않으니 위상공간에 약간 어지럽게 나타날 뿐이죠. "네가 아무리 복잡하게 춤을 추어도 이 끌개를 벗어나지는 못하지. 나는 너 같은 녀석을 잡는 게 전공이란다."

그리고 이런 한계순환 끌개가 좀 더 복잡한 형태로 나타나는 것이 도넛 모양의 '토러스(torus) 끌개'죠. 이것은 두 개의 진자가 서로 영향을 주면서 운동하는 경우에 나타나죠. 하나의 진자가 움직이는 경우는 앞뒤로만 움직이지만, 두 개의 진자가 서로 작용하는 경우에는 좌우로도 움직이죠. 이것은 앞의 경우보다 더 복잡하게 토러스를 휘감는 모양으로 나타나죠.

이 경우도 규칙적인 운동을 나타냅니다. 이처럼 비교적 복잡한 계의 운동에서 지금 당장은 아니지만 먼 미래를 예측할 수 있죠. (점근적 예측성) 이것은 어떤 순간에 계의 상태를 정확하게 알지 못하더라도 이 계가 (아무리 먼 미래 상태라고 하더라도) 위상공간에서 토러스 표면의 어떤 지점에서 움직일 것이라는 거죠.

아름답고도 기묘한 끌개

그런데 모든 끌개가 이처럼 일정한 규칙성, 장기적 예측 가능성을 보여 주는 것은 아니죠. 아주 불규칙한 운동을 보여 주는 '이상한 끌개(strange attractor)'가 있습니다. 여기에는 불규칙한 대기 상태를 표현한 로렌츠 끌개(Lorenz attractor)를 비롯해서 에농끌개(Hénon attractor), 뢰슬러 끌개(Rüssler attractor) 등이 있죠.

여기에서는 이상한 끌개를 보여 주는 난류(亂流)를 볼까요? 난류는 공기의 흐름, 바위와 교각 주변에서 생기는 소용돌이 모양의 급류, 용암, 태풍 등에서 볼 수 있죠. 또한 난류는 송유관 안의 기름을 뒤죽박죽으로 만들기도 하고, 혈관을 손상시키고, 인공심장에서 핏덩어리를 만들기도 하죠.

일찍이 레오나르도 다빈치(Leonardo da Vinci)는 이런 불규칙성이 잘 드러난 난류에 관심이 많았죠. 다음 그림에서 보듯이 큰 소용돌이가 작은 소용돌이들을 내포하고, 그것은 더 작은 소용돌이들을 포함하죠. 이것은 큰 소용돌이가 작은 것으로 갈라지는 과정을 보여 주는데, 과학에서는 이것을 '갈라짐(bifurcation)'이라고 부릅니다.

나중에 호프(E. Hopf)는 갈라짐이 난류를 만드는 것을 수학 모델로 설명하죠. 예를 들어 천천히 흐르는 냇물의 흐름은 별로 변화가 없죠. 조금 더 빠르게 흐르는 물은 소용돌이로 흐름이 휘말릴 수 있지만 그것도 규칙적인 한계순환의 모습을 보여 주죠. 이 흐름에 외부 충격을 가해도 결국은 안정된 순환으로 돌아옵니다. 그런데 그 속도

다빈치, 〈소용돌이〉

가 아주 빠른 경우에 일정한 임계점에서 흐름이 난류로 바뀌죠. 그래서 임계점에서 토러스 모양으로 바뀌고, 그 지름이 점점 커집니다. 이 경우에 분기는 일정한 과정을 거쳐서 카오스에 이르게 됩니다.

이런 경우와 달리, 이상한 끌개의 경우는 혼돈을 일으키죠. 이상한 끌개는 초기 조건에 아주 민감합니다. 그래서 초기 조건이 조금만 달라져도 장기적인 움직임이 크게 달라지죠. 이상한 끌개는 비록 유한한 영역에 제한된 것이면서도 무한한 가능성을 보여 줍니다. 여기에서 계는 시간이 지나면서 절대로 반복하지 않고 위치를 차례로 선택합니다.

그래서 역학계가 이상한 끌개에 끌려 들어가면 계의 움직임을 장기적으로 예측할 수 없습니다. 이상한 끌개가 초기 조건에 민감하기 때문이죠. (출발점 근처에 있는 어떤 점을 택할 때, 그 점이 앞서 출발한 점과 아무리 가깝다고 하더라도 새로운 궤도는 원래의 궤도로부터 빠른 속도로 발산합니다. 그래서 완전히 다르게 운동하죠.)

따라서 관찰자가 초기 조건을 무한대의 정확도로 알지 않는 한 계는 전혀 예측할 수 없는 상태가 되죠. 약간만 부정확해도 시간이 흐르면서 그 차이가 지수적(指數的)으로 증폭되기 때문에 예측할 수 없습니다. 물론 라플라스의 악마는 자신이 완벽하게 초기 조건을 알 수 있다고 할 테니까, 이상한 끌개의 아름다운 모양과 기묘한 움직임을 즐길지도 모르죠. 하지만 우리에게는 이런 민감성 때문에 규칙적이고 예측 가능한 세계를 기대할 수 없습니다.

혼돈이 있는 곳이면 프랙탈 기하학이 달려간다

이처럼 우리가 앞에서 혼돈에 빠진 경우들 가운데 상당수는 그 속에 질서가 있음을 볼 수 있습니다. 물론 이런 질서를 발견한다고 해서 모든 혼돈 속에서 질서를 찾은 것은 아니죠. 질서의 범위를 조금 넓혔지만 아직 혼돈의 영역은 넓습니다. 일단 질서와 혼돈이 공존한다고 할 수 있겠죠. 주목할 것은 이런 혼돈 현상들이 결정론적인 법칙이 작용하는 계에서 일어난다는 점이죠. 계가 결정되어 있다고 해서 예측이 가능한 것은 아니죠. 예측할 수 없는 결정론적 운동이라는 말을 잊지 마세요.

카오스 이론과 복잡성 과학은 이런 카오스에 도전합니다. 즉 혼돈처럼 보이는 것들에서 합리적인 질서를 찾는 거죠. 이 가운데 가장 유명한 예의 하나인 '프랙탈(fractals, 쪽거리) 기하학'을 봅시다. 한때는 엔트로피를 모르면 무시당했지만 요즘은 프랙탈을 모르면 혼돈계를 이야기할 수 없습니다.

망델브로(B. Mandelbrot)가 창안한 '프랙탈'('조각난'이라는 라틴어

fractus에서 따온 것)은 불규칙하게 보이는 형태들이 단순한 조작을 계속 반복한 결과임을 보여 주죠. 망델브로는 정상적인 학교 교육을 받지 못했지만 고집스럽게 눈으로 보는 것을 좋아했다고 합니다. 그 자신은 글을 읽을 줄도 모르고, 산수 계산도 잘 못했다고 합니다. 아니 수학자, 기하학자가 산수를 못했단 말입니까? 믿어지지 않지만 그는 수학의 역사를 바꿔 놓은 사람입니다.

그는 대학 입학시험을 칠 때 질문들을 모두 마음속에 그림으로 그려서 풀었기 때문에 일등을 했다고 하죠. 그는 학교에서 배우는 추상적인 수학에는 관심이 없고, 주변 세계의 기하학적인 불규칙성을 흥미롭게 관찰하죠. "구름은 둥글지 않고, 산은 원추형이 아니고, 해안선은 원호가 아니고, 번개는 직선으로 내리치지 않는다."

그는 증권 시세, 소음 문제, 은하들의 분포에서 그것들이 '스스로 닮는' 방식으로 (자기유사성을 띠고 규모가 작아지는 쪽으로 세세한 것이 반복되는) 형태를 만드는 것을 발견해서 주변을 감탄하게 하죠. 뿐만 아니라 해안선, 기상 변화, 나무, 구름, 분자 구조, 강, 산, 두뇌, 폐와 피돌기, 은하 등에 나타난 풍요롭고 우아한 형태를 새로운 기하학으로 설명합니다.

프랙탈 도형을 하나 만들어 볼까요? 눈의 결정 형태를 닮은 모양을 만들어 보죠. 각 변의 길이가 1인 정삼각형을 놓고 각 변을 3등분해서 중앙의 3분의 1에 모양은 같고 한 변의 길이가 3분의 1인 세 삼각형을 붙입니다. 다윗의 별 모양이 되죠. 이제 변은 12개가 되고 꼭지점도 늘어나죠. 계속해서 12개의 각 변에서 중앙의 3분의 1에 같은 방식으로 만든 더 작은 삼각형을 붙이고, 또 같은 방식으로 더 작은 삼각형들을 붙여 나가죠. 이 모양은 점점 재미있게 바뀌고 이상적인 눈송이 모양을 닮죠. 이것이 바로 유명한 코흐 곡선(Koch curve)입니다.

코흐 곡선

해안선의 길이를 알 수 없다

이런 프랙탈 도형의 성질에서 재미있는 것을 많이 볼 수 있습니다. 예를 들면, 코흐 곡선에서 각 부분을 확대하면 전체와 닮은꼴을 하고 있습니다. 즉 한 부분과 그 부분의 부분에서 구조가 변하지 않죠. 앞에서 본 '이상한 끌개'도 어떤 부분을 확대하든 그것이 전체 구조와 닮습니다. 이처럼 같은 성질이 무한히 계속되는 현상을 '자기유사성(self-similarity)'이라고 합니다. 클로버 잎을 보면 가장자리에 클로버 모양의 작은 강모들이 나 있는데, 이 강모 주위에 더욱 작은 클로버 모양의 강모들이 나 있고, 또 그 강모 주위에는 더 작은 클로버 모양의 강모들이 나 있습니다. 이처럼 무늬의 모양이 어떤 척도에서 보더라도 같기 때문에 이를 '척도 불변'이라고 하죠.

그리고 이 도형의 차원은 1차원도, 2차원도 아니고 약 1.26차원이죠. 1차원이 선이고, 2차원이 평면이죠. 그러면 코흐 곡선은 선에 가까운 면, 또는 선도 면도 아닌 것인 셈이죠. 이상한 점이 또 있는데, 이 삼각형의 둘레를 재어 보면 그 길이가 무한하죠. 이게 말이 됩니까? 유한한 공간을 지니면서 그 길이가 무한하다는 게 말이죠.

이런 점 때문에 생긴 문제가 바로 '해안선의 길이'입니다. 해안선도 프랙탈 도형이죠. 영국의 해안선을 100킬로미터와 50킬로미터를 단위로 잰 결과를 보면 신기하게도 같은 해안선의 길이가 다르죠. 100킬로미터를 단위로 삼은 경우에는 약 3,800킬로미터인데, 50킬로미터를 단위로 삼은 경우에는 6,000킬로미터가 됩니다. 그러니까 재는 단위가 작을수록 해안선의 길이가 점점 늘어난다는 이야기죠. 무슨 까닭일까요? 긴 자를 사용하면 작은 만(灣) 같은 지형이 무시되기 때문일까요? 그보다도 진짜 이유는 해안선이 심하게 구불구불하기 때문입니다.

그래서 자를 10미터, 5미터, 1미터, 10센티미터, 1센티미터로 작게 할수록 해안선의 길이는 점점 더 길어집니다. 만약에 바위, 자갈, 먼지, 분자까지 세부적인 모든 것을 다 포함해서 측정한다면 해안선의 길이는 무한대에 가까워질 겁니다. 이렇게 무시되는 작은 길이들까지 포함해서 완벽하게 잰다면 우리는 아주 정확한 (축도가 없는) 지도를 갖게 되겠지만 엉뚱한 결과가 생길지도 모르죠.

이런 프랙탈 도형의 예는 많습니다. 울퉁불퉁한 산, 기묘하게 생긴 구름, 들쭉날쭉한 해안선, 꽃양배추를 비롯한 수많은 식물, 유기체의 형태(뇌의 표면, 폐의 모양, 신경 조직 등), 나아가 은하계의 분포 등에서 볼 수 있습니다. 그리고 이런 형태들에서 불규칙해 보이는 것들은 모두 일정한 규칙에 따릅니다. 보통 복잡한 구조는 복잡한 과정을 통해서 만들어졌다고 생각하지만, 프랙탈은 한 가지 방식을 반복하기 때문에 매우 간단하면서도 복잡합니다.

세상에서 가장 복잡한 것이 무엇일까요?

그러면 좀 복잡한 예지만 '망델브로 집합'을 볼까요? 복소수 방정식 Z^2+C의 형태로 프랙탈 모양을 컴퓨터 화면에 그려 볼 수 있습니다. 이때 Z는 변화하는 복소수이고, C는 상수죠. (복소수는 $z=a+bi$ 라는 형태로 이루어지죠. i 는 −1의 제곱근, 즉 제곱해서 −1이 되는 허수죠.) 두 복소수를 택해서 방정식에 대입하고 이 합을 다시 그다음 단계에서 같은 방정식에 Z값으로 대입하고 이것을 컴퓨터가 할 수 있는 데까지 반복하도록 합니다. (이 식은 어떤 수를 곱해서 그 값을 앞의 값에 더하는 간단한 계산이지만, 예상치 못한 결과를 만들어 내죠.)

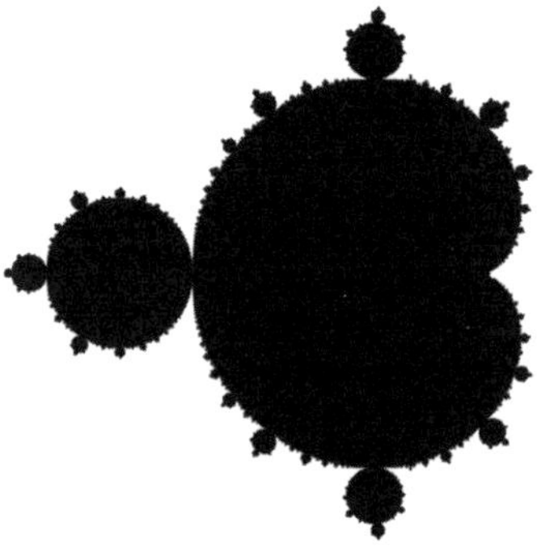

망델브로 집합

그림에서 보듯이 모든 규모에서 이 망델브로 집합의 새로운 형태가 차례차례 싹터 나옵니다. 이 그림을 높은 배율로 확대할수록 계속 새로운 구조가 나타나기 때문에 집합은 모든 크기에서 영원하게 복잡한 상태를 유지하죠. 그래서 이것을 두고 가장 심하게 들쭉날쭉한 곡선, '인간이 아는 것 가운데 가장 복잡한 대상'이라고 부를 만한 것이죠.

망델브로는 이렇게 이야기합니다.

"매우 복잡한 프랙탈 모양은 간단한 기하학적 변환을 단순하게 반복(iteration) 점진시켜서 얻을 수 있고, 이 변환에서 변수의 작은 변화가 구조 전체를 변화시킨다. 이것은 생성에 참여하는 정보의 작은 질적 변화가 복잡한 구조를 낳고, 생성의 작은 질적 변화가 모양을 상당히 다르게 바꿀 수 있음을 말한다."

이어서 그는 자신감에 넘쳐서 "자연과학의 목적은 항상 세계의 복잡성을 간단한 법칙으로 유추하는 데 있다"라고 합니다. 물론 이런 주장이 "다시 복잡성을 단순성으로 환원하자" "단순성의 틀을 옹호하자"는 것은 아니겠죠.

종래에는 복잡한 건물이 아주 간단한 형태의 벽돌로 만들어지는 것처럼 간단한 형태를 모으면 복잡성이 만들어진다고 보았죠. (아이들은 장난감 블록으로 여러 가지 복잡한 모양을 만들죠. 이것은 단순한 요소로 복잡한 대상을 분해하고 조립하는 연습을 하는 좋은 공붓거리죠.) 하지만 이제는 그렇게 이야기할 수 없죠. 프랙탈은 간단한 규칙을 끊임없이 반복하는 조작으로 숨겨진 복잡성을 드러나게 했습니다. 이처럼 혼돈, 복잡성, 애매한 질서가 나타난 까닭에 규칙적이고 단순한 질서는 자연에서 예외적일 뿐임이 밝혀졌죠. 흐르는 강, 회전하는 은하, 빛과 음파, 성장과 소멸 등은 그렇지 않죠.

이런 복잡성을 인정한다면 라플라스의 악마도 좀 더 세련된 태도를 지녀야 할 겁니다. 라플라스의 악마가 결정론만 신봉하지 않고 복잡성을 인정하는 존재로 변신한다면 복잡성의 어떤 점에 주목해야 할까요?

먼저 예측 가능성을 보죠. 단순한 계는 그 계에 작용하는 법칙과 초기 조건을 알면 운동을 예측할 수 있죠. 돌을 떨어뜨리면 법칙에 따라 낙하하고, 용수철을 잡아당기면 일정하게 늘어나고, 잡아당긴 진자를 놓으면 일정한 주기로 진동하죠. 돈을 은행의 고정금리 상품에 예금하면 간단한 규칙에 따라 이자가 불어나죠.

그런데 복잡한 경우는 이와 다르죠. 앞에서 이야기했듯이 선형적 관계는 비례 관계를 말하죠. 10개의 사과를 사려면 1개 사는 사과 값의 열 배가 들죠. 비선형 관계는 물건을 대량으로 살 때는 그 값이 양에 비례하지 않는 경우죠. 사과 한 상자를 사면 사과를 하나씩 살 때보다 돈이 덜 들죠. 이처럼 세율과 이율이 낮아지면 실업률이 높아진다거나 새로운 고속도로를 건설하면 더 심한 교통체증이 생기기도 합니다. 즉 예측할 수 없는 결과가 생기는 거죠.

단순한 계는 구성 요소가 적고, 변수들 간의 상호작용이 활발하지 않습니다. 예를 들어 단순한 물물교환 경제는 거래되는 물품의 종류가 적고, 그 과정도 비교적 단순해서 쉽게 통제할 수 있죠. 그리고 이런 계는 되먹임 고리가 거의 없습니다. 그런데 복잡한 계는 되먹임 때문에 변수들 사이의 상호작용이 얽히고 행동폭이 훨씬 넓어지죠.

단순한 계에서 권력은 한 사람 혹은 소수에 집중되죠. 독재 정치, 한 사람이 경영하는 회사, 가톨릭 교회 등 중앙집중적 모형을 예로 들 수 있죠. 이런 체계는 명령 계통 사이에 상호작용이 거의 없거나 단순합니다. 이와 달리 복잡한 계에서는 권위가 분산되어 있습니다. 명목상 최고권력자가 있지만 권력이 탈집중화되어 있고, 다양한 단위들이 분산된 형태로 운동하므로 융통성이 풍부하고 안정성이 높습니다.

단순한 계는 구성 요소들 사이의 상호작용이 약해서 계를 분해하고 다시 결합할 수 있죠. (수학적으로 $f(a+b)=f(a)+f(b)$ 관계가 성립합니다.) 이것은 요소들의 합이 전체와 같다는 것을 말하죠. 몇 개의 단순한 구성 요소를 분석해서 그 낱낱의 특징을 파악하고 나서 그것들을 더하면 전체를 알 수 있죠. 계를 연구할 때는 그것을 부분들로 나누어서 그것들의 요소를 밝히고, 그 요소들을 이해한 뒤에 이 요소들을 종합해서 계 전체를 이해하는 방식을 사용하죠.

그런데 복잡한 계는 간단한 구성 요소로 나눌 수 없고, 그것을 나누고 나서 종합할 때 각 요소들이 복잡하게 작용하기 때문에 전체를 예측할 수 없습니다. 서로 맞물린 과정에서 그 일부를 무시하거나 연결을 끊으면 전체의 운동이 달라지고 구조의 본질적 측면이 바뀝니다.

라플라스의 악마는 이제 결정론, 환원론 대신에 복잡한 계의 독특한 운동을 눈여겨보면서 세계가 단조로울 때보다 훨씬 더 재미있는 척하면서도 가끔 "잘 모르겠다" "확실하게 이야기할 수 없다" "뒤얽힌 상태여서 좀 두고 봐야겠다"라는 악마답지 않은 이야기를 합니다. 물론 이런 이상한 발언들 뒤에는 조금만 더 노력하면 복잡성을 꿰뚫어 혼돈을 완전한 질서로 바꿔 놓을 비장의 무기를 개발하려는 야심을 숨기고 있을 겁니다.

무시무시한 엔트로피 원리

이제 혼돈 속에서 질서를 찾는 다른 복잡성 과학의 예를 봅시다. 그 가운데 '비평형 열역학'의 논의를 보죠. 이것은 열역학의 한 경우로 평형에서 멀리 떨어진 상태에서 혼돈이 창조와 자기 조직(auto-organisation)을 낳는 점에 주목합니다.

고전물리학은 세계의 흠잡을 데 없는 질서를 찾습니다. 그런데 열역학에서 물리계 안에 질서와 안정을 파괴하는 감소와 무질서의 원리가 있음을 밝힙니다. 열효율이 100퍼센트인 기관, 또는 영구기관은 인간의 오랜 꿈이었죠. 그런데 이런 기관을 만들 수 없음을 알게 됩니다.

열역학은 산업혁명에서 증기기관과 함께 시작하죠. 카르노(N. Carnot)는 이상적인 열기관의 작동 원리를 설명합니다. 그는 (열 손실이 없는) 기관의 효율이 고온의 물체에서 저온의 물체로 열이 이동하는 것과 관계가 있음을 보여 주죠. 증기기관에서 열은 증기가 만들어지는 고온의 증기실에서 저온의 방으로 흘러가죠. 이때 기관이 얼마나 일을 잘하는가는 두 곳의 온도 차이로 결정되죠. 완전한 열기관이라고 하더라도 효율이 100퍼센트일 수는 없습니다.

증기기관은 열을 '일'로 바꾸죠. 이때 일은 조직된 형태의 유용한 에너지를 말합니다. 같은 양의 일은 같은 양의 열을 발생시키죠. 이런 열과 일의 등가성은 에너지가 한 형태에서 다른 형태로 바뀌지만 항상 일정하게 보존된다는 열역학 1법칙, 에너지 보존 법칙의 근거죠. 어떤 물리적 사건의 전과 후의 에너지 크기는 일정합니다.

그런데 에너지가 열로 바뀌는(소멸하는) 경우가 문제죠. 클라우지우스(R. J. E. Clausius)는 어떤 형태의 일이든 모두 열로 바뀌지만, 거꾸로 열을 일로 바꿀 수 없음을 지적합니다. 열에너지를 일로 바꿀 때 항상 그 일부는 쓸모없이 소모됩니다. 예를 들면, 증기기관의 열은 모두 피스톤을 펌프질하는 데 쓰이지 않죠. 일부는 주위의 공기를 데우죠. 그래서 열의 손실은 '비가역적(非可逆的)'입니다. 일단 에너지가 사용되면 그것은 다시 일로 쓰일 수 없죠. 나중에 톰슨(W. Thomson)이 이런 생각을 열역학 2법칙으로 정식화합니다. 역학적인 일은 어쩔 수 없이 열로 바뀌지만, 그 역은 성립하지 않습니다.

카르노가 지적하듯이 열은 더운 곳에서 찬 곳으로만 흐르죠. 열을 찬 곳에서 더운 곳으로 옮겨서는 일을 얻을 수 없죠.

2법칙은 클라우지우스가 엔트로피(entropy) 개념을 도입해서 가역적인 과정과 비가역적인 과정을 구별해서 더 분명해집니다. (엔트로피는 에너지가 열로 소멸할 때 그 값이 증가해서 일할 수 있는 잠재력이 모두 소모될 때 최대가 됩니다. 이것을 달리 표현하면 '무질서도'라고 하죠.) 가역적인 과정에서 엔트로피 변화는 0이지만, 비가역적인 과정에서 엔트로피는 항상 증가합니다. 그리고 증가하는 엔트로피는 시간의 진행과 일치합니다. 나중에 에딩턴(A. S. Eddington)은 이것을 '시간의 화살'이라고 부르죠.

이 의미를 살펴봅시다. 단순화를 위해서 하나의 계를 생각해 보죠. 고립계(isolated system)는 물질이나 에너지가 외부와 단절된 계죠. 한 예로, 이상적인 보온병이라면 열에너지의 손실이 없이 항상 따뜻한 물을 담고 있겠죠. (이와 달리 생명체는 외부 환경과 에너지와 물질을 주고받으니까 열린계입니다.)

2법칙에 의하면 이런 고립계에서 일어나는 과정은 계의 엔트로피를 증가시킵니다. 계의 시간에 따른 변화는 계가 가장 무질서한 상태, 곧 엔트로피가 최대가 될 때 정지합니다. 계는 쓸 수 있는 에너지를 모두 써 버린 상태, 열역학적 평형에 이른 거죠.

클라우지우스는 우주 자체를 완전한 고립계라고 보았습니다. 즉 그 바깥이 없다고 본 거죠. 하기야 우주 바깥에 그 무엇이 있을 리 없죠. 그래서 이 법칙을 우주론적 형태로 만들죠. 1법칙은 우주 전체의 에너지가 일정함을, 2법칙은 우주 전체의 엔트로피가 최대치를 향해 계속 증가함을 말합니다. 2법칙에 따르면, 우주 전체의 진화는 서서히 에너지가 고갈되는 상태, 무질서한 상태로 바뀌죠. 마지막에는 모든 변화가 소멸되는 열역학적 평형에서 우주라는 거대한 에너지 기관이 멈춥니다. 이런 평형 상태의 우주에서는 엔트로피가 최대가 되고, 모든 생명은 죽을 수밖에 없습니다.

열사를 막는 맥스웰의 악마

이런 암울한 전망에 대해서 어떻게 생각하나요? 모든 (닫힌) 물리계는 자신의 구조를 상실하는 열적 평형 상태, 즉 어떠한 에너지의 이동도 없는 열적 죽음, 즉 열사(熱死) 상태로 나아가죠. 이것은 모든 형태나 조직이 해체되는 최대의 무질서를 향하는 것이고, 이 원리는 물리계에서는 죽음의 원리, 질서를 파괴하는 원리죠.

이런 불행한 전망을 뒤집을 만한 것을 찾을 수 없을까요? 근래 과학계 소식에 의하면 우주가 팽창한다는데 우주는 닫힌계가 아니므로 열사 상태를 면할 수 있지 않을까요? 이런 이야기보다 좀 더 확실한 대안을 찾아보죠. 우주가 살길이 어디 없을까요? 다행히도 최근에 이런 엔트로피 원리에 '창조' '진화'의 가능성이 숨겨져 있음을 알게 되었죠.

어쨌든 이런 무시무시한 사실에 놀란 과학자들이 몇 가지 대응책을 만듭니다. 볼츠만(L. E. Boltzmann)이 통계 열역학으로 확률적 접근을 시도하는 것도 그런 예죠. 그보다 더 재미있는 가설을 하나 볼까요? 바로 맥스웰(J. C. Maxwell)의 악마죠.

맥스웰은 닫힌 체계 안에서 엔트로피를 감소시키는 이론적 가능성을 제시하죠. 즉 닫힌계를 둘로 나눈 칸막이에 (입자 하나 정도가 통과할 수 있는) 작은 문을 만들어 놓고, 그 문을 지키는 신비한 능력을 지닌 작은 악마가 빠르게 움직이는 입자와 느리게 움직이는 입자를 식별하여 한쪽에는 빠른 속도의 입자만을 모으고, 다른 쪽에는 그 반대 입자만을 모을 수 있다고 상정합니다.

이것이 가능하다면 항상 에너지를 마련할 수 있고, 엔트로피는 올라가지 않게 되죠. 이런 능력을 갖춘 악마는 개별 분자들에 관한 정보를 획득하여 그것을 음의 엔트로피로 변형하죠. 이런 가상의 악마가 있다면 우리는 영구기관을 만들고 열효율이 100퍼센트에 가까운 기관으로 에너지 손실 없는 세계에서 살 수 있죠. 물과 술이 섞인 상태에서 물과 술을 분리할 수 있고, 공기와 매연이 뒤섞인 대기를 각각 따로 분리할 수 있을 겁니다. 라플라스의 악마처럼 미래를 아는 것보다도 더 우리에게 필요한 존재가 될 겁니다. 다만 가상의 존재여서 아쉬울 뿐이죠. 꿈속에서라도 한번 봤으면 좋겠습니다. 그런데 어떤 생물학자는 이런 악마가 생화학 반응을 주도하는 효소로 나타난다고 보기도 합니다. 잘 찾아봅시다.

자, 다시 에너지가 흩어지는 현실로 돌아옵시다. 우주가 살길, 우

엔트로피가 최대인 무질서한 혼돈은 변화 능력이 모두 사라진 상태의 혼돈이지만, 질서를 창조하는 혼돈은 이와 다르죠. 능동적이고 뜨겁고 생동하는 평형에서 먼 혼돈이 있습니다. 바로 이 혼돈이 죽어 가는 세계에 한 줄기 빛을 던져 줄 수 있죠.

리가 살길을 찾는 여행이 그리 쉽지만은 않죠. 그렇다고 불가능하지도 않습니다. 눈을 크게 뜨고 생각을 바꿔 봐야겠죠. 우리가 볼 것은 '비평형 열역학'과 '자기 조직'의 길입니다.

기초부터 살피기 위해서 다시 평형(equilibrium) 개념부터 봅시다. 예를 들어 구멍으로 연결된 두 상자가 있을 때 한 상자에는 질소를, 다른 상자에는 수소를 넣으면 일정한 시간이 지난 후 두 기체는 완전하게 섞여서 두 상자에 있는 각 기체의 농도는 같아지죠. 즉 골고루 잘 섞여 더 이상 운동이 일어나지 않습니다. 이 상태에서 계는 평형 상태를 유지하고 엔트로피가 최대가 된 상태죠. 그런데 두 상자를 서로 약간 다른 온도로 가열하면 기체는 섞이지만 균일하게 섞이지 않죠. 이것은 열의 흐름이 질서를 만들어 내고 평형에 가까운 계를 만든 거죠.

그러면 '평형에서 먼 상태'에서는 어떤 일이 일어날까요? 프리고진(I. Prigogine)은 평형에서 먼 상태에서 새로운 계, 새로운 조직이 나타남을 발견하죠. 그는 '혼돈 안에서 질서'를 찾아냅니다.

빨강과 파랑을 더하는데 보라색이 아니래요?

평형에서 멀리 떨어진 상태에서 나타나는 자기 조직, 창조적 질서의 예를 볼까요? 혼돈에서 만들어진 질서는 어떤 점에서 스스로를 조직하는 힘을 가질 수 있을까요? 이런 질서의 대표적인 예가 '베나르 대류(Benard convection)'죠. 물을 가열할 때 물 분자들이 일시적으로 육각형 모양으로 조직되거나 사막의 대류 때문에 표면이 육각형 모양을 이루는 경우에 볼 수 있죠.

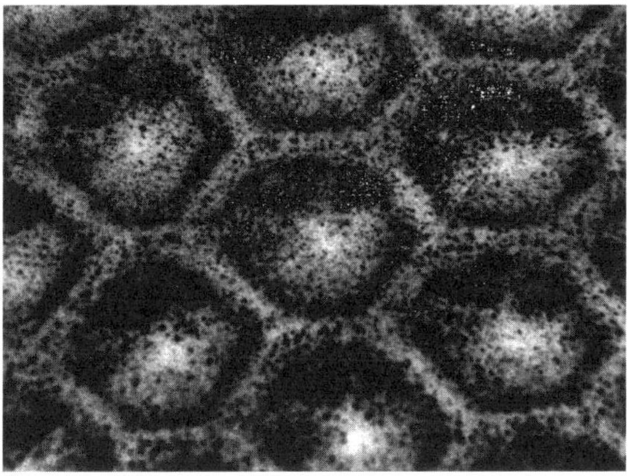

베나르 조직

넓적한 냄비에 물을 가열해 아래가 위보다 뜨겁게 되면, 열은 대류에 의해 아래에서 위로 이동하죠. 물의 흐름은 규칙적이고 평형에 가까운 상태가 됩니다. 그런데 계속 열을 가하면 두 층 사이의 온도 차가 커지고, 평형에서 먼 상태가 되죠. 이제 소용돌이가 나타나고 계가 완전히 무질서에 가까워질 때까지 흐름이 더 격렬해지죠. 열을 빨리 분산시키기 위해서 급한 대류가 생기고, 임계점인 갈라지는 점에 이르죠. 이 점에서 무질서했던 소용돌이가 그림에서 보듯이 육각형 모양의 베나르 조직(베나르 세포)으로 질서정연하게 배치되죠. 더 열을 가하면 이 조직은 혼돈에 빠지고 육각형들은 사라지죠.

이처럼 육각형의 베나르 조직은 가열된 액체 분자들의 무질서한 요동이 일정 수준에서 스스로 조직되는 것을 보여 줍니다. 여기에서 조직된 질서(대류)가 무질서(난류)에서 나오는 예를 볼 수 있죠. 프리고진은 베나르 조직을 수백만 개의 분자들이 갑자기 소통해서 만든 극적인 질서라고 봅니다. "질서를 갖춘 상황의 계가 혼돈된 계를 계속적으로 뒤따른다."

다른 유명한 예가 (자기 촉매) 화학 반응의 하나인 '벨로조프-자보틴스키 반응(Belousov-Zhabotinskii reaction)'이죠. 보통 이것을 '화학 시계'라고도 부르죠.

이것은 일정한 간격으로 반응물의 색이 변하고, 아름다운 나선형 구조를 보여 주는 화학 반응입니다. 되먹임 고리를 갖는 일련의 반응에서 반응의 생성물이 다시 같은 반응에 참여하거나 자신을 생산하는 촉매로 작용합니다. 이것은 황산 용액, 구연산, 브롬화칼슘, 세륨 이온 촉매 등으로 이루어지는 화학 반응에서 볼 수 있는 신기한 '자기 조직' 현상이죠.

자세한 이야기는 생략하고 비유적으로 이야기하겠습니다. 어떤 상자에 붉은색 공과 파란색 공을 각각 5,000개씩 모두 1만 개를 넣었다고 하죠. 그러면 이 상자는 무슨 색으로 보일까요?

"당연히 보라색이겠죠."

"아닙니다."

"왜죠. 빨간색과 파란색을 같은 농도로 더하는데 보라색이 아니란 말인가요?"

"보통은 그렇지만, 이 경우에는 아닙니다."

"그럼 무슨 색인가요?"

"한번은 빨간색, 또 한번은 파란색으로 보입니다. 그리고 보라색으로 보이지는 않습니다."

"그럴 리가 있나요?"

"사실이 그런 걸 어떻게 합니까."

이처럼 말도 안 되는 현상이 벌어지죠. 그러니까 이 실험에서 만들어지는 화학 반응물을 각각 빨간색, 파란색으로 염색했다고 하죠. 화학 반응 속도가 빨라지고 농도가 평형 상태 이상이 되면 이 혼합물은 일정한 시간 간격으로 빨간색이었다가 파란색으로, 다시 빨간색으로 규칙적으로 바뀝니다.

이것이 자기 조직화이고, 무질서에서 질서가 창조되는 예입니다. 이처럼 규칙적인 주기로 반응물이 보라색이 아니라 모두 빨간색에서 파란색으로 다시 빨간색으로 바뀌려면 분자들끼리 서로 교신해야 하고 계는 전체적으로 행동해야 할 겁니다. 이것은 반응에 참여하는 수조 개의 분자들이 다른 분자들이 무엇을 하는지를 알고 있는 것처럼 행동합니다.

그래서 프리고진은 평형에서 멀리 떨어진 계에서 화학적 불안정성의 문턱을 넘어설 때 자기 조직이 마련된다고 지적합니다. 그는 이런 비평형 열린계를 산일계(散逸系) 또는 흩어지는 구조라고 부릅니다.

다른 자기 조직의 예로 끈끈이 곰팡이(Slime Mold)의 경우를 보죠. 이것들은 독립적인 개체들로 이루어진 유전적으로 균질한 존재인데, 전체의 이익을 위해서 자기 희생적으로 자기 조직을 이룹니다. 이 곰팡이 세포들은 박테리아를 먹고 살죠. 개별적인 세포들은 따로 생활하면서 세포 분열을 통해서 증식합니다. 이때 각 세포들은 다른 세포들과 무관하게 홀로 살아가죠.

그런데 먹이가 모자라면 다른 동료들을 인식하기 시작하죠. 집단 가운데 몇몇 세포가 주동자가 되어서 다른 세포들에게 화학 물질로 신호를 보냅니다. 소집 명령을 받은 세포들은 화학 물질의 농도가 증가하는 방향으로 모여듭니다. 그리고 메시지를 증폭해서 전달하는데, 이것은 되먹임 작용의 하나로 더 많은 세포들이 중심을 향해 결집하죠.

일단 세포들이 끈끈한 집단을 이루면 분화가 시작되고, 집단 전체는 빛과 물을 찾아서 꿈틀거리는 머리와 꼬리를 지닌 다중 세포인 괄태충(括胎蟲, 민달팽이과의 연체동물)이 됩니다. 이런 유기체를 이루는 데 몇 시간이 걸리고, 그 길이는 1밀리미터 내지 2밀리미터 정도죠. 그것은 뾰족한 끝의 지휘에 따라서 기어가죠. 그러다가 몸을 세워서 단단한 줄기를 이루고 그 위에 포자들을 지닌 작은 머리가 올라앉죠. 머리 부분이 열리고 포자들은 바람에 의해 널리, 멀리 퍼져 나갑니다. 적당한 곳에 이르면 싹이 트고 새로운 생활을 시작하죠. 이들은 개별적인 행위와 집단적인 행위가 맞물리는 예를 보여 줍니다.

이처럼 자기 희생으로 자기 조직을 이루는 구조는 생물학, 소용돌이, 도시의 팽창과 정치 활동, 별의 진화 등에서 볼 수 있습니다. 이런 자기 조직 구조는 주위 환경과 에너지, 물질, 정보 등을 교환할 수 있도록 열린 상태를 유지하여 나름의 개별성을 유지합니다.

그리고 이런 흩어지는 구조는 비선형계의 산물이죠. 이런 비선형 영역에서는 평형에서 멀리 떨어진 상태가 구조를 만들고, 혼돈에서 질서가 창조됩니다.

갈라짐에서 이루어지는 선택

이런 계의 운동에서 '갈라짐(bifurcation)'이 질서와 혼돈에 중요한 열쇠를 쥐고 있습니다. 즉 갈라짐의 증폭에 의해 질서냐 혼돈이냐가 결정됩니다.

그러면 평형에서 멀리 떨어진 계에서 어떤 일이 벌어지는지 좀 더 보죠. 보통 정상 상태는 평형에서 멀리 벗어나면 불안정해집니다. 그런데 계가 정상 상태에서 다른 상태로 나아가려는 임계점, 또는 갈라지는 점이 생길 수 있습니다. 그래서 첫 번째 임계점을 지나면 시 공간적으로 고도로 조직화된 행동이 나타날 수 있습니다. 앞에서 본 화학 시계처럼 색이 주기적으로 변하고 아름다운 소용돌이 무늬를 만드는 경우가 그 예죠.

이것을 사람의 경우에 비유해 보죠. 무일푼에 가까운 사람은 여유가 없기 때문에 생존을 위한 최소한의 지출에만 돈을 쓰죠. 즉 안 쓰고 아끼는 방식으로 돈을 쓰죠. 이것은 평형에 가까운 상태와 비슷합니다. 그래서 평형에서 약간 벗어나서 안정된 상태에 있는 계는 엔트로피 생산을 최소화합니다.

그런데 평형에서 멀리 벗어난 상태는 부자의 경우와 비슷하죠. 그는 선택의 폭이 넓죠. 이율이 높은 곳에 저축하거나 전망이 좋은 곳에 투자할 수 있죠. 단기적 지출은 현명하게 돈을 잘 쓰는 것이어서 아끼고 안 쓰는 방식과 다르죠. 마찬가지로 평형에서 멀리 떨어진 계에서 전체 엔트로피 생성은 큰 속도로 증가하지만 가능한 행동의 폭이 넓고 많은 경로 가운데 하나를 선택하므로 질서를 갖춘 행동을 하게 되죠. 이것은 물질과 에너지 흐름이 계속되는 동안에 존재하다가 사라집니다. 계가 환경에 열려 있을 때 계가 만든 엔트로피가 주위로 흩어지죠. 계와 전체 환경의 엔트로피는 증가하지만 조직화를 유지할 수 있습니다.

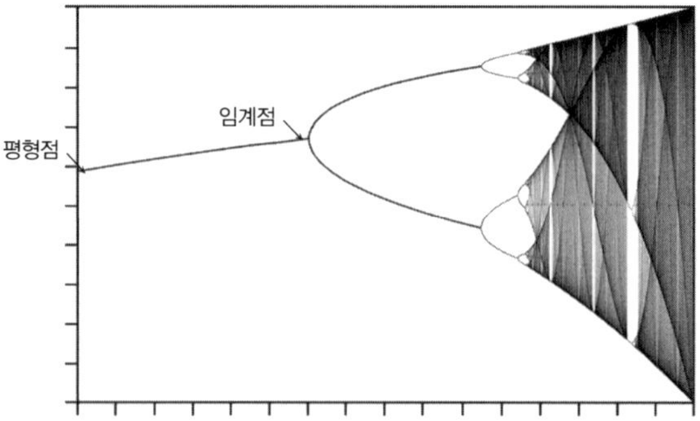

화학반응의 갈라짐 그래프

이것을 화학 반응의 갈라짐의 경우로 살펴보죠. 그림에서 보듯이 평형점과 그 근처의 화학 반응은 안정된 정상 상태를 유지하죠. 그런데 평형 상태에서 거리가 멀어져 어떤 문턱을 넘으면 갑자기 두 개의 갈림길이 생기죠. 이 임계점을 넘어서면 때때로 조직화된 행동이 나타납니다. 이 임계점에서 화학 반응이 선택적으로, 위의 길과 아래의 길을 선택하는 방식으로 진행되죠. 반응은 선택 가능한 두 개의 새로운 안정 상태를 갖습니다.

이렇게 계속 갈라지면서 계가 어떤 길을 따라가도록 하나씩 선택하게 됩니다. 이리로 갈까, 저리로 갈까를 고민하던 계는 선택합니다. 그리고 자기가 선택한 것을 기억합니다. 계는 두 개의 길 가운데 실제로 어느 길을 갈 것인가를 선택해야 하는 상황에서 동전을 던져서 확률적으로 하나를 선택합니다. 이때 확률로 선택한다는 점 때문에 라플라스의 악마는 인상을 찡그릴 겁니다. 이처럼 비평형 상태에서 계는 수조 개나 되는 분자들이 시공간적으로 조직화된 행동을 통해서 질서를 보여 줍니다.

시작은 조금 다르나 끝은 크게 다르리

인간 집단들이 불안정한 상태에서 이런 조직화된 행동을 보이는 예를 보면 재미있습니다. 생물학적으로 보면 인간은 진화하면서 어떤 갈라짐들을 겪어서 오늘에 이르렀고, 또 앞으로 새로 맞는 갈라지는 점들에서 어떤 선택을 해야 할 겁니다. 물론 이때 선택하는 길들은 예측할 수 있는 것도, 그 가야 할 길의 끝이 미리 정해져 있는 것도 아닙니다.

앞에서 갈라짐이 질서와 혼돈의 갈림길이라고 했죠. 이런 갈라지는 점에서는 '사소한 변화'가 계의 앞길을 선택하도록 합니다. 에너지를 지닌 하나의 광자, 외부 온도의 미약한 흔들림, 밀도 변화, 나비 한 마리의 날갯짓과 같은 사소한 것들이 (되먹임에 의해서) 증폭되어서 분기점이 생기고, 계가 새 방향으로 진행하므로 갈라짐은 중요한 선택 지점이죠. 갈라지는 점은 계가 혼돈으로 갈라지게 하거나 (새로운 변화를 자기 환경과 결합하는 되먹임을 통해서) 새롭게 안정되게 합니다.

되먹임에 의해서 일단 안정되면 갈라짐을 지나온 계는 (어떤 결정적인 새로운 섭동이 새로운 갈라지는 점을 만들기 전까지) 오랫동안 변화에 저항할 수도 있습니다.

갈라지는 점에서 계는 여러 가지 질서를 선택할 수 있습니다. 이 가운데 어떤 선택은 (자유도가 너무 높아서) 혼돈이 됩니

갈라지는 점은 계의 진화를 보여 줍니다. 인간이 과거에 겪은 갈라짐의 기록은 태아가 물고기, 양서류, 파충류를 닮은 과정을 거치는 데서 나타나죠. 인간을 다른 종과 다르게 만드는 모든 모양과 과정에는 우리가 원시 단세포에서 오늘까지 진화하면서 선택한 수많은 갈라지는 점들이 포함되어 있습니다.

과거 우리 계의 각각의 갈라지는 점에는 다양한 미래가 존재하는 다양한 선택 가능성이 있었죠. 계가 되먹임 과정을 거치면서 하나의 미래가 선택되고 다른 가능성은 사라지죠. 이런 갈라지는 점들은 시간의 비가역성을 보여 줍니다.

다. 어떤 갈라지는 점에서는 되먹임에 의해 낮은 자유도를 갖는 쪽으로 선택되기도 하죠. 이런 선택으로 계가 간단하고 규칙적으로 보일 수 있습니다. 하지만 간단하게 보이는 질서 속의 되먹임도 분석할 수 없을 정도로 복잡합니다.

시간은 거꾸로 흐를 수 있는가?

평형에서 먼 상태에서는 갈라지는 점에서 아주 사소한 것도 크게 증폭되죠. 그래서 항상 인과관계가 작용하지만 그 갈라짐과 이후의 선택은 예측할 수 없죠. 이처럼 필연과 우연의 혼합이 계의 역사를 만듭니다. 작은 변화가 증폭되면서 예측할 수 없는 창조가 나타납니다.

이런 논의가 어떤 점에서 새로운 사고를 가능하게 할지 살펴보죠. 먼저 종래 물리학이 믿어 왔던 '시간의 가역성' 문제를 볼까요?

뉴턴의 운동법칙은 힘과 가속도를 통해서 모든 운동을 설명했습니다. 이 법칙은 결정론적이죠. 그리고 시간에 대해서 가역적입니다. 그래서 초기 조건을 안다면 앞으로의 상태는 물론이고, 과거 상태도 모두 계산할 수 있다고 주장하죠. 뉴턴 법칙에서 시간 t를 -t로 바꾸어도 (즉, 시간을 뒤집어서 거꾸로 흐르게 해도) 바뀌는 것은 없습니다. 여기에서 미래와 과거는 같은 성질을 갖습니다.

아인슈타인이 주장한 대로 "우리와 같은 신념을 지닌 물리학자들에게 과거와 현재와 미래의 차이는 환상일 뿐"입니다. 이렇게 보면 라플라스의 악마와 아인슈타인은 같은 믿음을 공유합니다. 상대성 이론에서도 시간은 가역적이죠.

이런 시간의 가역성은 양자역학에서도 받아들여집니다. 양자역학은 소립자의 운동을 궤도 대신에 확률적인 파동함수를 이용하죠. 이때의 기본 방정식은 슈뢰딩거 방정식이죠. 이 방정식도 결정론적인 성격을 갖고 시간에 대해서 가역적입니다.

시간이 가역적이라고 말하고 과거로 갈 수 있는 것처럼 이야기한 아인슈타인은 죽었습니다. 하지만 그를 다시 과거에서 현재로 불러올 수는 없습니다. 물론 시간이 거꾸로 흐르는 것을 믿는 과학자들은 타임머신이 이론적으로 가능하다고 봅니다. 즉 과거 시간으로 가는 '시간의 구멍(이것을 벌레 구멍이라고도 부르죠)'만 찾으면 과거로 가는 여행이 가능하다고 보는 거죠.

이렇게 보면 고전물리학에서 양자역학에 이르기까지 모든 물리학은 한편이 되어서 시간이 앞으로도, 뒤로도 자유자재로 흐른다고 생각합니다. 이것은 자연법칙이 '확실성'에 바탕을 두고 있다고 보아 모든 것을 확실하게 알려고 하는 욕심 때문일 겁니다. 초기 조건만 주어지면 모든 것이 결정될 수 있다는 믿음은 '완전한 지식'에 대한 소망을 품고 있죠.

그런데 열역학에 따르면, 시간은 한 방향으로만 진행됩니다. 시간은 비가역적이죠. 시간의 화살은 한 방향으로만 가고 거꾸로 가지 않습니다. 만약 시간의 화살이 거꾸로 갈 수 있다면, 타다 남은 재가 다시 기름이 되고, 쓸모없는 열로 바뀐 에너지가 다시 일을 시작하게 되죠.

이렇게 시간의 축이 거꾸로 간 뒤에 다시 그것을 되돌려서 현재로 온다면 그때의 과거에서 똑같은 현재로 오지 않을 수 있다는 점을 잊어서는 안 됩니다. 현재가 마음에 들지 않는 분은 다시 한 번 시작해 보시죠.

단순한 것에서 복잡한 것으로

두 번째로 혼돈과 질서에 관한 새로운 생각은 단순성(또는 환원주의)을 거부하죠. 전통적으로 과학자들은 복잡한 현상 밑에는 단순한 대상과 하나의 통일된 힘이 있다고 생각했죠. 이처럼 단순화하려는 의지는 현상적 다양성과 무질서의 배후에 숨겨진 단순성을 드러내고자 한 거죠.

19세기까지는 환원주의가 자연의 모든 영역에서 승리를 거두었습니다. 그것은 최소 단위를 찾아서 순수하고, 충만하고, 쪼개질 수 없고, 환원 불가능한 대상을 바탕으로 삼으려 했죠. 모든 운동, 상태, 속성은 이런 일차 단위를 참조함으로써 계산 가능한 양으로 번역되었죠. 물리학은 복잡한 것을 해체하고 측정하는 방법으로 대상들을 실험하고 조작하고 변형시켰습니다. 고전물리학의 성공은 다른 과학들까지도 이런 환원론을 사용하도록 강요했죠.

그런데 20세기에 들어와서 원자 같은 최소 단위가 더 이상 일차적이고, 환원 불가능하고, 쪼갤 수 없는 단위가 아니라 상호작용하는 소립자들로 구성된 체계로 보게 되었죠. 그리고 소립자 자체도 동일성의 위기를 맞습니다. 현재 최소 단위로 인정되는 쿼크(quark)는 특수한 상호작용의 장을 이루고 있습니다. 이제 요소를 내세워서 더 이상 쪼갤 수 없고, 고립시킬 수 있는 궁극적 실체를 찾을 수는 없습니다.

두 입자 사이의 상호작용을 분석하는 것은 가능하지 않습니다. 모든 상호작용은 계 전체에서 일어나고 그 계는 계속 변하면서 갈라지고 혼돈에 빠지거나 새로운 질서를 만듭니다.

소립자는 실체도 명료함도 지닐 수 없고, 다른 것과 완전하게 구별될 수도 없습니다. 그것들은 조직된 대상이나 체계로 이해되어야 하죠. 구성 요소들이 복잡하게 얽혀 있는 이 체계는 복잡한 상호작용을 이루고 있습니다.

단순성의 위기에 처한 물리학자들은 요소를 이루는 '단순한 힘'을 찾습니다. 그래서 자연의 다양한 힘(중력, 강한 핵력, 약한 핵력, 전자기력 등)을 하나의 힘으로 설명할 수 있는 길을 찾죠. 자연을 통일적으로 설명할 수 있는 통일 장(unified field) 이론을 구상하죠. 단순하고 단일한 힘, 힘 중의 힘을 찾습니다. 안타깝게도 아직까지 그런 힘을 찾지 못했죠.

하지만 더 이상 단순성은 가능하지 않죠. 모든 곳에서 복잡성이 나타납니다. 이런 복잡한 계는(혼돈 상태이건, 질서가 있건 간에) 부분으로 나누어서 분석할 수 없습니다. 왜 그럴까요? 부분들이 되먹임에 의해서 계속 겹치고 맞물리기 때문이죠. 이처럼 상호작용하는 계에서는 부분과 전체의 관계를 새롭게 보아야 합니다.

확실성 없이 새로움과 창조를 찾아서

이런 비평형 열역학을 참조해서 '새로운 불확실성 원리'를 주장할 수 있습니다. 앞에서 하이젠베르크의 불확실성 원리가 소립자들의 세계에서 입자의 위치와 운동량을 동시에 측정할 수 없음을 밝혔죠. 이제 새로운 불확실성 원리는 어느 임계값 이상의 복잡성을 넘어서면 계들이 예측할 수 없는 방향으로 변한다고 주장합니다. 계는 초기 조건을 잃어버려서 그 조건으로 되돌아가거나 다시 그것을 회복할 길이 없습니다. 이처럼 시간을 거슬러 갈 수 없는 것은 '엔트로피 장벽' 때문입니다.

이런 점에서 단순성과 가역성을 전제하는 고전역학과 양자역학의 틀은 자연을 이상화한 것이죠. 하지만 실제 자연은 그렇지 않죠.

그리고 이런 시각은 자연의 창조성을 인정합니다. 자연이 주어진 길을 따라가는 존재가 아니라 각 단계에서 어떤 근본적으로 새로운 조직, 기존의 구성 요소나 부품에 없던 것을 만들어 내는 점을 인정하죠. 다르게 표현하면, 자연이 안정되고 영구적인 규칙이나 법칙에 따르는 것이 아니라는 겁니다. 그래서 우리는 이러한 '확실성의 종말' 앞에서 자연에 대한 맹목적인 확신을 버리고, 위험하고 불확실한 세계에서 자기 조직과 창조의 가능성에 주목해야 합니다.

'자기 조직 구조'는 열린계 가운데 고도로 정교한 구조이자 역설적인 창조물인 스스로를 재생하기 때문에 자율적이어서 각 요소들은 분리된 주체성을 갖습니다. 이 계는 나름의 자율성을 갖지만, 환경에 대해 열려 있어서 환경과 극히 복잡하게 연결, 접속됩니다. 이처럼 비평형 상태에서 예측할 수 없는 창조가 일어납니다.

이런 관점을 인간의 경우에 적용하면 어떻게 될까요? 시간 안에 있고 자발적으로 창조된 인간은 자연의 정해진 법칙의 산물이거나 미미한 확률을 지닌 우연적 산물이 아니죠. 인간은 창조적 행위로 세계를 변화시킬 수 있습니다.

결정론에 따라 움직이는 자동 장치에는 자유와 윤리가 들어설 수 없지만, 세계가 충분히 복잡하다면 우리의 행위가 갈라지는 지점에서 어떤 변화를 일으켜서 자기 조직할 수 있습니다. 갈라지는 점에서는 작은 요동도 증폭되어 전체 구조를 변화시킬 수 있는 것처럼 개별적인 행위도 충분한 의미를 지닐 수 있습니다.

앞에서 보았듯이 복잡한 계의 행동은 실제로 일어나야 알 수 있습니다. 계의 미래를 미리 아는 길은 없습니다. 복잡한 계에서 라플라스의 악마는 무력하죠. 예측이 불가능함을 인정한다면, 확실성의 종말을 인정한다면 우리는 창조적 진화가 가능한 불확실하고 불안정한 새로운 길을 갈 수 있습니다.

그렇다면 이제 결정론과 질서를 버리고, 무질서와 창조적 혼돈을 뒤따르면 될까요? 문제가 그렇게 단순하지 않습니다. 질서만으로 이루어진 세계나 무질서만으로 이루어진 세계는 공상의 산물이거나 단순한 사고의 산물일 뿐이죠. 질서와 무질서는 공존합니다. 질서는 무질서 안에 있고, 무질서 안에 질서가 있습니다. 혼돈과 질서는 서로 다투면서 서로 보완하는 것들이라고 할 수 있습니다. 여러분은 질서와 혼돈이 공존하는 세계, 어느 한쪽의 일방적인 지배나 다른 쪽을 배제하는 것이 불가능한 상황을 받아들일 준비가 되었습니까?

셋째 시간

라플라스의 악마가 쓴 역사책

여러분은 역사가 정해진 길을 간다고 보나요? 역사 속의 인간들은 정해진 운명처럼 원래 가야 할 길을 갔던 걸까요? 왜 역사책에는 우연이 없을까요? 잘 짜인 역사 이야기는 어떤 것을 숨기고 있을까요? 역사 안에서 새로운 사건은 없고, 정해진 계획표가 모든 사건을 이끌고 있을까요? 역사적 시간은 그저 앞으로만 흐를까요? 이번 시간에는 여러분과 함께 역사의 길을 걸으면서 결정론의 유혹에 빠지지 않고, 우리가 참여하는 역사의 현장을 함께 살펴보기로 합시다.

북아메리카 인디언들은 어디로 갔나?

이제 사회, 역사 영역에서 결정론에 따르는 태도를 보기로 합시다. 역사를 결정론의 틀로 본다는 것은 라플라스의 악마가 '역사를 꿰뚫어본다'고 상정하는 거죠. 과연 인간들의 의지와 감정이 춤추고, 사실과 함께 의미가 넘치는 역사 영역에서도 이 악마의 눈이 투명하게 모든 것을 볼 수 있을까요?

그러면 라플라스의 악마가 들려주는 '알기 쉬운 역사법칙'을 볼까요? 북아메리카 인디언들은 콜럼버스(C. Columbus)가 신대륙에 도착해 그들을 발견한 이후에는 거의 멸종되다시피 수가 줄었습니다. 이제는 아예 인디언 보호구역의 구경거리 신세가 되었죠. 이것을 라플라스의 악마는 어떻게 설명할까요?

그들이 아무런 이유도 없이 사라졌을까요? 아니면 그들은 사라질 만한 충분한 이유 때문에 그렇게 될 수밖에 없었을까요? 후자의 경우로 설명하겠죠.

총과 대포로 무장한 유럽인들을 별다른 무기 없이 막아내야 했던 원주민들에게 어떤 결과가 기다리고 있었을까요? 인디언 원주민들은 백인 기병대, 포병대의 전공(戰功)을 세우기 위한 제물이었을 뿐이죠. 게다가 백인들은 원주민을 자기들과 같은 '사람'으로 보지 않죠.

만약 이런 흐름이 역사의 합리적 진행, 역사법칙에 의한 것이라면, 아메리카 인디언들의 운명은 어떤 것일까요? 그들이 처음 정착할 때는 이런 끔찍한 미래를 몰랐겠지만, 그들이 역사에서 추방당할 것은 정해져 있는 거죠.

"그러니까 미래 공부 좀 하고, 적어도 천 년 정도는 내다보고 살라고 하지 않았소? 당신네 조상신들은 아무 이야기도 들려주지 않았나 보군요. 라플라스의 악마에게라도 미리 좀 물었더라면 귀띔이라도 해 주지 않았을까요?"

짓궂고 냉정한 악마는 미래를 환하게 볼 수 있으니까 냉정하게 이야기할 겁니다. 북아메리카 인디언들은 나중에 콜럼버스라는 모험정신의 소유자에게 발견되기 위해서 그 땅에 정착했고, 그다음에 콜럼버스의 후예들에 의해 완전히 사라지기 위해서 그 땅에 조상 대대로 원주민으로 살아왔다고 할지도 모릅니다.

또 다른 예를 보면, 1917년의 러시아혁명은 낡고 무능한 차르 체제를 무너뜨렸고, 역사적 사명을 다한 혁명 체제는 70년 정도 존속하다가 무너지게 되었죠. 이런 혁명의 성공과 그 체제의 몰락은 (우리가 그것을 어떻게 보고 느끼든 간에) 역사적 원인과 결과의 필연적 결합에서 나온 어쩔 수 없는 사건이죠.

라플라스의 악마는 혁명이 일어나기도 전에 이런 혁명의 운동을 계산하고 있지 않았을까요? 혁명 함수 R=f(T)에서 T값이 70까지 밖에 없다는 것을 말입니다. f(70)의 값이 0이어서 이 체제는 역사적 현실에서 역사책 속으로 옮겨 가고 말았죠.

이렇게 인정사정없이 이야기하면 서글퍼할지도(또는 기뻐할지도) 모르겠지만, 역사의 객관적 법칙 앞에서 달리 이야기할 수가 없지 않나요? 역사는 준엄한 재판정이기도 하죠. "어떻게 하다 보니까 그렇게 되었다"라는 변명이 통하지 않습니다. 어떤 결과도 다른 것이 될 가능성을 갖지 않으니, 그렇게 될 수밖에 없는 거죠. 그러고 나서 나중에 말 많은 이들이 그 결과가 예정된 것이었느니, 처음부터 그렇게 될 것 같았다느니 하면서 얘깃거리를 만들겠죠.

역사에 법칙이 있을까?

역사의 결정론을 느슨하게 이야기하면, 역사에 일정한 질서가 있다는 것이죠. 곧 역사를 움직이는 논리나 법칙이 있다고 보죠. 이것은 물리학에서 물체가 일정한 법칙에 따라서 움직이는 것처럼, 역사 안에 있는 사람과 사건 들도 역사적 인과법칙에 따른다고 봅니다.

그래서 오늘의 시점에서 역사 운동을 알 수 있다면 가까운 미래나 먼 미래에 역사가 어떤 방향으로 갈지, 어떤 모습을 보일지 미리 알 수 있다고 생각하는 거죠. 아니 그보다도 역사는 과거를 중시하죠. 우리는 현재의 시점에서 시간을 거슬러 과거가 어떻게 운동하는지를 알고자 합니다. 그래서 과거의 모습에서 일정한 흐름을 찾아내어 그것을 현재와 미래에 적용하려고 합니다.

이런 결정론적이고 합리주의적인 역사 이론은 자연과학의 모델을 본받은 거죠. 역사의 사건과 인물 들에 대해 인과적 틀을 적용해서 역사역학을 만들고자 하죠. 이것은 역사적 사건과 인물을 역학계 안에서 운동하는 요소로 보고, 그 운동 궤도를 시간적으로 기록합니다. 그래서 역사법칙과 그 초기 조건만 안다면, 역사 안에 있는 모든 것의 운동을 계산할 수 있다고 하죠. 이런 계산법은 역사적 의미를 전체 운동 방향이나 그 지향 목적에 맞게 짜 맞춘 거죠.

과연 이런 시도가 가능할까요? 복잡하기 그지없는 역사를 과연 방정식으로 만들 수 있을까요? 라플라스의 악마는 이 방정식과 그 해법을 알고 있다고 주장하겠죠.

그러면 잠깐 이론적인 면을 볼까요? 좀 골치 아픈 것처럼 보이지만 이미 알고 있는 내용을 약간 다르게 표현한 것뿐입니다. 역사가가 어떤 방식으로 역사적 과거를 설명하는지 봅시다.

역사가는 이미 완결된 사건들 앞에 마주하고 있습니다. 그는 이런 사건들을 재료로 역사의 흐름을 만들어 내려고 합니다. 그는 역사 안에서 쉬고 있는 사건들에 활기를 불어넣고, 그것들이 맞물려서 하나의 질서 있는 흐름(필연적인 인과법칙)을 보여 줄 수 있다고 생각합니다. 그는 일단 관심이 끌리는 중요한 사건들을 고르고 부차적인 항들을 지웁니다. 이것은 과학자가 이상적인 체계를 만들기 위해서 부수적인 조건들을 지우는 것과 같죠.

일련의 사건들 a, b, c가 일어난 경우를 보죠. 역사가는 결과로 주어져 있는 사건에서 그 원인들을 찾는 순서(c-b-a)로 따라가죠. 사건들이 일어난 순서(a-b-c)에 따르지 않죠. 사건c가 발생했다면, 그것은 일어날 만한 충분한 이유가 있기 때문에 일어난 것이 분명하죠. 그런데 이것을 가능하게 하는 원인은 앞선 사건b이죠. 역사가는 사건c와 그 원인인 사건b를 연결시킵니다. 그러고 나서 한 걸음 더 나아가 사건b에 이어서 사건c가 일어난 것이 아니라 사건b 때문에 사건c가 일어난 것으로 봅니다. 계속해서 사건b를 가능하게 한 사건a를 인과관계로 묶습니다. 이때 사건b와 사건a가 사건c를 가능하게 하는 원인으로 묶여서 일련의 사건들은 의미 있는 것이 되죠.

이렇게 사건들이 결과에서 원인으로 거꾸로 이어지면 이제 원래의 시간 순서에 따라서 a-b-c로 차례대로 이어집니다. 그래서 역사는 a-b-c의 순서로 필연적인 인과관계에 따라 하나의 흐름으로 연결됩니다. 역사는 이런 흐름에 따라 진행되면서 어떤 목표를 향해 나아갑니다.

이제 힘든 작업을 마친 역사가는 이렇게 이야기하죠. "역사는 이런 순서로 진행될 수밖에 없으며, 다른 길은 가능하지 않았다. 이것이 역사의 필연적인 흐름이다." 그는 이런 작업 결과에 만족하고 이것을 역사책에 기록합니다. 이제 '탐구한(forschen)' 것을 '제시하는(darstellen)' 쪽으로 옮겨 갑니다.

이처럼 역사가는 자기 관점에 따라 구성한 것을 역사적 과거에 투사하죠. 이런 설명에서 자신이 해석한 것이 사실로 바뀌고, 자신이 부여한 의미가 실제 사건들을 안내해서 잘 짜인 역사적 진행이 필연성의 옷을 입고 역사 무대를 걸어 다니게 되죠.

역사적 '해석'과 '사실'은 어떻게 다를까요? 역사적 사실은 순수한 사실이고, 어떠한 해석도 덧붙여지지 않았을까요? 역사책에 나오는 사실들이 어떤 해석을 숨기고 있지는 않은지 한번 생각해 봅시다.

다시 정리하면, 한 줄로 이어진 사건들은 하나하나가 실제로 일어날 만한 이유를 가지고 있죠. 그리고 이것들은 따로따로 흩어져 있는 것이 아니라 서로 연결되어서 필연적 관계를 이룹니다. 사건a와 사건b 때문에 사건c가 생길 수밖에 없죠. 이렇게 일련의 사건들이 합리적으로 배치되면, 역사의 흐름이 뚜렷하게 보이죠.

역사가의 눈을 갖기 위해서

역사가들이 '산업혁명'이라는 멋있는 이름을 붙인 시기의 한 예를 볼까요? 손으로 천을 짜는 방식을 대신해 직물 기계가 나타난 상황을 봅시다. 산업혁명을 연구하는 역사가의 눈앞에 직물 기계가 놓여 있습니다. 이 신기한 기계가 어떻게 발명되었을까요? 그야 그 기계는 필요에 의해 만들어진 거죠.

직물 기계는 생산성을 높이고, 대규모의 공장제 기계공업을 촉진시켜야 하는 시대적 사명을 띠고 태어난 거죠. 정말 신기한 것은 그 기계가 꼭 필요한 시기에 때맞추어 나타난 점이죠. 그 발명을 누구보다도 반기는 사람이 바로 역사가가 아닐까요? 그 기계를 만들고 이용하던 사람들은 자기들이 '산업혁명' 한가운데 살고 있다는 생각은 꿈에도 못 했을 겁니다.

이때 직기가 필요해서 발명된 것인지, 아니면 직기가 발명된 것을 보고 직기가 필요하다는 생각을 했는지는 애매하죠. 역사가는 직기를 보고 '직기가 필요하다'고 상상하죠. 이제 직기가 발명되었으니 이것이 원인이 되어서 대규모 공장제 기계공업으로 들어설 수밖에 없습니다. 직기는 산업혁명에 필요한 것이 되고, 역사가는 기계에 필연성과 역사적 소명을 부여하죠. 직기는 역사적 인과관계에서 제

몫을 다했다고 기록될 겁니다.

이렇게 보면, 필연성과 역사적 사명은 역사가의 발명품이 아닐까요? 당시에 이 기계의 의미를 알고 있고, 이 기계에 역사적 의미를 부여한 사람이 몇이나 될까요? 어쨌든 이런 작업이 모여서 산업혁명의 필연적인 흐름이 역사책에 기록됩니다.

인과관계를 해석하는 다른 예를 하나 볼까요? 역사가들은 폭정과 억압 때문에 혁명이 일어났다고 보고 원인과 결과를 연결시키죠. 폭정과 억압이 없는데 혁명이 일어날 리는 없죠. 하지만 폭정과 억압이 있으면 항상 혁명이 일어날까요? 실제로 그런 경우는 아주 드물죠. 가혹한 억압이 있을 때마다 혁명이 일어난다면 역사에서 너무나 많은 혁명을 보아야 했을 겁니다.

하지만 폭정과 억압을 잘 참고 견디는 경우가 일반적이죠. "좀 심하게 다스렸다고 감히 어디서 저항하겠다는 거냐." "어디 한번 까불어 봐라. 내 그냥 두나. 까부는 몇 놈을 잡아 본때를 보여 주마." 이런 엄포와 철저한 방비 밑에서 '세상일이란 원래 그러려니' 하고 사는 경우가 많죠. 폭정이 있는 곳마다 혁명이 일어나지는 않는 것으로 보아서, 폭정과 억압이 혁명의 원인이 아니라고 할 수는 없지만 그것이 유일하거나 가장 중요한 원인이라고 하기는 어렵죠. 그래서 여러 가지 부수적인 원인들을 더 보탭니다.

그런데 그런 원인들의 집합이 반드시 혁명을 일으킨다고 할 수 있을까요? 다른 곳, 다른 시대에도 그런 원인들이 똑같이 갖추어지면 똑같은 혁명이 일어날까요? 만약 사정이 그렇다면 사람들은 다른 곳, 다른 시대에서 같은 내용의 삶을 산다고 해야겠죠. 그리고 같은 원인이 항상 같은 결과를 낳는다고 해야겠죠. 이런 단순화는 사람들에게 '법칙에 따라서 살아야 한다'라고 강요하는 것이 아닐까요?

역사가들은 억압(원인)을 혁명(결과)과 연결시키죠. 사실 그런 인과관계는 혁명이 일어난 후에 결과에서 거꾸로 원인을 찾아낸 거죠. 그래서 억압된 상황을 '혁명이 필요한 상황'이라고 해석합니다. 이렇게 해석하면 이제 혁명은 그 원인에 따라 나오는 당연한 결과가 되죠.

역사를 기록할 때는 사건들을 단순히 늘어놓아서는 안 되고, 그 관계를 엮어 일정한 흐름을 보여 주어야 합니다. 그래서 사건들을 일정한 틀로 재구성하죠. 이런 측면에서 역사는 원인과 결과로만 쓰인 단조로운 이야기라고도 할 수 있습니다.

역사 드라마의 감독은 누구일까?

역사 이야기는 보통 이야기와 달라서 어떤 사건이든 분명한 원인이 있고, 그 원인은 그것과 뗄 수 없는 결과를 부르고, 그것이 또 원인이 되어서 다음 사건을 부르는 방식으로 빈틈없이 짜여 있습니다.

1789년에 프랑스 혁명이 일어난 것은 다 아시죠? 이 사건은 일정한 원인들이 얽혀서 역사를 뒤흔든 '대사건'으로 일어났죠. 역사가는 이것을 어떻게 설명할까요? 그는 일어난 결과(혁명)를 설명하기 위해서 과거로 가서 그것을 가능하게 했던 원인들을 샅샅이 찾아내죠. 그래서 그 원인들로부터 혁명이라는 결과가 반드시 생길 수밖에 없다고 설명합니다. 한마디로 프랑스 혁명은 1789년에 필연적으로 일어나게 되어 있다는 거죠.

그러면 이 혁명이 1789년에 갑자기 일어나서는 안 되니까, 그전부터 준비를 제대로 해야 하지 않을까요? 사실 이 혁명을 무르익게 하기 위해서 수많은 사람들이 갖가지 준비를 해 왔죠. 먼저 구체제

(ancien régime)가 온갖 방식으로 민중을 착취하고, 계몽주의 사상이 의식 무장을 준비하는 등등 수많은 원인들이 이 혁명을 역사의 무대에 올리기 위해 차례대로 마련됩니다. 태양왕 루이 14세를 정점으로 루이 16세에 이르기까지 지배 계층은 가혹한 정책을 펼쳤고, 온갖 사치와 방탕을 즐겼습니다. 혹시 이들이 1789년에 혁명이 일어나도록 하기 위해 그렇게 겁 없이 폭정을 펼쳤던 것은 아닐까요?

만약 이들이 중간에 조금이라도 약한 마음을 먹고 압제의 강도를 낮추면 혁명의 기운이 불붙지 못할 수도 있기 때문에 역사가는 숨을 죽입니다. '부르봉 왕가여! 왕의 길을 소신 있게 걸으시오. 특히 루이 16세는 마지막까지 고삐를 늦추지 마시오. 만약 당신이 약해지면 이 귀한 혁명이 사라질지도 모르지 않소.'

제3신분과 상퀼로트(sans-culotte, 퀼로트 바지를 입지 않은 과격 공화파) 등을 중심으로 한 민중들은 프랑스혁명으로 폭군들을 몰아내기 전에 지배 계층이 마음대로 자신들을 착취하도록 그냥 두려는지 묵묵히 잘 견뎌냅니다. 물론 자유를 향한 열망은 꾹꾹 눌러서 보이지 않도록 가슴에 쌓아 두죠. '너희들이 언제까지 우리를 짓밟는가 보자. 우리도 가만히 있지만은 않을 테다. 사람은 너나 할 것 없이 자유롭게 태어났고, 억압을 거부할 권리가 있지.'

이렇게 서로 짝을 맞추어 준비한 까닭에 혁명의 가능성이 차곡차곡 쌓이다가, 드디어 1789년이 되면 역사의 부름에 따라 예정대로 혁명이 일어납니다. 이제는 아무도 혁명의 발걸음을 가로막을 수 없습니다. 사실 이 혁명은 모두가 기다렸던 혁명이라

루이 16세는 혁명이 일어나자 변장을 하고 도망가다가 금화에 새겨진 자기 얼굴 때문에 발각되어서 단두대로 끌려가죠. 이 얼마나 어처구니없는 일입니까? 그가 이 사태를 미리 알았더라면 금화에 자기 얼굴을 새기는 바보 같은 짓을 하지는 않았겠죠.

고 할 수 있죠. 제3신분과 농민 들이 모두 이 혁명을 위해서 얼마나 열심히 (자기들도 모르게) 준비해 왔습니까? 어느 한 세력이라도 여기에 동참하지 않았다면 이런 큰 사건이 일어날 리가 없죠. 그렇게 해서 혁명의 기운이 구체제를 폭파시켜 버리게 되죠.

물론 이 혁명이 실제로 일어나기 전까지는 아무도 그것을 미리 알 수는 없었습니다. 단지 그런 혁명이 무르익은 분위기여서 통찰력이 있는 사람만이 어렴풋이 짐작했겠죠. 결과적으로 혁명은 일어났지만, 혁명의 주인공들—왕과 왕정, 구체제에서 특권을 누리던 소수의 귀족과 성직자, 계몽사상가, 제3신분, 농민 등—은 어느 누구도 이 혁명을 의도적으로 준비했거나 미리 알고 있지는 않았습니다.

혁명의 열기가 식은 다음 과거로 뛰어 들어간 역사학자들은 어떻게 볼까요? 그들은 당시의 그런 원인들이 혁명이 아니라 다른 엉뚱한 결과를 만들 리는 없었다고 보겠죠. 그들이 보기에 그런 원인과 결과 들의 필연적인 결합, 또는 절묘한 결합 때문에 혁명은 필연적이죠.

제가 이렇게 이야기하니까 마치 역사를 각본에 짜 맞추는 것 같다고, 억지 논리라고 비웃을지 모르겠습니다. 그러면 역사가들은 어떤 식으로 설명하나요? 그들은 역사적 사실을 재료로 삼아 인물과 사건을 선택해서 역사의 무대를 다시 만들죠. 누가 감독인지는 모르겠지만 이 무대는 반드시 일어날 사건과 행위 들로만 이루어져 있죠. 이것은 잘 짜인 구성에 따라 멋진 역사극을 보여 주죠. 과연 누가 감독이고, 누가 배역을 정하는 걸까요? 각 인물들은 자기가 맡은 역할을 잘 이해하고 무리 없이 소화했을까요?

클레오파트라의 코가 한 치만 낮았더라면

역사에 우연이 있을까요? 역사가에게 우연은 여간 성가신 것이 아닐 겁니다. 역사를 일관된 흐름으로 설명하려면 사건들을 질서정연하게 한 줄로 세워야 하죠. 그런데 '우연'이란 녀석은 다 맞추어 놓은 줄에 서지 않죠. 뭐가 그리 잘났는지 그 바깥에서 얼쩡거리면서 "예외 없는 규칙이 없지"라고 중얼거립니다.

역사가들은 이 불한당을 곱게 보지 않지만 우연을 길들이는 방법을 알고 있습니다. "우연이여! 역사가를 우습게 보지 말게. 자네도 곧 다른 사건들처럼 내가 세운 줄에 맞추어 서게 될 걸세."

역사에서 우연이 꼭 필요한 것은 아니지만, (우연이 없을수록 설명하기가 좋겠지만) 그렇다고 해서 우연이 전혀 없다고 우길 수도 없죠. 역사가는 우연 때문에 골머리를 썩는 것처럼 보이지만, 실제로는 이런 우연들이 역사의 흐름을 가로막거나 길을 잃게 하지는 않습니다. 도리어 역사의 필연적 흐름을 도와주는 쪽으로 작용합니다.

우연과 관련해서 여러분이 잘 아는 예가 바로 '클레오파트라의 코' 이야깁니다. 천하절색 클레오파트라의 코가 조금만 낮았더라면 역사가 바뀌었을 것이라고 하죠. 이때 이 유명한 '코'는 바로 역사에서 사소한 요인이 약간만 바뀌어도 역사의 큰 흐름이 바뀌지 않았을까 하고 가정하는 사람들의 단골 화제입니다.

그런데 찬찬히 보면 우연이 그렇게 문제를 어렵게 만드는 것도 아닙니다. 역사에는 수많은 우연들이 나타나지만, 그런 우연들 때문에 역사책을 쓰는 데 방해받았다는 이야기를 들어 본 적이 있나요? 우연들은 자주, 의미 있는 우연, 객관적인 우연으로 탈바꿈합니다. 카프카(F. Kafka)의 《변신》에 이런 구절이 나옵니다. "아자르(hasard, 우연)는 어느 날 아침, 기분 나쁜 꿈에서 깨어나 보니 자신이 '의미 있는' 것으로 바뀌어 있었다."

역사책을 보면 그런 우연까지 포함해서 일정한 흐름이 있습니다. 이 흐름은 무수하게 많은 역사적 사건들의 혼돈을 뛰어넘어서 가야 할 길을 가는 쪽으로 방향을 잡습니다. 우연은 이 흐름의 한 지류일 뿐이죠.

노예 해방을 링컨 대통령 혼자의 힘으로?

여러분은 미국에서 가장 존경받는 대통령의 한 사람인 링컨을 잘 알고 있을 겁니다. 그 유명한 게티즈버그 연설문의 한 구절 정도는 외고 있겠죠. 링컨 대통령의 노예 해방 사건을 살펴볼까요? 여러분은 링컨 대통령이 없었어도 노예 해방이 가능했다고 보나요? 이것은 역사를 만드는 영웅, 예외적 개인의 문제입니다.

그렇게 생각하는 역사학자도 있을 겁니다. "링컨이 없었더라도 당시의 사회, 경제, 정치적 조건을 보면 노예 해방은 필연적이었다. 링컨이 대통령에 당선되지 않았더라도 노예 해방은 가능했을 것이다. 다만 그 시기가 좀 늦추어질 수는 있었겠지만, 노예 해방은 당시에 어쩔 수 없는 대세였다."

아마 이 학자는 역사를 한 개인, 영웅이 만든다고 보는 '영웅주의 사관'을 싫어하나 봅니다. 그런 면도 있죠. 링컨이 아무리 위대한 대통령이라고 한들 모두가 반대하는 분위기라면 혼자 힘으로 어떻게 노예 해방을 선언하고, 그 험악한 내전을 수행할 수 있었겠습니까?

사실 노예 해방과 그에 따른 내전은 흑인 노예들을 고용해서 목화농장을 경영하던 남부의 토지귀족 세력과 북부의 신흥 자본가 세력 간의 다툼과 밀접한 관련이 있습니다.

여러분은 노예들이 북부의 공장에서 산업 노동자로 생산 활동을 하는 것이 좋다고 보나요, 아니면 남부의 목화농장에서 노예로 일하는 것이 좋다고 보나요? 여러분이 북부의 공장을 선택하면 북부의 산업 자본가와 링컨 대통령 편에서는 거죠.

어쨌든 방금 본 역사가들처럼 '링컨 대통령 불필요론'이나 '역사는 객관적인 흐름을 따라 흐른다'라고 보는 것은 역사의 객관적인 동력을 강조하는 사고방식임을 알 수 있습니다. 이런 사고는 인물 중심의 역사관을 벗어나려는 거죠. 세종대왕 혼자 한글을 만들고, 알렉산더 대왕 혼자 세계를 정복한 것으로 보는 것은 너무 심하지 않나요?

클레오파트라의 코 높이는 안성맞춤

역사의 길을 매끈하게 닦는 역사 제작자는 모든 사건, 인물 들을 잘 짜인(미리 질서 있게 예정된) 일관된 계열로 배치해서 '하나의 연쇄'를 이루는 공사를 하느라고 분주합니다. 이를 '역사 다듬기 공사'라고나 할까요? 그래서 잘 만들어진 고속도로처럼 '과거로 가는 길'이 완성되죠. 간혹 그 길 위에 돌멩이나 갈라진 틈이 없지 않지만, 그때마다 역사를 수리하는 사람들이 달려가서 문제를 즉시 해결합니다.

이처럼 역사적 사건과 의미 들이 설명하기 힘든 신비한 조화를 이룬다면 라이프니츠가 지적한 '예정된 조화(preestablished harmony)'

의 훌륭한 예를 다시 볼 수 있을 겁니다. 역사의 신께서 하시는 말씀, "우연이라곤 하나도 없도다! 역시 역사에는 버릴 것이 하나도 없어." 이 말을 이해하기 쉽게 옮기면 인간의 눈에 우연으로 보이는 것들도 알고 보면 필연적인 질서라는 거죠. 우연은 필연을 더 돋보이게 하는 것일 뿐이죠. 인간이 아직 설명하지 못하기 때문에 우연으로 보일지 모르지만, 신의 눈으로 보면 우연 따위는 있을 수도 없고 있어서도 안 되죠.

이처럼 결정론은 '우연들이 있더라도 역사는 제 길을 잘 찾아간다'고 보죠. 이탈리아의 철학자 카스토리아디스(C. Castoriadis)는 이렇게 이야기합니다.

"역사를 살피면서 사람들이 첫 번째로 놀랄 만한 것은 클레오파트라의 코가 조금 더 낮았더라면 지구 표면이 바뀌었을 것이라는 점이다. 하지만 두 번째로 더욱 놀랄 일은 대부분의 시기에 이러한 코들은 바로 필요한 만큼 알맞게 높다는 점이다."

사정이 이렇다면 역사에는 '나비효과'가 없나 봅니다. 역사 안에 있는 나비들은 제멋대로 날갯짓을 하지 않는 거죠. 역사에는 역사법칙에 따라서만 날갯짓을 하는 착한 나비들만 모여 사는가 봅니다.

이처럼 우연을 요리하는 역사가들의 뛰어난 솜씨, 즉 우연을 역사적 진행 속에 포함시킬 정도라면 역사가 합리적이고 필연적인 법칙에 따라 움직인다고 주장할 만하죠.

그렇다면 역사가들이 '사실들'에서 찾아낸 것처럼 보이는 합리성, 법칙은 알고 보면 사실들에 강요한 것일 겁니다. 이런 틀이 말하는 역사적 필연성, 자연과 역사의 합리성은 자연과 역사 자체의 모습이 아니라 자연과 역사를 보는 인간이 질서를 부여하기 위해서 그것들에 억지로 끼워 넣은 것이라고 할 수 있죠. 그러면 역사에서 법칙을 찾는 시도는 결국 역사에 존재하지도 않는 법칙을 창조하는 것이라고 할 수 있습니다. 역사는 역사가에 의해 창조되고, 역사가는 더없이 높은 자리에 앉아 있게 되죠.

역사적 인물들은 이유 없이 울거나 웃지 않는다

이처럼 법칙이 안내하는 역사의 길에서는 모든 것이 합리적일 겁니다. 물론 이렇게 역사가 법칙에 따른다면 각 인물들은 역사가 배당한 역할을 충실하게 수행해야겠죠. 각 행위자(agent)는 자신이 앞뒤의 인과 고리를 잇는 중요한 자리에 있다는 사실을 명심하고, 역사에 봉사하는 자세로 하루하루를 살아야 할 겁니다.

이때 행위자들을 움직이는 힘이 무엇인지에 대해서는 역사가마다 조금씩 다르게 봅니다. 어떤 이론가는 행위자가 '자유 의식의 진보'를 위해서 움직이도록 결정되어 있다고 보는가 하면, 다른 이는 행위자가 정보를 가능한 한 많이 모으고 빨리 전달하도록 행동하게 마련이라 하고, 또 어떤 이는 행위자가 문화적 진보를 위해서 전진할 수밖에 없었다고 봅니다.

역사의 등장인물들은 나름대로 화를 내고, 착취하고, 생산력을 발전시키겠지만, 법칙의 거울에 비춘 역사의 주인공들은 합리적으로 화를 내고, 조리 있게 착취하고, 이치에 맞게 착취당하고, 이성적으로 생산력을 발전시키고, 충분한 이유로 여성을 역사의 뒷전으로 밀어내고, 어쩔 수 없는 이유로 역사적 사명을 짊어지고, 이치에 따라서 과학을 발전시키죠. 이런 행위들 가운데 이치에 어긋나거나 설명할 수 없거나 비합리적인 것이라곤 없다는 점이 신기하기만 합니다.

더 재미있는 것은 앞으로도 주인공들이 역사의 궤도에 맞추어서, 역사의 소명에 따라서, 역사의 구체적 순간들에서 자기에게 맡겨진 역할을 잘 수행하리라고 기대할 수 있다는 점이죠. 그래서 필요한 이유 때문에 여성을 역사의 동반자로 인식할 것이고, 합리적으로 옷을 입을 것이고, 이치에 맞게 정보의 새로운 흐름을 만들어 낼 것이고, 합당한 이유로 여가를 즐길 것입니다. 이 미래 역사에서도 합리적인 길을 거부하는 일탈은 없을 것입니다.

어떻게 보면 역사에서 각 개인은 역사가 부여하는 역할, 사명을 감사하게 받아들이고, 주어진 소명을 수행하는 자기 역할에 만족하면서 수행자로서 보람을 느껴 왔죠. 물론 역사적 사건들도 마찬가지죠. 사람들은 스스로 움직이지 못하는 사건들을 역사의 무대에 올려놓고 세상 구경을 시킵니다. 그렇지만 말 못하는 사건들도 합리적으로 운동하고, 합리적인 역사 흐름에 적극적으로 이바지해야 합니다.

"사건들이여, 제발 제멋대로 굴지 말게나!"

역사는 진보하는가?

한마디로 역사는 합리적으로 진행됩니다. 역사에 존재하는 사건들은 합리적인 이유에 따라 정해진 방향으로 나아갑니다. 여기에서 사건들은 합리적인 의미를 갖습니다.

역사는 의미 있는 흐름을 이루죠. 어떤 이들은 역사가 진보한다고 하고, 어떤 이들은 거꾸로 역사가 뒷걸음질 친다고 보기도 하죠. 두 경우 모두 역사가 의미 있는 방향으로 진행된다고 보는 점에서는 같습니다.

역사가 진보한다는 믿음을 잠깐만 살펴볼까요? 고딕 양식 이후에 바로크 양식이, 그 후에 로코코 양식이 등장하죠. 그러면 이런 양식들의 변화에서 뒤의 양식은 앞의 양식에 비해 진보한 것이라고 할 수 있을까요? 과거 양식의 두드러진 한계가 새로운 양식에 의해 극복된 것일까요? 새로운 양식은 과거 양식보다 항상 우월할까요?

철학의 역사를 보면, 데카르트→스피노자→라이프니츠→칸트→헤겔→마르크스→독자로 이어지죠. 그러면 이 과정을 철학적 사고가 진보하는 길이라고 할 수 있을까요? 스피노자는 데카르트를 극복하지만 나중에 칸트에 의해서 극복되기 위한 징검다리 역할을 하는 인물에 지나지 않을까요? 또 칸트에 관한 수많은 참고서를 읽고, 칸트 이후의 철학을 배울 수 있는 철학과 대학원생이 칸트보다 철학적 사고의 폭이나 깊이가 진보했다고 해도 될까요?

눈을 반짝이며 이 책을 읽고 있는 독자 가운데 컴퓨터를 좋아하고 인터넷 서핑을 즐기는 사람이라면 컴퓨터 통신망을 이용해 수많은 정보를 검색하고 이용할 수 있을 겁니다. 그가 이용하는 자료와 칸트 할아버지의 자료를 비교해 보면 하늘과 땅 차이일 겁니다. 그러면 과연 이 사람이 칸트보다 더 지성적이고, 지적으로 진보했다고 할 수 있을까요? 어쩜 그렇게 이야기하는 사람이 있을지도 모르죠.

과학의 역사를 보면, 뉴턴→아인슈타인→하이젠베르크, 슈뢰딩거, 드브로이→ 오늘날의 물리학도로 이어지죠. 그러면 오늘날 물리학과 대학원생이 뉴턴보다 과학적으로 앞서 있다고 할 수 있을까요? 그 친구는 뉴턴이 쓴 《프린키피아》를 읽었고, 그것을 뛰어넘은 상대성 이론도 알고, 미시세계를 다루는 양자역학도 배웠고, 뉴턴은 들어 보지도 못한 카오스 현상도 제법 이해하고 있죠.

만약 과학적 지식이 진보하는 것이라고 본다면 오늘의 대학원생이 뉴턴보다 낫고 자연현상을 더 잘 설명할 수 있다고 해야겠죠. 과연 그럴까요? 이 문제는 과학적 지식이 쌓여서 연속적으로 진보한다고 보느냐, 아니면 과학적 지식이 단절되면서 다른 시대에 다른 사고 틀을 갖는다고 보느냐에 따라 다르게 볼 수 있습니다.

누가 자본주의를 만들었을까?

앞에서 보았듯이 역사가는 이미 일어난 역사적 사건을 앞에 두고 그것의 원인을 찾아서 과거로 가죠. 그는 이렇게 과거를 회고하면서 사건을 필연적인 인과관계 안에 배치해서 역사의 합리성을 증명합니다.

그런데 역사가가 이렇게 회고해서 만든 합리적 질서에서 재미있는 일이 생기죠. 잘 알다시피 역사는 의식적 존재들의 의식적 행위가 펼쳐지는 영역이죠. 역사 안에 있는 개인들은 일정한 의도, 동기를 갖고 역사적 사건들을 만들죠. 그런데 역사 전체는 그런 개인들의 의도대로 진행되지는 않습니다. 역사라는 배에 사공이 너무 많기 때문이죠. 어떻게 보면 역사는 개인들을 뛰어넘어 제 길을 가는 것처럼 보이고, 어느 누구의 의도도 따르지 않는 것처럼 보입니다.

개인들의 의도, 지향을 합한 것과 역사의 진행은 같지 않습니다. 이런 사정 때문에 개인들의 의도에서 역사의 흐름을 이끌어 내기는 어렵죠. 역사적 현실로 나타난 결과는 다양한 개인의 의도를 벗어나 있습니다.

이 문제와 관련된 유명한 예를 하나 볼까요? 여러분은 자본주의가 어떻게 형성되었는지 그 원인을 설명하려는 많은 틀을 볼 수 있습니다. 이론들마다 자본주의를 가능하게 했던 원인을 나름대로 내놓습니다.

자본주의를 형성한 많은 원인과 결과 간의 관계를 볼까요? 수많은 부르주아(bourgeois)들은 프로테스탄트 윤리의 명령에 따르는 세속적 금욕주의의 영향으로 근면하게 일하고 부를 축적합니다. 대규모 공장제 때문에 망한 수많은 장인과 굶주린 농부 들은 공장으로 일하러 갑니다. 어떤 사람들은 증기기관을 발명하고, 어떤 사람들은 새로운 직기를 발명하죠. 철학자와 물리학자 들도 우주를 거대한 기계로 생각하고 그 운동법칙을 발견하려고 애씁니다. 왕들은 귀족들을 억누르면서 국가를 강화합니다.

이처럼 각 개인들과 집단은 나름대로 목표를 추구하죠. 하지만 어느 누구도 사회 전체를 새롭게 만들려는 목표를 갖지는 않았습니다. 그런데 그런 것들이 뒤얽혀서 어떤 결과를 낳습니까? 바로 '자본주의'가 탄생합니다. 이것은 어느 누가 의도한 것도 아니고, 그들이 예측할 수 있었던 목표도 아닙니다. 자본주의라는 말이 무엇인지 들어보지도 못한 이들이 자본주의를 목표로 삼아 노력했다고 볼 수는 없습니다.

만약 우리가 위대한 자본주의를 만든 공로를 기리기 위해 상을 수여한다면 누구에게 주어야 할까요? (자본주의는 역사의 흐름을 바꿔 놓고, 이후 모든 사람들의 생활양식을

현대를 '정보화 사회'라고 본다면 그런 사회를 만든 이들은 누구고, 어떤 요인들이 중요할까요? 그리고 그런 인물이나 사건 들이 정보화 사회를 만들기 위한 목표를 정해 놓고 그렇게 행동했을까요?

규정한 점에서 새로운 역사를 만든 것이죠.)

역사적 소명의식을 갖고 자본주의를 만들기 위해서 자기의 모든 것을 바친 사람은 누구일까요? 누가 자본주의의 설계도를 만들고, 자본주의의 걸림돌이 되는 봉건적인 잔재를 없애고, 자본의 이윤 증식을 위해 기계와 짝을 이루는 노동 과정에 자기 몸을 길들였나요? 아마 자본주의 형성에 직접적인 공로를 세운 이들은 헤아릴 수 없이 많을 겁니다.

그런데 찬찬히 살펴보면 자본주의 만들기에 참여했던 어느 누구도 의도적으로 자본주의를 만들려고 한 사람은 없습니다. 그렇다고 이제 와서 아무에게나 상을 줄 수는 없고, 의도적이지는 않았더라도 결과적으로 만들어졌으니까 그들에게 상을 주는 게 마땅하지요. 그러면 그들이 상을 받는 자리에서 무슨 이야기를 할까요? "고맙소. 상을 주니까 받긴 받겠는데, 도대체 자본주의라는 게 뭡니까?" "제가 자본주의를 탄생시킨 주역이라고 하는데, 그럼 제가 자본주의자인가요?" "혹시 자본주의가 나쁜 것은 아니겠죠? 이렇게 상까지 주는 걸 보니 말이에요."

의도 저 너머에 있는 역사

자본주의와 관련해서 라플라스의 악마와 이야기를 나눠 볼까요? 이 악마는 물리적 세계에서 인간의 의지나 욕망 등이 법칙에 영향을 미치지 않는 것처럼, 역사법칙도 인간의 의도와 무관하게 진행된다고 봅니다. 혹시 의지를 고려한다고 하더라도 역사의 진행이 바뀔 리 없을 것이며, 아니 역사법칙이 인간의 의도들을 모두 포함하더라도 제 길을 어김없이 간다고 할 겁니다.

헤겔은 《역사 철학 강의》에서 나폴레옹이라는 역사적 개인을 '이성의 슬기(List der Vernunft)'라는 틀로 설명합니다. 역사 이성(법칙)은 손발이 없기 때문에 자기 대신에 역사를 이끌어 갈 '역사적 개인'을 선택해야 합니다. 그래서 황제가 되겠다는 야심을 지닌 나폴레옹을 선택하죠. 나폴레옹은 자기 열정에 이끌려 황제의 길로 매진하고, 그 과정에서 낡은 유럽의 억압적인 체제들을 무너뜨립니다. 나폴레옹은 그가 의도하지 않았음에도, 유럽에 자유의 물결을 넘실대게 하는 결과를 가져옵니다. 헤겔은 이를 두고 개인의 열정이 의도하지 않은 결과를 낳아서 역사의 수레바퀴를 앞으로 밀어간다고 설명하죠.

역사가들은 나폴레옹이 법전을 편찬하도록 해서 개인의 소유와 자유를 보장하고, 의무교육을 일반화한 점을 긍정적으로 평가하기도 합니다. 또 다른 역사가들은 나폴레옹의 침략에 맞섰던 다른 민족들이 민족주의와 자유주의로 무장하게 되었다는 평가를 합니다.

그런데 이런 이야기보다 재미있는 것은 헤겔이 자기 조국, 독일을 침공한 나폴레옹을 보고 '말을 탄 세계정신'이라고 칭찬하며, 낡은 독일 연방들을 무너뜨리고 자유의 정신을 유럽에 심은 역사적 개인으로 평가한다는 점입니다. 이와 달리 민족주의자 피히테(J. G. Fichte)는 〈독일 국민에게 고함〉이라는 격문에서 나폴레옹을 조국의 적으로 규정하고, 독일 민족의 단결을 호소합니다.

다른 예를 볼까요? 자본가는 자본의 운동에 따라서 움직이는 수행자에 지나지 않습니다. 그는 자본이 잉여가치를 얻을 수 있는 곳에 투자하고, 생산 과정에서 잉여가치를 증식하도록 생산 요소들을 조직해야 합니다. 이 모든 활동은 자본가가 아니라 자본을 위한, 더 정확하게는 자본의 잉여가치를 증대시키기 위한 것이죠.

만약 자본가가 자본이 요구하는 방향과 다르게 움직이면 화난 자본이 자본가를 걷어차 버리죠. 자본가가 생산자들에게 자비를 베풀고, 노동 강도를 낮추고, 분업의 생산성 대신에 인간적인 조업 방식을 택한다면 그는 더 이상 자본을 유지할 수 없거나 자본 증식에 실패하게 될 겁니다. 자본은 그런 무능한 자를 그냥 두지 않고 해고해 버립니다.

이런 설명 방식은 원인(또는 의도)과 결과의 아름다운 만남, 뗄 수 없는 만남에 주목하죠. 원인과 결과를 그 누구도 떼어 놓을 수 없습니다. 이런 틀은 인과적 연쇄가 사건들을 미리 정해진 대로 잇고, 어떤 의도에 따라서 원하는 결과를 만드는 것처럼 짜 맞춥니다. 그래서 역사적 사실을 회고하면서 역사적 사건(결과)을 그 원인 자리에 있는 개인들의 의도와 연결시킵니다. 이처럼 아무도 의도하지 않은 실제 결과들이 역사가의 눈에는 역사에 꼭 필요한 등장인물이 꼭 필요한 시기에 나타나서 꼭 필요한 사건을 생기게 하는 것처럼 보입니다.

이처럼 역사 안에 있는 각각의 행위자는 자기에게 주어진 역할과 기능을 충실하게 수행해야 합니다. 그의 역할은 지위, 능력, 기능 등에 의해서 주어집니다. 원인과 결과의 이음매에서 자기 할 일을 제대로 하면 그것으로 충분합니다. 그것이 어떤 의미가 있는지, 어떤 결과를 낳을지에 대해서는 염려할 필요가 없습니다. 그런 것은 역사에 맡기면 되고, 역사법칙은 오로지 이런 요소들이 어떤 작용을 하는지에만 관심이 있죠.

개인의 의도는 역사의 진행에 일치할수록 좋은 것이죠. 어떤 개인은 자기 의도로 역사를 주무르려고 하지만 역사는 이런 건방진 개인을 무대에서 밀어낼 뿐입니다.

이런 역사관은 '회고적 합리화(rationalization retrospective)'에 빠

져 있습니다. 앞에서 보았듯이 역사 해석은 원인에서 결과로 가는 것이 아니라, 거꾸로 이미 주어진 결과에서 원인을 찾아내는 거죠. 결과는 그것이 역사적 사실이기 때문에 실제로 존재하기 전부터 이미 가능한 것이라고 봅니다. 그것은 가능한 것으로 잠재적으로 있다가 적절한 시기에 좋은 조건이 만들어지면 역사의 무대에 나타납니다. 그것은 나타나기 전에 이미 준비된 것이고, 그것이 나타날 때는 필연적인 법칙에 따라서 나타나죠.

역사에 새로운 것이 있는가?

앞에서 본 것처럼 결정론은 인과관계로 역사적 사건들을 재구성합니다. 인과성 범주를 사용하지 않고는 역사를 파악할 수 없죠. (물론 그렇다고 해서 역사가 인과관계만으로 환원될 수는 없습니다.) 그리고 사회, 역사적 삶에서는 문제를 복잡하게 만드는 인간 행위의 주관적인 요소, 즉 의도, 동기, 감정, 무의식적 욕망 등을 인과법칙으로 설명해야 합니다. 이 법칙들은 역사적 행위의 많은 측면들을 설명하고 이해시키고 예측하도록 하죠. 하지만 모든 것을 완전하게 결정론적으로 설명할 수는 없을 겁니다.

왜 그럴까요? 사회-역사적인 것이 자연 대상보다 더 복잡하기 때문일까요? 하지만 흔한 오해와 달리 자연 대상도 지극히 복잡하죠. 그러면 현대 물리학에서 본 결정론의 위기처럼 결정론의 한계 때문일까요? 그보다는 역사적인 것의 특성에서 그 이유를 찾을 수 있습니다.

바로 사회-역사적인 것에는 '비인과적인 것'을 포함하기 때문이죠. 이때 비인과적인 것 가운데 하나는 바로 개인들이 전형적으로, 판에 박은 듯이 행위하지 않고 일탈 행위를 한다는 점이죠. 그리고 더 중요한 것은 사회-역사적인 것이 단순하게 반복되지 않고 새로운 것과 창조를 보여 준다는 점이죠

인과법칙은 (같은 원인이 항상 같은 결과와 필연적으로 연결되므로) 항상 동일한 것을 반복하게 할 뿐이죠. 하지만 사회-역사적인 것은 곳곳에서 예측할 수 없는 새로움과 창조를 보여 줍니다. 그리고 이런 새로움과 창조는 앞선 흐름을 끊어서 단절을 만들기도 하고, 낡은 것을 반복하지 않는 새로운 사건이 튀어나오게 합니다.

비인과적인 점 때문에 예측 불가능성이 문제가 되지만, 그렇다고 해서 이것으로 결정론을 방해할 수는 없습니다. 만약 이러한 일탈들이 체계적이라면 그것을 더 정밀한 인과적 틀로 얼마든지 탐구할 수 있습니다. 또 그것들이 우연적이거나 무작위적인 것이라면 통계적으로 처리할 수 있습니다. 이것은 기체역학에서 개별 분자들 하나하나의 운동이 불규칙하지만 일정한 단위의 기체들을 통계적으로 처리해서 정확한 기체 운동을 설명하는 방식(통계열역학)을 참고할 수 있습니다. 그리고 개별적 수준에서 예측 불가능성이 생긴다고 하더라도 그것을 설명하는 방식을 마련한다면, 도리어 이론의 뛰어난 능력을 보여 줄 수도 있습니다.

예컨대 역사에서 불의 발견, 0의 발명, 수레의 발명, 금속 세공, 민주주의, 철학 등등의 역사에서 새로운 사건들은 그 앞과 뒤에 메울 수 없는 단절, 균열을 만들죠.

불의 우연한 발견을 볼까요? 불을 발견하고 그것을 이용함으로써 인간은 밤에도 불빛을 이용해서 활동 시간을 연장하고, 겨울에 온기를 지닐 수 있고, 삶의 공간을 따뜻한 곳에서 추운 곳으로 확장할 수 있었죠. 또한 곡물을 부드럽게 익혀 먹거나 고기를 구워 씹기 좋도록 하고, 음식을 익힘으로써 음식 속 세균이나 기생충을 죽여 질병을 줄일 수 있었죠. 또한 진흙을 구워서 단단한 그릇을 만들고, 모래를 가열해서 유리를 만들고, 광물을 가열해서 필요한 금속을 만들

수 있게 되었죠. 불은 인류가 기술을 발전시키는 바탕이 되었고, 생활양식을 근본적으로 바꾸었죠. 불을 이용하지 않는 시기와 불을 이용하는 시기 사이에는 엄청난 간격이 있습니다.

중요한 것은 이런 새로운 것들을 그저 땅을 파서 찾아낼 수는 없다는 점이죠. 민주주의 같은 정치 형식은 사람들이 많이 모이고 중앙집중적 권력이 약해졌다고 해서 나올 수 있는 것이 아니죠. 수를 보는 방식을 근본적으로 바꾸지 않고는 0을 만들 수 없죠. 우리가 빨리 이동하고 싶은 소망을 갖는다고 해서 당연히 수레를 만들 수 있는 것도 아니고요.

새로운 것들은 앞의 과정들이 쌓여서 저절로 나오지 않습니다. 새로운 것들을 창조하는 측면은 새로운 행위 양식, 새로운 사회 규칙, 새로운 대상이나 새로운 형식을 발명, 고안하죠. 이것은 앞선 상황에서 자동적으로 나오는 것도, 논리적으로 연역할 수 있는 것도 아닙니다. 그것은 예측할 수 없는 것이죠. 이런 점에서 사회-역사적인 것은 같은 상황에 새로운 답을 줄 수 있거나 새로운 상황 자체를 창조합니다. 이처럼 역사가 창조의 영역이라면, 반복을 중시하는 결정론적 도식만으로 역사를 알 수 없습니다. 인과법칙은 항상 동일한 것을 재생산하고 그것을 지칠 줄 모르고 반복하는 틀입니다. 새로운 것은 이런 반복에서 나오지 않습니다.

질문

1. 인과법칙을 옹호하는 이들이 역사에 나타난 새로운 것들을 어떤 억지 논리나 낡은 것들을 재구성하는 식으로 대처하는지 생각해 봅시다.

2. 프로메테우스가 인간에게 불을 선물했다는 신화는 '불의 발견'을 어떤 논리로 설명하려는 것일까요?
3. 새롭고 예측할 수 없는 것을 설명하려면 어떻게 다르게 생각해야 할까요? 또 어떤 사고방식이 새로움을 설명하는 데 장해가 될까요?

과거 속에서 기다리고 있는 가능성이라는 유령

지금 이야기를 베르그송의 틀로 다시 생각해 봅시다. 그는 결정론에 맞서서 '근본적으로 새로운 것'과 '예측할 수 없는 것'을 옹호합니다.

결정론은 현상이나 사건에서 반드시 결과가 원인에서 도출되어야 한다고 믿죠. 그렇다면 미래가 현재 안에 주어지며, 미래를 현재 안에서 볼 수 있다고 생각하는 거죠. 그런데 이런 틀은 미래가 현재에 어떤 새로운 것도 더해 주지 않는다고 봅니다.

그리고 이런 사고는 어떤 사건이 현실에 존재하려면 반드시 그 사건이 그전에 이미 존재할 '가능성'이 있어야 한다고 보죠. 곧 그것이 현실적이기 이전에 가능한 것으로 과거 속에 미리 있어야 한다고 봅니다. 이것은 '과거 속에 있는 현재'라는 이상한 것이죠.

그런데 이때 '가능하다'라는 말이 이상하게 쓰입니다. 예를 들어서 어떤 음악가가 교향곡을 작곡할 때 그의 작품이 현실화되기에 앞서 이미 실현 가능한 것으로 기다리고 있다고 할 수 있을까요? 그런데 지금 새로 만들려는 교향곡이 음악가에게 관념의 형태로 머릿속에 들어 있다고 생각하면 곤란하죠. 이런 생각은 교향곡이 실제 악보로 나타나기 전부터 관념 상태로 미리 존재한다고 보는 거죠. 그러니 음악가는 자기 머리에 있는 관념적 악보를 부지런히 현실적 악보로 옮겨 놓기만 하면 될까요?

이런 식이라면 문학의 장래, 21세기의 진로, 향후 20년 뒤의 경제 동향을 미리 알고 싶어 하는 사람은 어떤 생각을 하게 될까요? 그는 미래의 모습들이 미래의 창고 속에 완결된 것으로 들어 있다고 생각하겠죠. 그래서 미래를 꿰뚫어 보는 사람이 있다면 그것을 창고에서 미리 꺼낼 수 있다고 보거나 그 사람이 창고의 열쇠를 가지고 있다고 생각하겠죠. 과연 미래의 모습이 이미 만들어져서 우리의 예측을 기다리고 있을까요?

베르그송은 이런 어처구니없는 생각처럼, 그런 가능성이 관념 형태로 미리 존재하지 않는다고 보죠. 베토벤의 교향곡은 그것이 세상에 나오기 전에 이미 그의 머릿속에 있다가 옮겨 적기만 하면 되는 것으로, 관념적으로 미리 존재하지 않습니다.

베르그송은 이처럼 '가능성'을 어떤 것이 실현되기 전부터 이미 있어 왔다고 보는 점을 '지성의 고유한 환상'이라고 지적하죠. 이런 태도는 어떤 것이 있을 때 그것이 있기 전부터 이미 그렇게 될 수 있도록, 아득한 옛날부터 가능한 상태로 있어 왔다고 믿는 거죠.

앞에서 살펴본 1789년 프랑스혁명은 언제부터 가능한 것으로 역사적 과거 속에 있었을까요? 하루 전, 한 달 전, 일 년 전부터 가능했을까요? 아니면 루이 14세 때부터 가능했을까요? 아니면 루소가 《사회계약론》《인간 불평등 기원론》 등을 출판했을 때부터 가능했을까요? 아니면 로베스피에르가 루소의 책을 읽으면서 혁명을 꿈꾸었을 때부터였을까요? 아니면 당통이나 마라가 태어났을 때부터였을까요? 더 먼 과거로 거슬러 올라가더라도 문제가 없을 겁니다.

혁명이 관련된 주인공들에 의해서 가능하다고 본다면 그 주인공들이 본격적으로 활동하는 시기는 물론이고, 그들이 태어났던 시기, 또 그들의 아버지가 태어났던 시기에도 그 가능성이 조용하게 준비되고 있었다고 해야 하지 않을까요? 분명한 것은 결정론에 따르면 혁명은 아주 오래전부터 가능한 것이었다는 점이죠.

다른 예로 민주주의의 출현을 봅시다. 역사가는 과거를 뒤져서 민주주의의 전조를 찾을 수 있을 겁니다. 그런데 이런 특성은 지금은 흥미 있는 것일지 모르지만, 정작 그 당시에는 그렇지 않았을 겁니다. 예를 들어, 화백제도가 그 당시에 대표적인 정치제도이며, 미래의 한국적 민주주의의 모태임을 알고 있었을까요? 오늘날의 정치 제도가 민주주의로 나아갔기에 비로소 그것이 주목할 만한 과거, 자랑스러운 유산이 될 수 있었겠죠. 우리는 이미 민주주의의 중요성을 알고 있기 때문에 그것이 민주주의의 가능성으로 보이지만, 당시에는 아예 이런 방향을 몰랐기에 그것은 민주주의의 가능성이 아니었죠.

그렇다고 과거의 민주주의의 씨앗이 오늘날 싹을 틔운 것이라고 하기도 어렵죠. 서구에서 유입된 낯선 제도인 점도 그렇고요. 이런 생각은 지금의 민주주의가 오래전부터 가능성으로 있다가 서구적 가치가 세계를 지배하는 덕에 역사적 시간의 무거운 짐을 벗고 오늘날 비로소 나타났다고 해야겠죠.

현재의 것을 과거 속으로 되던지기

이처럼 현실적인 것이 실현되기에 앞서 가능태로 미리 존재한다고 보려면, 현실적인 것을 가능성의 상태로 과거에 되던져야 합니다. 그때부터 그것은 가능성의 형태로 시간 속에서 기다리다가 비로소 현재에 자기 모습을 드러낸다고 해야 하죠.

물론 우리는 현실적인 것이 있고 나서야 그것을 가능성의 형태로 과거 속에 심어 둘 수 있죠. 베르그송은 한 사물의 가능성을 현실적인 것이 과거 속에 자리 잡은 '환영'이라고 하죠. 가능한 것은 오래전부터 시간 속에서 자기 차례를 기다리는 '유령' 같은 거죠.

우연한 만남으로 누군가를 사랑하게 되었다면, 그 사랑은 언제부터 가능성으로 오늘을 기다리고 있었을까요? 하지만 오래전에 실제로 우연한 만남이 이루어졌다면 지금의 두 사람은 서로를 못 알아보거나 사랑의 눈 맞춤에 실패했을 수도 있습니다. 이처럼 과거 만남의 가능성을 아쉬워하는 것은 오늘 사랑하고 있다는 뜻일 뿐입니다. 우리는 오늘의 사랑을 어제의 사랑에, 현실의 사랑을 가능성의 사랑에 투사합니다.

이런 까닭에 현실적인 것이 실현되기에 앞서 가능태로 미리 존재해 왔다고 보는 것은 과거를 왜곡하는 데 그치지 않고, 나아가 미래를 예측할 수 있다는 잘못된 길로 나아갑니다. 베르그송은 이런 것을 두고 '회고(retrospection) 논리'에 빠져 있다고 봅니다. 이것은 어떤 것이 불쑥 튀어나오거나 창조되는 것을 인정하지 않습니다.

현실적인 것이 이미 가능성으로 (과거부터) 기다리고 있다가 나타난다면 그것에는 어떠한 새로움도 없죠. 그런 가능한 것은 현실적인 것보다 나이가 많고, 그것에는 눈에 보이지도 않는 시간의 먼지가 잔뜩 묻어 있겠죠. 그렇다면 현재를 사는 우리는 과거의 가능성들에 잔뜩 묻은 먼지를 털어서 새것처럼 바꾸어야 할 겁니다.

오늘의 어떤 것이 미래에 실현되기 위해서 '미래의 가능성'으로 먼 훗날을 기다리고 있을까요? 아마 미래가 되지 않고서는 그것을 알 길이 없겠죠. 그것을 정하는 것은 순전히 미래의 몫입니다.

이런 사고는 새로운 형태나 새로운 성질을 오로지 '낡은 것을 다시 배열한 것'으로 볼 뿐이죠. 그래서 낡은 것을 반복하는 데 만족하고 새로운 것을 이해하지 못하고 두려워하기까지 하는 태도를 낳습니다. 새로움과 창조를 낡은 틀로 이해하려 하고, 우연이나 예외에 지나지 않는다고 보죠. 또 어떤 우연도 인정하지 않고 있어야 할 것들로만 이루어진 질서만으로 안정된 상태를 유지하려고 합니다.

달걀에는 닭보다 더 많은 것이 있는가?

지금 논의한 내용을 가능성과 현실성의 문제로 정리해 봅시다. 예를 들어, 달걀이 닭이 되는 경우를 봅시다. 이런 변화를 보통 가능성이 현실성으로 바뀐다고 설명하죠. 그래서 달걀 안에는 '닭의 가능성(가능한 닭)'이 들어 있다고 보죠. 닭이 하늘에서 떨어지거나 땅에서 솟은 것이 아니니까요. 이 가능성이 일정한 조건을 갖추면 현실적인 것으로 바뀐다고 보죠. 그래서 닭이 될 수 있는 것이 실제로 닭이 된다고 설명합니다.

이런 설명은 사실상 달걀을 먼저 보고 난 다음에 닭을 보는 것이 아니죠. 먼저 닭을 본 사람이 달걀을 보면서 닭을 달걀에 투사하는 거죠. 만약 닭을 한 번도 본 적이 없는 사람이라면, 달걀을 아무리 보아도 그 안에서 '미래의 닭'을 볼 리가 없죠. 비슷한 예로 나비가 형태변화를 하는 것을 한 번도 본 적이 없는 사람이 나비의 애벌레나 고치를 보고서 그것에서 '미래의 나비'를 볼 수 있

우리는 현실적인 닭을 보고서 그것을 가능성의 형태로 달걀에 투사합니다. 이것은 현재를 과거에 투사하고, 결과를 원인에 투사하는 방식이죠. 그래서 과거는 현재에 비추어지고, 원인은 결과에 비추어지면서 재구성, 날조됩니다.

을까요?

그래서 달걀에서 닭의 가능성을 보는 사람은 (달걀이 닭이 되는 것을 많이 본 뒤에) 닭을 보고 나서 달걀을 볼 때, "아, 닭은 저런 달걀에서 나온 거야" 하며 고개를 끄덕입니다. 그래서 마치 달걀 안에 닭의 축소된 모습이 들어 있는 것처럼 생각하죠. 이런 생각을 개념적으로 표현하면 '달걀에는 닭의 가능성이 있다'가 되죠.

그런데 베르그송은 이런 생각이 이상하다고 보죠. 보통 가능성이 '덜' 현실적이라 여기고, 곧 현실 가능성에 현실적인 것보다 '더 적은' 내용이 있다고 봅니다. 그러니까 현실성이 가능성보다 더 많은 것을 담고 있다는 거죠. 그런데 베르그송은 사실 이와 반대라는 거죠. 이게 무슨 소리일까요?

이런 생각이 숨기고 있는 논리를 들추면, 가능성이 현실성보다 많은 것을 담고 있어야 하고, 또 시간적으로도 현실성이 가능성에 앞서야 한다는 거죠. (실제로 아리스토텔레스는 이렇게 설명하죠.) 이 지적은 철학의 역사를 바꿔 놓을 만한 것입니다.

그러면 가능성이 현실성보다 더 많은 것을 담고 있다는 이상한 이야기가 무슨 뜻일까요? 앞서 보았듯이 달걀은 그저 달걀에 그치는 것이 아니죠. 달걀 안에 앞으로 닭이 될 '가능한 닭'이 이미 들어 있죠. 즉 달걀에는 '달걀+가능한 닭'이 들어 있는 셈이죠. 달걀은 제 몸도 잘 돌보지 못하면서 '닭의 가능성'을 품고 힘겨워 하고 있죠. 반대로 닭은 그저 현실적인 닭일 뿐이죠. 그래서 이 둘을 비교하면 현실성보다는 가능성에

원자론이 주장하듯이 모든 것이 원자들의 결합이라고 한다면, 과거의 닭이나 오늘의 닭은 모두 변하지 않는 원자의 배치가 좀 달라진 것에 지나지 않습니다. 이런 원자론에서 새로운 원자가 생겨난다는 이야기는 없죠. 그 원자가 그 원자고, 그 배치와 조합이 달라지거나 여전히 같은 거죠. 원자들의 운동에서 새로운 것을 찾아보기는 어렵습니다.

더 많은 것이 들어 있는 셈이죠. 그래서 몸이 무거운 달걀이 닭을 잘 품고 있다가 닭을 낳으면서 껍질을 깨고 자기는 사라지죠. 뭔가 이상하게 되고 말았죠. "알을 깨는 아픔을 통해서 성숙한다"라는 말이 이런 뜻인가 봅니다. 알에서 깰 때 자기의 미래 모습이 기다렸다는 듯이 웃으며 나타나죠. 이런 논리가 설득력이 있나요?

마찬가지로 보통은 가능성 다음에 현실성이 온다고 하죠. 하지만 현실성을 기준으로 삼아서 가능성을 보기 때문에 시간적으로도 현실성이 가능성에 앞선다고 보는 셈이죠.

그런데 상식과 과학, 철학이 합세한 이런 이상한 사고방식이 못 보고 있는 점이 무엇일까요? 이런 틀은 항상 변화를 낡은 것에서 낡은 것으로 바뀐다고 볼 뿐이죠. 즉 새로움을 찾지 못하죠. 즉 달걀에서 닭의 가능성을 보는 사고, 현실성이 투사된 가능성 개념은 어떤 새로운 것의 출현도 설명하지 못하죠. 다만 낡은 것들이 재배치되고 서로 순환한다고 보죠.

달걀의 경우는 어떤가요? 달걀에 닭의 가능성이 이미 들어 있다고 했죠. 그러면 닭은 가능한 닭에서 현실적인 닭으로 바뀌죠. 가능한 닭이 현실화되는 과정에서 그 내용상 아무것도 바뀌거나 더해진 것이 없죠. 다만 가능성의 껍질을 벗은 것밖에 없죠. 잘 안 보이던 닭이 뚜렷하게 눈에 보이게 된 거죠. 우리 눈앞에 있는 닭은 달걀 안에 이미 있던 닭일 뿐이죠. 어쨌든 당연히 나타나야 할 것이 어김없이 나타난 것이고, 여기에는 어떠한 새로움도 없습니다.

이처럼 변화를 이미 정해진 계획표에 따

여러분은 가능성 개념을 버릴 용기가 있나요? 가능성을 버린다는 것은 변화가 정해진 계획표에 따른다는 생각을 버리는 거죠. 그러면 변화에 정해진 길이 없겠죠. 이제 변화를 보는 단순한 사고 대신에 복잡한 사고를 해봅시다.

라서 진행되는 것으로 본다면, 거기에는 어떠한 새로움도 찾아볼 수 없습니다. 달걀 안에 있던 가능성의 닭이 현실화되고, 가능성이 현실성으로 실현되고, 새로운 것처럼 보이는 것들은 시간 안에서 오랫동안 기다리다가 지친 상태로 나타날 뿐이죠. 그것은 과거를 현재에 다시 반복하는 거죠. 그래서 새로움과 창조를 인정하려면 반복의 틀에 매여 있는 가능성 개념을 버려야 합니다.

시간 안에서 복잡하게 사고하기

시간, 역사 안에서 나타나는 변화가 복잡하다는 이야기를 좀 할까요? 결정론은 역사에서 과거와 현재가 알려져 있고, 그 변화의 원인들도 이미 아는 것이고, 인과성은 선(線)적이기 때문에 미래를 예측할 수 있다고 보죠. 이것은 단순한 생각이죠. 이때 단순하다는 이야기는 복잡한 시간과 변화에 하나의 시간, 하나의 법칙을 내세워서 문제를 단순화한다는 뜻입니다.

단순한 사고는 과거 다음에 현재가 온다고 보죠. 그래서 과거와 현재는 원인과 결과로 직선으로 이어진다고 봅니다. 하지만 현재와 과거 사이에는 항상 '되먹임'이 있죠. 곧 결과 자리에 있는 현재가 원인 자리에 있는 과거에 작용하는 되먹임이죠.

우리가 과거를 볼 때 있는 그대로의 과거보다는 현재의 관점에서 재해석한 과거에 관심이 있죠. 그래서 과거를 현재의 거울에 비추죠. 또 재미있게도 (과거를 해석하는 기준이 되는) 현재를 알기 위해서는 과거를 알아야 합니다.

과거는 현재를 바탕으로 해석되죠. 현재는 역사적인 과거 속에서 현재를 가능하게 한 것들을 선택하죠. 그래서 되돌아보는 것은 앞을 보는 것이죠. 1789년 프랑스 혁명을 연구하는 어떤 학자는 이 시기의 사건들에서 혁명을 준비하는 것들을 찾아내는 뛰어난 눈을 갖추고 있습니다. 그래서 과거의 우연적인 것을 마치 필연적인 것처럼 꾸미고, 전혀 예측할 수도 없는 것을 그럴 수 있는 것처럼 바꾸고, 가능하지만 실현되지 않았던 것을 역사에 나타나지 않았다는 이유로 덮어버립니다. (역사를 현재의 눈으로 재조명하고, 기존의 역사책을 다시 쓰는 작업도 이런 연장선상에 있죠.)

이처럼 현재를 알려면 과거를 알아야 하고, 과거를 알려면 현재를 알아야 합니다. 서로 맞물려서 복잡해졌는데, 무엇이 먼저일까요? 이 경우에 어느 한쪽이 기준이 되거나 고정점이 되어서 다른 것을 지지하는 받침대가 될 수 없습니다. 이렇게 서로 맞물린 것을 떼어놓을 수도 없죠. 이쪽 머리를 자르면 저쪽 꼬리가 잘려 나갑니다.

이것은 서로가 서로를 비추는 거울과 같죠. 이 거울에 비친 것은 저 거울 안에 있는 것이고, 저 거울에 비친 상은 이 거울에 있는 것이죠. 바로 에셔의 그림 〈그리는 손들〉은 이런 점을 잘 보여 주죠. 현재가 과거를 그리고, 그렇게 그려진 과거가 다시 현재를 그립니다. '현재의 손'이 과거를 그리고 있는데, 바로 그렇게 그려진 '과거의 손'이 그리고 있는 것이 현재의 손이죠.

이렇게 맞물린 이런 관계에서 어느 쪽을 원인이나 결과로, 어느 쪽을 고정된 기준으로 삼을 수는 없습니다. 시간은 현재와 과거가 서로 맞물려서 돌고 도는 원의 형상을 하고 있습니다. 이런 관계에서 처음

나의 미래는 내 안에 있지만 또한 없고, 또 없지만 없지도 않죠. 나의 10년 뒤 모습에서 나의 어떤 점이 의미가 있을까요? 10년 뒤의 나의 달라진 모습도 지금 나에게 있는 씨앗을 싹 틔운 것임은 분명하죠.

과 끝은 없습니다. 과거는 현재로 가고, 현재는 과거로 갑니다.

우리는 우리가 살고 있는 현재를 잘 안다고 믿는 경향이 있죠. (하지만 우리는 복잡하게 얽힌 현재를 잘 모르고 있습니다.) 그런데 이런 현재가 흘러서 미래가 된다고 보기 때문에 미래는 현재의 산물이라고 할 수 있죠. 미래는 현재를 재료로 삼아서 만들어진 것이죠.

이렇게 본다면 현재는 '미래의 씨앗들'을 품고 있죠. 하지만 현재에 사는 우리의 눈에는 그 씨앗이 분명하게 보이지 않습니다. 그 씨앗은 미래에 가서야 싹트기 때문이죠. 이렇듯 현재를 미래와 연결시켜 사고하는 것은 어렵습니다.

그리고 미래의 혁신, 발명, 창조 들은 분명히 현재의 조건과 사정에 의존하지만, 그것이 미래에 실제로 나타나기 전에는 알 수 없습니다. 미래에 구체화될 모습들은 현재 속에 나타날 수 없으니 안타까울 뿐입니다. 그래서 미래는 그것이 나타나기 전까지는 여기에 있으면서도 동시에 아직 여기에 있지 않죠. 미래는 있으면서 없는 셈이죠.

그리고 현재를 알려면 반드시 미래를 아는 것이 필요합니다. 현재를 이루는 행위들, 상호작용, 되먹임들 가운데에서 실제로 선택하는 것은 미래의 몫이죠. 현재의 주인공이 여전히 주인공 자리를 지킬지, 무대 뒤의 인물이 무대 전면에 등장할지, 사소한 사건이 판을 뒤흔들어 놓을지, 오늘 중요한 것이 여전히 중요하거나 더욱 중요해질지를 알 수 없습니다.

이런 사정 때문에 현재를 아는 것은 미래를 아는 데 필요하고, 또 미래를 아는 것은 현재를 알기 위해서 필요합니다. 머리가 좀 어지럽죠. 시간은 하나의 선으로 질서 있게 진행하는 것이 아니라 복잡하게 나아가고 되돌아오면서 또 나아가죠.

어쨌든 이런 경우에 과거와 현재를 아는 것은 미래를 아는 것과 마찬가지로 완결될 수 없습니다. 이것들은 서로 의존합니다. 즉 과거를 아는 것은 현재에 예속되고, 현재에 대한 지식은 과거에 예속되죠. 그러면 누가 진짜 주인공일까요? 서로 맞물려 돌아가는 이런 시간들에서 주인공과 조연은 정해져 있지 않습니다. 그래서 우리는 전통적인 과거→현재→미래라는 도식을 주장할 수 없죠. 그래서 훨씬 복잡합니다.

질문

1. 과거와 현재, 현재와 미래가 되먹임 고리를 이룬다면, 역사를 어떻게 다르게 설명할지 주변의 예로 설명해 보세요.
2. 미래를 예측하는 사람들의 청사진에서 빠져 있는 점들은 어떤 것일까요?

불확실성을 안고 사고하기

이런 틀에서는 과거와 현재가 불확실하고, 이 때문에 미래를 예측하기가 어렵습니다. 미래학자들이 무책임하게 그리는 미래에 대한 확실한 전망은 이런 난점을 고려하지 않죠. 우리에게 필요한 것은 미래에 대한 예언이 아니라 현재에 대한 앎과 미래에 대한 불확실성을 고려해서 과거, 현재, 미래를 서로 소통시키려는 노력이죠.

이렇게 보면 역사적 변화는 어떤 법칙이나 어떤 결정론으로도 장악할 수 없습니다. 변화는 기계적인 것도 선형적인 것도 아닙니다.

변화를 이끄는 불변의 요인은 없죠. 결정론이 주장하듯이 변화가 선형적이고 지배적인 요인에 종속된다면 미래를 예측하는 것은 어렵지 않죠. 하지만 이런 단순한 틀로 변화를 보고, 그것을 바탕으로 예측하는 것은 어리석은 짓입니다.

우리가 사회 변화를 문제 삼을 때 인구학적, 경제적, 기술적, 정치적, 종교적, 문화적 요인 등이 다차원적으로 맞물려 있습니다. 이 가운데 어떤 것이 다른 모든 것을 대표하거나 최고의 원리일까요? 그래서 그것이 언제나 모든 변화를 주도한다고 볼 수 있을까요?

어떤 요인이 어떤 시기에 지배적일 수는 있지만 항상 지배적인 것은 아니죠. 또 그렇다고 하더라도 그것만으로 모든 변화를 설명할 수도 없습니다. 중요한 것들은 바뀌고, 서로 영향을 미치면서 되먹임 고리로 연결되어 있습니다.

그래서 다양한 요인들 가운데 하나를 골라서 그것을 전체의 본질로 삼는 태도는 환원주의죠. 한 요인이 다른 모든 것들을 규정한다고 보는 거죠. 이때 다른 비본질적인 요인들은 허수아비나 그림자에 지나지 않죠. 그런 본질적인 요인이 경제적인 것이든 문화적인 것이든 종교적인 것이든 사태를 설명하는 방식은 다르지 않습니다. 이런 점에서 경제주의자나 문화주의자는 같은 틀을 사용하는 거죠. 물론 그들은 서로 자기가 맞다고 다투겠지만, 먼저 물어보아야 할 것은 '경제나 문화가 아니라 사회의 다양한 요인을 그렇게 경제나 문화로 환원하는 태도가 바람직한가' 하는 점이죠. 이제 그만 다투고 힘을 합쳐서 약간 다른 시각을 갖는 것이 어떨까요?

변화의 원인은 단일한 것이 아니죠. 복잡한 원인-결과의 관계망이라고나 할까요? 이런 복잡한 인과관계에서 요소들은 되먹임으로 맞물려서 서로 다투면서 돕습니다. 그리고 변화하는 계는 외적인 결정 원인의 영향을 받으면서 동시에 내적인 인과관계를 만들어 냅니다. 이런 경우에 어느 쪽이 결정적이고, 어느 쪽이 부차적일까요?

복잡한 관계망에서 사건들과 의미들은 표류하고 어긋나고 의미가 뒤집어지고 의외의 효과를 만들기도 합니다. 적을 친다는 것이 자기를 치는 부메랑 효과가 생기기도 하는 등 의도하지 않은 효과들이 일을 돕기도 하고 방해하기도 합니다.

기술적, 문화적, 사상적 발명과 혁신, 창조 들이 변화의 흐름을 바꾸거나 변혁을 일으키죠. 이런 창조들은 혼돈, 탈선을 가져오기도 하고, 새로운 경향을 만들기도 하고, 지배적인 경향에 편입되기도 하고, 새롭게 지배적인 경향으로 굳어지기도 합니다. 이처럼 창조나 혁신이 가져오는 효과도 직선적이거나 규칙적이지 않습니다. 창조가 만드는 어긋남은 갈라짐을 이루기도 하고, 새로운 안정을 이루기도 하죠. 물론 갈등의 원인이 되기도 합니다.

그리고 변화에는 위기, 임계점, 불확실한 순간 들이 있고, 갈라짐이 나타날 때에는 사소한 변화, 미미한 움직임, 대수롭지 않은 우연들, 몇 가지 결정이 전체의 흐름을 바꾸는 경우가 있습니다. 앞에서 보았듯이 초기 조건에 민감한 경우죠. 역사의 나비가 잠시 엉뚱하게 날갯짓하는 바람에 세계 지도가 바뀌거나 역사적 격변을 겪거나 안정이 생길 수도 있죠.

이런 까닭에 확실한 예측은 불가능하고 모든 예측은 한계에 부딪치죠. 혁신의 지점을 미리 알 수 없고, 미래의 씨앗을 미리

우리는 라플라스의 악마에서 이야기를 시작했습니다. 그리고 악마가 활동하던 천체물리학의 세계에서 인간 역사의 영역까지 둘러보았습니다. 이제 이 악마와 어떤 이야기를 나눌 수 있을까요? 악마의 전능함에 매료되어서 더 완벽한 결정론을 추구하자고 결의할 겁니까? 아니면 악마를 내쫓고 불확실성과 혼돈이 주는 자유를 누리며 방황할 겁니까?

찾아낼 수 없고, 복잡한 관계를 이루는 수많은 되먹임 고리들의 결과를 예측할 수도 없죠.

그러면 이런 예측할 수 없는 미래가 흔한 미래학자들의 무책임한 '희망의 나라'처럼 진보의 길로 갈 것인지, '디스토피아'처럼 멸망의 길로 갈 것인지를 예측할 수 있을까요? 혹시 사소한 것들은 모른다고 하더라도 큰 흐름은 정해진 것이 아닐까요? 미안하게도 그것에 대해서도 확실하게 이야기할 수 없습니다. 우리 앞에는 불확실성이 놓여 있습니다. 모든 확실성의 구호는 우리를 위로하기 위한 것이고, 불확실성을 마주한 선택이 있을 뿐이죠.

과거, 현재, 미래의 복잡한 되먹임 고리와 이것들이 만드는 난류의 갈 길을 예측하는 것은 '이상한 끌개' 속에서 움직이는 것과 비슷하죠. 불확실성은 예외적인 것이 아닙니다. 확실성이 도리어 예외적이죠.

새로운 문제, 결정론과 자유

이제 결정론과 자유가 어떤 관계를 맺고 있는지 정리해 볼까요? 앞에서 보았듯이 결정론은 확실성을 추구하는 과정에서 닫힌 사고, 단순한 사고, 환원주의, 법칙의 전능함에 대한 맹신, 이성과 절대적 지식이라는 신화, 창조와 새로움을 거부하는 태도를 내세웁니다. 우리는 더 이상 이런 결정론을 고수할 수 없습니다. 이에 맞서서 불확실성을 인정하고, 열린 사고, 복잡한 사고를 통해서 법칙의 한계를 인정하고, 이성의 절대성에 대한 편집증적 태도를 반성하고, 창조와 새로움을 받아들여야 할 것입니다.

그러면 이런 태도가 완벽한 결정론을 절대적 자유로 대체하는 것일까요? 그렇지는 않죠. 절대적 자유를 내세우는 것은 사실 결정론적 사고를 뒤집어 놓은 것에 지나지 않습니다. 완전한 결정이라는 것도 허구지만, 그 맞은편에 있는 완전한 자유도 허구에 지나지 않죠. 완전한 자유를 꿈꾸면서 모든 것이 결정되어 있다는 것을 정면으로 거부하고 어떠한 제한도 없다고 믿는 것은 결정론만큼이나 단순한 사고일 뿐이죠.

우리가 모색하는 복잡한 사고를 질서와 무질서의 틀로 정리해 보기로 하죠. 결정론은 질서만 인정하고 모든 무질서를 제거하려고 합니다. 반대로 무질서를 옹호하는 태도는 어떠한 질서도 구속으로 여깁니다. 그런데 사실 질서는 무질서에서 나오고 무질서에서 질서가 튀어나옵니다. 이런 점에서 질서와 무질서는 서로 맞물려 있다고 할 수 있죠. 질서와 무질서의 되먹임을 인정하고, 이로부터 질서와 무질서가 공존하거나 배척하면서 보완하는 세계를 인정할 필요가 있을 겁니다.

이런 점에서 우리는 결정론과 자유라는 두 극단을 피해야 합니다. 완전한 결정론과 완전한 자유 가운데 하나를 고르는 (또는 다른 하나를 버리는) 단순한 사고가 아니라 결정론과 자유를 함께 생각할 수 있는 복잡한 사고가 필요합니다.

하지만 이것이 결정론과 자유를 적당히 더해서 그 평균치에 만족하려는 것은 아니죠. (사실 이질적인 두 가지를 더할 수도 없죠. 반쯤 결정되어 있고 반쯤 자유롭다는 말은 아무 의미가 없죠.) 그래서 결정론을 거부하면서 창조, 자율성, 자유를 인정하는 것은 결정론과 자유를 선택하거나 절충하는 문제가 아니죠. 그렇다고 창조와 자율성을 선택하는 것이 결정론을 완전하게 무시하는 것도 아니죠. 우리는 앞에서 결정론적 계에서 예측 불가능함을 보았고, 새로움과 창발성(創發性), 예측할 수 없음, 자기 조직의 예를 보았습니다.

질서와 무질서가 공존하는 자기 조직

앞서 본 자기 조직을 통해서 새로운 길을 찾아볼까요? 자기 조직은 질서만으로 이루어진 계와 달리 질서와 무질서가 공존하는 경우죠. 보통 조직된 체계(organized system)는 외부의 힘에 의해서 수동적으로 작동하죠. 컴퓨터는 사람이 프로그래밍을 한 대로 움직이기 때문에 수동적으로 조직된 계죠. 이와 달리 자기 조직하는 체계는 스스로 필요한 부분을 구성해 가는 능동성을 갖습니다.

인공적으로 만들어진 체계에서 각 부품들은 일정한 기능이 부여되고, 그것들이 기계적으로 결합해서 전체를 이루죠. 여기에서 부분의 자율성은 없습니다. 각 부분은 정확한 위치에서 정해진 계획에 따라서 움직여야 합니다.

그러나 자기 조직의 경우에는 외부 상황에 따라서 각 부분들이 다양한 기능을 발휘하고 새로운 질서를 만들죠. 이 계는 자율적 처리 능력을 지니고 있어서 환경의 변화에 맞추어서 신속하게 대응할 수 있습니다.

각 요소들은 에너지와 물질의 순환뿐만 아니라 정보를 교환하죠. 어떤 요소가 자신의 태도를 선택하려면 다른 요소가 어떤 상태에 있는지 정보를 교환해야 하죠. 그런데 정보가 전달되었다고 해서 기계적으로 반응하지는 않죠. 뇌 세포들의 경우에도 어떤 정보는 무시하고, 어떤 정보는 반대로 해석하기도 합니다. 이처럼 각 요소들은 정보를 교환하지만 태도를 결정할 때에는 자율적으로 결정하죠.

자기 조직을 참조해서 인식 틀을 어떻게 바꿀 수 있을까요? 컴퓨터나 자동 공장 같은 조직된 자동 장치와 자기 조직하는 생명체가 어떻게 다른지 정리해 보죠.

1) 기계는 고도로 전문화된 요소로 이루어져 있고, 전문화된 용도에 봉사합니다. 그래서 기계는 프로그램에 입력된 대로 움직이죠. 상황이 변해도 정해진 프로그램을

실행할 뿐입니다. 설거지 전용 로봇이나 공장 작업용 로봇은 정해진 곳과 정해진 용도로만 쓸 수 있죠.

이와 달리 생명체는 전략을 짜서 상황 변화에 대응합니다. 그것은 기계와 달리 불확실성과 우연을 소화할 수 있죠.

2) 기계는 그 요소들 가운데 하나만 고장이 나도 전체가 제대로 움직이지 않는 경우가 많죠. 이 경우에 외부에서 개입해서 수리해야 합니다. 이처럼 기계는 무질서, 잡음, 퇴화에 무력하죠. 이런 것을 허용할 수도 없고, 그것을 통합하지도 못하죠.

하지만 생명체는 항상 일정 수준의 무질서, 잡음, 오류를 인정하고 수용할 수 있습니다. 생명체는 감소하거나 죽는 구성 요소들을 대신하는 새로운 구성 요소들을 스스로 생산하죠. 죽음은 생명 조직의 적이지만 생명체는 신진대사를 통해서 그 파괴력을 재생에 이용하여 상대적인 영속성을 유지하죠. 생명체는 고장이 나더라도 그것을 보완, 대체할 수 있죠.

3) 더 큰 차이는 모든 물리계가 엔트로피를 증가시키고 질서를 파괴하고 무질서를 증가시키는 쪽으로 가지만, 생명체는 엔트로피를 낮추면서 조직을 증식시키고 재생산할 수 있죠. 한마디로 발생적이죠.

이처럼 생명체에서 조직의 파괴와 재조직, 무질서와 창조는 서로 복잡하게 맞물리는 관계를 이루죠. 이때 조직적인 자율성을 창발(émergence)과 되먹임으로 이해할 수 있죠. 새로운 것이 예기치 않게 솟아

이것은 환경의 영향에 수동적으로 반응하는 것이 아니라 자기 나름의 방식으로 환경을 해석하고 자율적으로 행동하죠. 외부의 힘에 대해 개체 내부의 상호작용에 의해서 자율적으로 행동합니다.
생명체는 환경 안에서 자기를 실현하고, 환경에 작용하고 작용 받죠. 환경이 생명체에 작용할 때 생명체에게 어떤 일이 일어날지를 결정하는 것은 환경의 섭동 작용이 아니라 생물의 구조죠. 이것이 생물의 변화를 결정합니다. 환경의 작용은 개체의 변화 결과를 결정하거나 명령하는 것이 아니죠. 다만 결과를 유발합니다. 개체의 구조가 변화 내용을 결정합니다. 물론 이런 변화는 적응과 관련되죠.

나는 창발은 조직이 새로운 성질을 갖도록 자극합니다. 또한 되먹임 작용으로 결과가 원인에 다시 작용해서 계의 항상성을 유지합니다.

이와 함께 생명체의 자기 조직이 환경과 어떤 관계를 맺는지 살펴봅시다. 자기 조직하는 계는 한편으로는 환경과 분리되고 구별되어야만 자율성과 개별성을 갖습니다. 이런 점에서 이 계는 닫혀 있어야 하죠.

하지만 생명체는 환경과 분리되어서 그 자체로 자족적일 수 없습니다. 즉 열린계는 (물질, 에너지, 정보를 교환하기 위해서) 환경에 열려 있어야 하죠. 이런 점에서 생명체는 닫혀 있으면서 동시에 열려 있는 두 얼굴을 갖습니다. 이 두 측면이 이루는 복잡성은 개별적인 자기를 유지하는 동시에 환경과 관계 맺으므로, 이 복합적 관계를 자기 생태 조직(auto-évo-organisation)이라고 부를 수 있습니다.

개체는 자기 생태 조직으로서 자신의 개별성을 지니고 자신이 의존하는 환경과 복잡한 관계를 맺습니다. 이 경우에 환경은 단순히 개체 바깥에 있는 것만이 아니라 그 내부에서 작용하고 있으므로 공동 조직자 역할을 하죠.

자율성과 의존의 맞물림

재미있는 점은 자기 조직하는 생명체가 개별성을 갖고 자율적이라는 것이죠. 이것은 생명체가 생태계에 의존함으로써 가능하죠.

단세포 생물들의 경우에도 그 생명을 유지하기 위해서 자신의 유전 정보와 자신이 환경으로부터 수용한 정보들을 처리하죠. 개체는 그 정보들을 자기중심적인 방식으로 처리합니다. 이것은 정보를 처리하는 주체로서, 나름의 자율성을 지니죠. 이 개체는 자신의 자율성을 지니면서도 자신의 환경과 자신의 유전자형에 의존하죠. 이런 점에서 아메바는 "나는 정보를 처리한다. 그래서 나는 존재한다(Computo ergo sum)"라고 선언하는 셈이죠.

인간의 경우 이러한 생태적 의존은 자연뿐만 아니라 사회-문화와도 관련되죠. 인간은 한편으로 사회-문화에 의해서 결정되지만, 동시에 사회-문화를 일정하게 변화시키는 능력도 지니고 있죠. 그래서 인간이 사회-문화에 의존하는 것은 완전히 수동적인 것이 아니라 상대적인 자율성을 갖습니다.

하나의 박테리아도 정보 처리에 의해서 자기를 조직하죠. 그것은 유전자에 새겨진 유전 정보를 이용하고, 외부 환경으로부터 정보를 추출하고, DNA나 RNA의 정보들을 단백질에 전달하여 체내 활동을 조직합니다. 신경-두뇌 조직을 갖춘 동물도 자신의 상황을 계산하고(정보 처리하고), 지각한 사건이나 사실의 의미를 해석하죠. 고등동물들은 지식, 행위 전략으로 상황을 인지하고 결정하는 복합적이고 뛰어난 성능을 갖춘 신경-두뇌 장치를 갖죠.

자유가 마련되는 기묘한 자리

그러면 이런 복잡성의 틀은 자율성을 어떻게 설명할 수 있을까요? 이때 복잡성의 틀은 결정론과 우발성 가운데 하나를 선택하지 않습니다. 자유를 위해서 결정론의 측면을 무시할 수 없고, 또한 결정된 측면 때문에 어떠한 선택도 가능하지 않다는 비관적인 결론을 내릴 필요도 없죠. 자유는 결정된 가운데 선택할 수 있다는 역설적인 면과 연결되어야 합니다.

앞에서 보았듯이 자기 환경 조직체는 자기 상황을 계산하고 사고 우리 주제는 자기 조직의 틀로 우리가 자유로울 수 있는지 보려는 거죠. 자유는 자기의 자율성과 결정된 측면 사이에 있습니다. 이때 결정된 측면은 유전적 요소 등의 자기 내부의 결정된 요인과 환경에 의존하는 측면을 말합니다. 유전적 결정 요인을 무시하고 개체의 활동을 이야기할 수는 없고, 환경의 영향을 무시할 수도 없습니다. 그리고 자율성은 결정된 것이 전혀 없는 상태에서만 가능한 것이 아닙니다. 바로 복잡한 자기 (생태)환경 조직, 인류사회학적인 자기 (생태)환경 조직에서 출발해야 합니다.

하고 정보 처리하는 전략을 세우고, 그 가운데 어떤 것을 선택하고 그것을 실행하도록 명령할 수 있습니다. 이런 맥락에서 자유는 개체의 내부 조직에 따른 결정과 외적 사건들에 따른 결정이라는 안과 바깥의 두 가지 결정을 받아들여야 합니다. 동시에 상대적인 내적 '비결정(선택 가능성)'과 자유로운 행위를 가능하게 하는 외부 환경의 '우발성' '우연'도 고려해야 합니다.

자유로운 행위는 결정된 요소, 구조, 법칙 들을 알고 그것을 이용하는 것을 바탕으로 삼고, 동시에 그 상황에서 나타나는 우발적인 가능성에 근거를 두고 전략을 짜야 하죠.

자유는 하나의 불쑥 솟아남(창발)이죠. 그것은 자기 조직화와 일정한 내적, 외적 조건들에서 뜻하지 않게 튀어나옵니다. 그래서 자유는 이미 정해진 틀을 계획대로 실행하는 것이 아니죠. 이처럼 자유는 자기 조직화와 외부의 생태학적 조건들에 의존합니다. 개체들의 자율성은 수많은 의존에서 얻어집니다. 자율은 항상 의존이라는 대립항과 함께 파악되어야 합니다.

그렇지만 일단 분출된 자율성은 그것이 생겨난 조건들, 자기를 만든 조직에 되먹임을 가해 그 자율성을 확대시키는 방향으로 변화시키죠. 이처럼 자유는 상반된 것들이 마주치면서 얻어지죠. 이런 틀로 보면, 행위는 결정된 것이면서도 자유로울 수 있습니다. 개인들은 자유를 조직하는 자기 능력에 따라서, 그리고 그들을 얽매거나 자유롭게 하는 경제적, 사회적, 정치적, 역사적 관계에 따라 일정한 묶으로 자유로울 수 있습니다.

개인과 사회 환경의 관계를 볼까요? 개인은 환경의 산물이면서 동시에 그 환경을 만들기도 하죠. 이런 역설을 받아들여서 개인과 환경이 서로를 결정하는 점을 보아야 합니다. 개인은 환경의 수동적 피조물도 아니고, 그렇다고 환경을 자기 뜻대로 창조하는 것도 아닙니다. 개인은 환경의 영향을 받으면서 그 범위에서 자기를 자율적으로 조직하고, 다른 한편으로 환경을 일정하게 바꿀 수도 있습니다.

이렇게 본다면 개인들은 사회-역사의 산물이면서 거꾸로 사회-역사를 만들기도 하죠. 개인과 사회는 되먹임을 통해서 서로 영향을 미치고, 서로의 조건이 되고 서로 결정합니다.

개체는 행위를 규정하는 조건에 따라서 수동적으로 만들어지지 않습니다. 개체는 그 조건의 작용을 받지만 그 개체가 어떻게 반응할 것인가는 개체 나름의 체계가 결정합니다. 조건과 환경은 개체 안에 어떤 효과를 결정하거나 명령하는 것이 아니라 개체가 그 영향을 스스로 조직합니다. 환경은 개체의 변화 내용을 결정하는 것이 아니라 유발할 뿐이죠. 개체에 나타나는 변화를 결정하는 것은 개체 자신이죠. 물론 이때 개체는 환경의 변화를 조건으로 삼아 결정하죠.

그렇다면 경제적, 정치적, 사회적 삶은 순전히 결정론에 따르는 것만은 아닙니다. 반대로 자유의지로만 움직이는 것도 아닙니다. 그래서 자유의지만 주장하는 쪽은 그 반대 측면을 보아야 하죠. 자유를 제약하는 현실에서 작용하는 객관적인 결정 요소들을 인정해야 합니다. 반대로 결정론만 내세우는 쪽도 완전한 결정이라는 틀로만 설명할 수 없는 창조와 자율성의 영역을 인정해야 합니다.

하지만 이런 복합성을 물리치고 완전한 자유나 완전한 결정이라는 두 극단적 허상 가운데 하나를 선택하여 다른 항을 지우려는 수많은 시도를 볼 수 있습니다. 이런 극단에 매달리는 태도는 복잡한 것을 억지로 단순하게 쪼개어 마음에 드는 것만 하나 고르죠. 그 틀로 질서나 무질서를 만드는 데 만족하죠.

자유를 위해 결정론의 원리를 철저하게 배제하는 쪽은 허공에서 살려는 것과 같고, 완전한 결정론이라는 형이상학적 틀을 위해서 어떠한 자유나 우발성도 없는 완벽하게 짜인 프로그램을 내세우는 쪽은 기계 장치를 신격화하고, 그 안에서 편안함을 느끼죠. 하지만 이런 기계도 영구적으로 작동할 수 없고, 사소한 요인에 의해서 우연적으로 고장을 일으켜 갑자기 멈출 수도 있습니다.

어떻습니까? 아직도 역사가 정해진 길로만 간다고 보나요? 진보의 가파른 고개를 오르거나 퇴보의 나락을 향해 굴러떨어진다고 보나요? 역사에 정해진 길이 없다고 생각해 보세요. 인과관계로 역사를 묶어 두려는 시도는 너무나 소중한 많은 것을 버리게 되죠.

우리는 역사에서 새로운 것과 창조를 볼 수 있고, 시간들의 되먹임 고리 때문에 재미있게 흘러갑니다. 이런 상황에서 우리는 사고하고 행동하면서 좀 더 바람직한 내일을 가꿀 준비를 해야 합니다. 물론 우리가 안정된 미래의 나무를 얼마나 잘 가꿀 수 있는지에 대해서는 하늘에도 땅에도 쓰여 있지 않습니다. 역사에 법칙이 없다고 역사가 비틀거리며 제멋대로 갈까요? 역사에 관한 복잡한 사고는 어떤 길을 안내할까요?

운동하는 물체나 개인의 운명을 알 수 있다고 주장하는 결정론의 틀을 잠시 접어 둡시다. 오늘, 악마가 배달하는 내일 신문에 구애 받지 맙시다. 그 신문의 내용을 채우는 주인공은 복잡하게 내일로 가고 있습니다. 물론 결정론을 무시한다고 완전한 자유를 꿈꾸어서는 안 되죠. 우리의 내일은 오늘에 의존하지만, 그 오늘은 우리의 내일에 의존합니다.

오늘 우리가 읽는 철학책이 없으면, 내일에도 철학은 우리 곁에 있지 않습니다. 내일의 철학은 오늘의 철학을 바탕으로 삼아 내일 또 새롭게 만들어야 하죠. 여러분이 바로 내일의 철학을 만들 주인공입니다.

피노키오의 철학

4. 니체에게 묻고 싶은 것들

지은이 | 양운덕

초판 1쇄 발행일 2001년 12월 20일
개정판 1쇄 발행일 2013년 5월 20일

발행인 | 김학원
경영인 | 이상용
편집 주간 | 위원석
편집장 | 정미영 최세정 황서현
기획 | 문성환 나희영 임은선 박민영 박상경 최윤영 조은화 전두현 최인영 윤홍 정다이 이보람
디자인 | 김태형 임동렬 유주현 최영철 구현석
마케팅 | 이한주 하석진 김창규 이선희
저자 · 독자 서비스 | 조다영 함주미(humanist@humanistbooks.com)
스캔 · 표지 출력 | 이희수 com.
용지 | 화인페이퍼
인쇄 | 청아문화사
제본 | 정민문화사

발행처 | (주)휴머니스트 출판그룹
출판등록 제313-2007-000007호(2007년 1월 5일)
주소 | (121-869) 서울시 마포구 연남동 564-40
전화 | 02-335-4422 팩스 | 02-334-3427
홈페이지 | www.humanistbooks.com

ISBN 978-89-5862-554-4 04100

• 이 도서의 국립중앙도서관 출판시도서목록(CIP)은 e-CIP홈페이지(http://www.nl.go.kr/ecip)와 국가자료공동목록시스템(http://www.nl.go.kr/kolisnet)에서 이용하실 수 있습니다.(CIP제어번호: CIP2013006102)

만든 사람들

편집장 | 황서현
기획 | 박상경(psk2001@humanistbooks.com) 최윤영 이보람
편집 | 김은미
표지 및 본문삽화 | 박요셉 디자인 | 민진기디자인